"十三五"江苏省高等学校重点教材

概率论与数理统计

第二版

主　编　曹广喜　王　蓓
副主编　张广乐　原江涛　张广永　王　蕾

中国教育出版传媒集团
高等教育出版社·北京

内容提要

本书为“十三五”江苏省高等学校重点教材，按照理论与应用并重的思路编写，共分为八章，包括随机事件与概率、一维随机变量及其分布、二维随机变量及其分布、随机变量的数字特征、大数定律与中心极限定理、数理统计的基本概念、参数估计、假设检验等内容，并针对常用的概率统计模型和方法补充了 Excel 软件的相关内容，在每章后精心选取了不同层次的习题供读者练习。此外，书中通过二维码链接了一些拓展阅读材料，介绍概率统计发展的历史及重要理论的应用。本次修订强调了知识的时效性和应用性，选取了来自更多背景的例习题，并增加了近年考研真题。

本书可作为高等学校非数学类专业概率论与数理统计课程的教材，也可作为工程技术人员或全国硕士研究生招生考试的参考书。

图书在版编目（CIP）数据

概率论与数理统计 / 曹广喜，王蓓主编；张广乐等副主编. -- 2 版. -- 北京：高等教育出版社，2025. 7.
ISBN 978-7-04-065271-0

Ⅰ. O21

中国国家版本馆 CIP 数据核字第 2025X0S483 号

Gailülun yu Shuli Tongji

策划编辑 张彦云　责任编辑 张彦云　封面设计 李树龙　版式设计 曹鑫怡
责任绘图 于　博　责任校对 胡美萍　责任印制 张益豪

出版发行 高等教育出版社
社　　址 北京市西城区德外大街 4 号
邮政编码 100120
印　　刷 北京鑫海金澳胶印有限公司
开　　本 787mm×1092mm 1/16
印　　张 14
字　　数 340 千字
购书热线 010-58581118
咨询电话 400-810-0598
网　　址 http://www.hep.edu.cn
　　　　 http://www.hep.com.cn
网上订购 http://www.hepmall.com.cn
　　　　 http://www.hepmall.com
　　　　 http://www.hepmall.cn
版　　次 2021 年 6 月第 1 版
　　　　 2025 年 7 月第 2 版
印　　次 2025 年 7 月第 1 次印刷
定　　价 36.60 元

本书如有缺页、倒页、脱页等质量问题，请到所购图书销售部门联系调换

物 料 号 65271-00

第二版前言

概率论与数理统计是普通高等学校理工类、经济和管理类各专业的一门重要基础课,本书是作者在参照教育部高等学校大学数学课程教学指导委员会制定的“工科类、经济和管理类本科数学基础课程教学基本要求”和全国硕士研究生招生考试数学一、三考试大纲的基础上,结合多年来教学经验和科研成果,并吸收国内外教材的优点编写而成的。

概率论是研究随机现象数量规律的数学分支,数理统计主要研究如何有效地收集、整理和分析带有随机性质的数据,以对所观察的问题做出推断和预测,直至为采取一定的决策和行动提供依据和建议。在大数据时代,学会用概率的思维和统计的方法去分析和解决实际问题,已成为现代大学生必备的基本能力之一。

随着精英教育向大众教育再向普及化教育的转变,普通本科院校的人才培养模式已逐渐向创新应用型转变,学生对数学的需求也呈现多样化的趋势。因此,本书第二版在修订时紧密贴合国家对高等教育改革的新要求,更加强调知识的时效性和应用性,在例题和习题的选取上扩大了专业应用范围,例如工业、医学、保险等相关领域。本书的主要特点如下:

一、深化知识的应用性。引入基本概念时,注意揭示其实际背景和意义;在讲解各知识点后,依托时代特色和专业融合,选择更多与生活相关或能体现各专业领域广泛应用的例习题,体现本课程与各学科的交叉性,使学生理解如何利用基本理论和方法解决实际问题,培养学生运用概率统计思想和方法解决实际问题的能力。

二、将 Excel 软件融入教材。该软件普及度高、操作简单,采用电子表格的形式进行数据处理,而数理统计中的大部分内容都涉及数据处理,本书根据各章节内容设计了用 Excel 软件进行数据处理的案例,以激发学生的学习兴趣,培养学生借助计算机进行数据处理的能力,使其逐步掌握使用 Excel 进行数据处理的基本方法和技巧。

三、介绍重要理论的来龙去脉。数学教学不仅注重知识传授,还应提高学生的数学文化修养,本书在每一章都通过拓展阅读介绍概率论与数理统计学科发展中的历史故事、著名的概率统计学家,或理论的发展趋势及其在相关学科中的应用。

四、注重体系的完整性。当前中学数学教学和大学数学教学衔接中有一些问题,编者根据普通高中数学课程标准,对全书内容做了相应调整。例如,目前中学教学中削弱了计数原理的相关知识,而这是学习古典概型的基础,故在教材中适当补充了这部分内容。

五、丰富例题习题层次。调整了部分例题和习题的顺序,由浅入深,在保留原有经典例题和习题的基础上,增加近年来的考研真题,既方便教师开展分层教学,又能满足各类学生的不同需求。

六、用思维导图构建知识脉络。在每章增加了思维导图，以梳理知识点的从属关系，呈现知识脉络，有助于学生理解和掌握知识点之间的关系。

全书共八章，其中，第一至五章是概率论部分，是整个课程的理论基础；第六至八章是数理统计部分，这是以概率论为基础的独立的应用学科。这两部分既相互联系，又相对独立。学习本书需要微积分的基础知识，其中的数理统计部分还需要线性代数的基本知识。

本书在编写过程中，参阅了许多兄弟院校的教材及资料，所有参考文献均列于书末，在此一并致谢。特别感谢张新生教授、杨卫国教授等师长，感谢家人和朋友给予的支持！

由于编者水平有限，书中不妥之处在所难免，敬请各位专家、同行和广大读者批评指正，以期不断完善。

编　者

2025年3月

目 录

第一章　随机事件与概率

如果买了一张彩票，中奖的可能性有多大？抛一枚硬币，你能事先知道哪一面朝上吗？对于生活中的这类现象，即在一定的条件下进行重复试验或观察可能出现这样的结果，也可能出现那样的结果，且在试验之前无法预知其结果，称其为**随机现象**. 而另一类现象，在一定条件下必然发生或者必然不发生，称其为**确定性现象**. 例如，将一枚硬币向上抛后一定会下落，异种电荷必互相吸引等.

先看两个试验：

试验Ⅰ：一盒中有 8 个完全相同的红球，搅匀后从中摸取一球；

试验Ⅱ：一盒中有 8 个相同的球，其中 4 个白球，4 个红球，搅匀后从中任意摸取一球.

对于试验Ⅰ，在球没被取出之前，我们就能确定取出的球必是红球，也就是说在试验之前就能明确它的结果，这种现象就是确定性现象.

对于试验Ⅱ，在球没被取出之前，不能确定取出的球是白球还是红球. 对于这一类试验，由于结果事先不能预知，初看起来，试验结果似乎没有规律可言，但是人们经过反复试验并研究后发现：当试验次数相当多时，取出白球的次数和取出红球的次数是很接近的，出现这个事实完全可以理解，因为盒中的白球数与红球数相等，从中任意摸取一球得到白球或红球的“机会”相等.

试验Ⅱ的结果所代表的现象就是随机现象. 随机现象在大量重复出现时所呈现出的规律性称为**统计规律性**. 在客观世界中，随机现象是极为普遍的，如“某地区的年降雨量”“某电话交换台在单位时间内收到的用户的呼唤次数”“全省一年的经济总量”等都是随机现象. 概率论与数理统计就是一门研究自然界中随机现象统计规律性的数学学科.

1.1　随机事件

1.1.1　随机试验与样本空间

为了对随机现象的统计规律性进行研究，就必须获得所研究对象的有关信息. 在通常情况下，主要有两种获取信息的方法. 一种是对自然界中随机现象进行被动的观察，另一种是在一定条件下进行主动的科学试验. 显而易见，科学试验受到自然条件的限制较少，它是获取大量信息的重要手段. 为了对随机现象进行研究，通常要求试验具备如下条件：

（1）试验可以在相同条件下重复进行；

（2）试验前已知试验后所有可能的结果，并且结果不止一个；

(3) 每次试验会出现什么样的结果在试验前是未知的.

具有上述三个条件的试验称为**随机试验**,记作 E. 在概率论中,就是通过研究随机试验来研究随机现象的. 我们约定,本书中提到的试验都是随机试验.

对于随机试验,尽管每次试验之前不能预知其结果,但是试验的所有可能结果是已知的,我们把随机试验的所有可能结果组成的集合称为**样本空间**,记作 Ω(或 S). 样本空间的元素,即试验可能出现的每个基本结果,称为**样本点**,记作 ω(或 e).

例 1.1.1 写出下述试验的样本空间:

E_1:抛掷一枚硬币两次,观察正面 H、反面 T 出现的情况;

E_2:抛掷一枚硬币两次,观察正面 H 出现的次数;

E_3:在水平桌面上掷一颗质量均匀的骰子,观察其出现的点数;

E_4:某人观察手机在 1 h 内收到的微信消息数量;

E_5:从某厂生产的电子元件中任意抽取一个,测试它的寿命(即工作的小时数).

上述 5 个试验都满足随机试验的条件,它们都是随机试验.

解 E_1 的样本空间 $\Omega=\{HH,HT,TH,TT\}$,它由 4 个样本点构成.

E_2 的样本空间 $\Omega=\{0,1,2\}$,它由 3 个样本点构成.

E_3 的样本空间 $\Omega=\{1,2,\cdots,6\}$,它由 6 个样本点构成.

E_4 的样本空间 $\Omega=\{0,1,2,\cdots\}$,它由可列个样本点构成.

E_5 的样本空间 $\Omega=\{t\mid t\geqslant 0\}$,它是一个数集,由不可列个样本点构成.

注 样本空间是随着随机试验目的的不同而不同的,即使是同一个随机试验,根据所考虑问题出发点的不同也可以构造出不同的样本空间. 例如 E_1 和 E_2 都是将一枚硬币抛掷两次,但由于试验目的不同,故样本空间也不同. 样本空间可以是可数集,也可以是不可数集;样本空间可以是有限集,也可以是无限集.

1.1.2 随机事件

在随机试验中,人们往往更关心具有某些特征的样本点所组成的集合. 例如,在 E_5 中规定若某种电子元件的寿命小于 600 h,就为次品,我们关心的是电子元件的寿命是否有 $t\geqslant 600$,满足该条件的样本点组成的集合为

$$A=\{t\mid t\geqslant 600\}.$$

此集合是样本空间 $\Omega=\{t\mid t\geqslant 0\}$ 的一个子集,称 A 是试验 E_5 的一个随机事件.

设试验 E 的样本空间是 Ω,由 Ω 中的一些样本点所组成的集合称为随机试验 E 的**随机事件**,简称**事件**. 习惯上常用大写字母 $A,B,C,\cdots$ 表示. 特别地,由一个样本点组成的单点集,称为**基本事件**. 在每次试验中,当且仅当 A 中的一个样本点出现时,称事件 A **发生**. 在一次试验中,事件 A 可能发生,也可能不发生.

例 1.1.2 在 E_1 中 A 表示事件"第一次出现的是 H",即

$$A=\{HH,HT\}.$$

在 E_5 中 B 表示事件"寿命小于 800 h",即

$$B=\{t\mid 0\leqslant t<800\}.$$

从集合论的观点来看，随机事件 A 是样本空间 Ω 的一个子集．样本空间 Ω 作为自身的子集，包含所有的样本点，在试验中必然发生，称为**必然事件**. 空集 $\varnothing$ 也是样本空间 Ω 的子集，不包含任何样本点，在每次试验中总是不发生，称为**不可能事件**. 实质上必然事件与不可能事件的发生与否，已经失去了"不确定性"即随机性，因而本质上不是随机事件，但为了讨论问题的方便，还是将它们看作随机事件.

例 1.1.3　一批产品共 8 件，其中有 2 件为次品，其余为正品. 从中任取 3 件，令 $A=\{$恰有 1 件正品$\}$，$B=\{$恰有 2 件正品$\}$，$C=\{$至少有 2 件正品$\}$，$D=\{$至少有 1 件次品$\}$，则 A,B,C,D 都是随机事件，而$\{$3 件中有正品$\}=\Omega$ 为必然事件，$\{$3 件都是次品$\}=\varnothing$ 为不可能事件.

1.1.3　事件间的关系与运算

对于随机试验，研究事件间的关系和运算可以帮助我们由简单事件的规律去揭示复杂事件的规律. 事件是一个集合，因此事件间的关系和运算自然可以用集合论中集合间的关系和运算来处理. 下面给出这些关系和运算在概率论中的含义.

设试验 E 的样本空间为 Ω，而 $A,B,A_k(k=1,2,\cdots)$ 是 Ω 的子集.

1. 事件的包含和相等

若事件 A 发生必然导致事件 B 发生，则称事件 B **包含**事件 A，或称事件 A **包含于**事件 B，记作 $A\subset B$ 或 $B\supset A$.

若 $A\subset B$ 且 $B\subset A$，则称事件 A 与事件 B **相等**，记作 $A=B$. 相等的两个事件 A,B 总是同时发生或同时不发生，在同一样本空间中两个事件相等意味着它们含有相同的样本点.

显然，对任何事件 A，有 $A\subset\Omega$，$\varnothing\subset A$.

2. 和事件

"事件 A 与事件 B 中至少有一个发生"即"A 发生或 B 发生"，这样的事件称为 A 与 B 的**和事件**，记作 $A\cup B$.

显然，$A\cup\varnothing=A$，$A\cup\Omega=\Omega$，$A\cup A=A$.

和事件的概念可以推广到有限多个事件的情形.

推广　设有 n 个事件 $A_1,A_2,\cdots,A_n$，称"$A_1,A_2,\cdots,A_n$ 中至少有一个发生"这一事件为 $A_1,A_2,\cdots,A_n$ 的和事件，记作 $A_1\cup A_2\cup\cdots\cup A_n$ 或 $\bigcup\limits_{i=1}^{n}A_i$.

和事件的概念还可以推广到可列个事件的情形，称 $A_1\cup A_2\cup\cdots\cup A_n\cup\cdots$ 或 $\bigcup\limits_{i=1}^{\infty}A_i$ 为可列个事件 $A_1,A_2,\cdots,A_n,\cdots$ 的和事件.

3. 积事件

"事件 A 与事件 B 同时发生"这一事件称为 A 与 B 的**积事件**，记作 AB 或 $A\cap B$.

显然，$A\cap\varnothing=\varnothing$，$A\cap\Omega=A$，$A\cap A=A$.

积事件的概念可以推广到有限多个事件的情形.

推广　设有 n 个事件 $A_1,A_2,\cdots,A_n$，称"$A_1,A_2,\cdots,A_n$ 同时发生"这一事件为 $A_1,A_2,\cdots,A_n$ 的积事件，记作 $A_1\cap A_2\cap\cdots\cap A_n$ 或 $A_1A_2\cdots A_n$ 或 $\bigcap\limits_{i=1}^{n}A_i$.

同样，积事件的概念还可以推广到可列个事件的情形，称 $\bigcap_{i=1}^{\infty} A_i$ 为可列个事件 A_1，A_2，…，A_n，…的积事件，也可记作 $A_1 \cap A_2 \cap \cdots \cap A_n \cap \cdots$ 或 $A_1A_2\cdots A_n\cdots$.

4. 互不相容事件(互斥事件)

在一次试验中，若事件 A 与事件 B 不能同时发生，即 $AB=\varnothing$，则称 A 与 B 为**互不相容事件**(或**互斥事件**). 此时，$A\cup B$ 可记作 $A+B$，称为**直和**.

特别地，任意两个基本事件都是互不相容的.

推广 若 n 个事件 $A_1,A_2,\cdots,A_n$ 两两互不相容，则称 $A_1,A_2,\cdots,A_n$ 互不相容(或互斥).

5. 对立事件(逆事件)

若事件 A 与事件 B 不能同时发生，但二者必发生其一，即

$$AB=\varnothing, \quad A\cup B=\Omega,$$

则称事件 A 与事件 B 为**对立事件**(或**互逆事件**)，又称 A 是 B 的对立事件(或逆事件)，记作 $A=\overline{B}$，或者 B 是 A 的对立事件(或逆事件)，记作 $B=\overline{A}$.

显然，$A\cup\overline{A}=\Omega, A\overline{A}=\varnothing, \overline{\overline{A}}=A, \overline{\Omega}=\varnothing, \overline{\varnothing}=\Omega$.

由定义不难看出，若 A,B 为对立事件，则 A,B 互不相容. 而若 A,B 为互不相容事件，则 A,B 不一定为对立事件. 例如在掷骰子这个试验中，“掷出的点数是 1”与“掷出的点数是 2”是互不相容事件，但“掷出的点数是 1”这个事件的对立事件为“掷出的点数不是 1”，它包含了“掷出的点数是 2”这个事件.

例 1.1.4 设有 1 000 件产品，其中 8 件产品为次品，从中任取 60 件产品. 记

$$A=\{60 \text{ 件产品中至少有一件次品}\},$$

则

$$\overline{A}=\{60 \text{ 件产品中没有次品}\}=\{60 \text{ 件产品全是正品}\}.$$

由此例看出，若事件 A 比较复杂，则它的对立事件 $\overline{A}$ 比较简单，于是我们在讨论复杂事件时，往往可以转化为讨论它的对立事件.

6. 差事件

“事件 A 发生而事件 B 不发生”这一事件称为事件 A 与事件 B 的**差事件**，记作 $A-B$.

显然，$A-B=A-AB=A\overline{B}, \Omega-A=\overline{A}$.

以上事件间的关系和运算可以用维恩(Venn)图直观地描述. 设样本空间 Ω 是一个矩形，用一个圆表示一个随机事件，则 A 与 B 的关系及运算如图 1-1 所示.

事件间的关系和运算与集合的关系和运算是一致的，为方便起见，给出对照表 1-1.

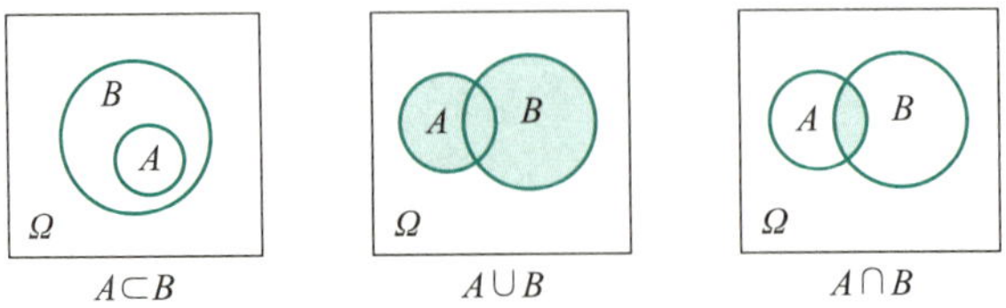

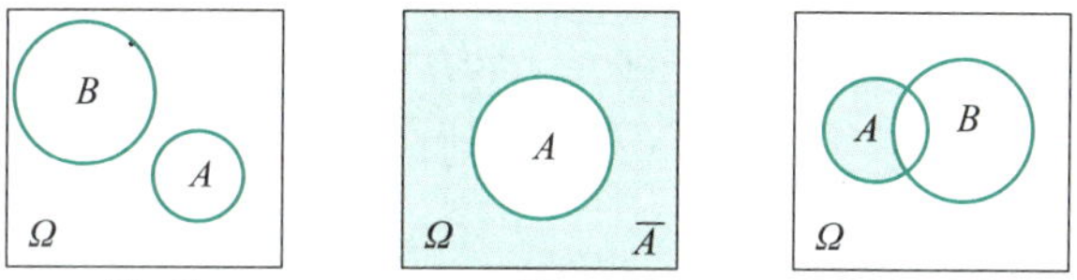

$AB=\varnothing$　　　$\overline{A}$　　　$A-B$

图 1-1

表 1-1　事件间的关系和运算的集合表示

记号	概率论	集合论
Ω	样本空间(必然事件)	全集
$\varnothing$	不可能事件	空集
ω	样本点	元素
A	事件	子集
$\overline{A}$	A 的对立事件	A 的补集
$A\subset B$	事件 A 发生导致事件 B 发生	A 是 B 的子集
$A=B$	事件 A 与事件 B 相等	A 与 B 相等
$A\cup B$	事件 A 与事件 B 中至少有一个发生	A 与 B 的并集
AB	事件 A 与事件 B 同时发生	A 与 B 的交集
$A-B$	事件 A 发生而事件 B 不发生	A 与 B 的差集
$AB=\varnothing$	事件 A 与事件 B 互不相容	A 与 B 没有相同元素

与集合论中集合的运算规律一样,事件也有如下运算法则:

(1) 交换律:$A\cup B=B\cup A, A\cap B=B\cap A$.

(2) 结合律:$(A\cup B)\cup C=A\cup(B\cup C), (A\cap B)\cap C=A\cap(B\cap C)$.

(3) 分配律:$(A\cup B)\cap C=(A\cap C)\cup(B\cap C)$,

$(A\cap B)\cup C=(A\cup C)\cap(B\cup C)$.

(4) 对偶律(德摩根律):$\overline{A\cup B}=\overline{A}\cap\overline{B}, \overline{A\cap B}=\overline{A}\cup\overline{B}$.

结合律、分配律和对偶律可以推广至任意有限多个事件或可列个事件的情形.

在进行事件的运算时,运算的优先顺序是:逆、积、和或差;若有括号,则括号内的运算优先.

例 1.1.5　设 A,B,C 为 Ω 中的随机事件,试用 A,B,C 表示下列事件:

(1) A 与 B 发生而 C 不发生:$AB\overline{C}$ 或 $AB-C$;

(2) 只有 A 发生:$A-B-C$ 或 $A\overline{B}\,\overline{C}$;

(3) 恰有一个事件发生:$A\overline{B}\,\overline{C}\cup\overline{A}B\overline{C}\cup\overline{A}\,\overline{B}C$;

(4) 恰有两个事件发生:$AB\overline{C}\cup A\overline{B}C\cup\overline{A}BC$;

(5) 三个事件都发生:ABC;

(6) 至少有一个事件发生:$A\cup B\cup C$;

(7) A,B,C 都不发生:$\overline{A}\,\overline{B}\,\overline{C}=\overline{A\cup B\cup C}$;

(8) A,B,C 至多有一个发生：$\overline{A}\,\overline{B}\,\overline{C}\cup A\overline{B}\,\overline{C}\cup\overline{A}B\overline{C}\cup\overline{A}\,\overline{B}C$ 或 $\overline{AB\cup BC\cup CA}$.

注 用其他事件的运算表示一个事件，方法往往不唯一. 在解决实际问题时，根据需要选择一种合适的表示方法即可.

例 1.1.6 化简下列事件：

(1) $(A\cup B)\cap(A\cup\overline{B})$；(2) $\overline{B}\cup(A-B)$.

解 (1)
$$\begin{aligned}(A\cup B)\cap(A\cup\overline{B})&=[(A\cup B)\cap A]\cup[(A\cup B)\cap\overline{B}]\\&=[(A\cap A)\cup(B\cap A)]\cup[(A\cap\overline{B})\cup(B\cap\overline{B})]\\&=A\cup(A\cap\overline{B})\\&=A.\end{aligned}$$

(2) $\overline{B}\cup(A-B)=\overline{B}\cup(A\cap\overline{B})=\overline{B}$.

1.2 概率的定义及性质

对于一个随机事件（除必然事件和不可能事件之外），在一次试验中可能发生也可能不发生. 研究随机现象不仅要知道可能出现哪些事件，更重要的是要研究各种事件出现可能性的大小，概率就是度量事件发生可能性大小的一个数量指标. 在概率论的历史上，人们曾经从不同的角度给出概率的定义和各种计算方法，然而这些概率定义都存在一定的局限性，之后数学家给出了概率的公理化定义，并由此建立了现代概率论. 本节介绍概率论早期的三种概率定义、公理化定义和概率的性质.

1.2.1 概率的统计定义

在一次随机试验中，随机事件 A 是否发生难以预料，但是如果在相同的条件下重复多次进行相同的试验，我们就会发现事件发生的可能性呈现出明显的规律.

定义 1.2.1 在 n 次重复试验中，事件 A 发生的次数 n_A 称为事件 A 发生的**频数**，$\dfrac{n_A}{n}$ 称为事件 A 发生的**频率**.

例如，抛掷一枚质地均匀的硬币. 当抛掷的次数较少时，我们可能看不出“正面朝上”（事件 A）发生的规律. 但随着试验次数增多，事件 A 发生的频率就明显地在 0.5 附近波动并稳定地接近 0.5，历史上有不少人做过这个抛掷硬币的试验，结果如表 1-2 所示.

表 1-2 抛掷硬币试验数据表

试验者	德摩根	蒲丰	费勒	皮尔逊	皮尔逊
抛掷次数 n	2 048	4 040	10 000	12 000	24 000
A 发生次数 n_A	1 061	2 048	4 979	6 019	12 012
频率 n_A/n	0.518 1	0.506 9	0.497 9	0.501 6	0.500 5

实践表明,当试验次数 n 充分大时,事件 A 发生的频率会在一个确定的数值附近波动,试验次数越多,波动性越小,称之为频率的稳定性.

定义 1.2.2(概率的统计定义) 若当试验次数 n 逐渐增大时,事件 A 发生的频率 $\frac{n_A}{n}$ 总能稳定在确定的数值 p 附近,则称 p 为事件 A 发生的**概率**,记作 $P(A)$,即

$$P(A)=p.$$

由于事件 A 发生的频率的稳定性反映了这个随机事件发生的客观规律,所以我们用 p 来作为事件 A 发生的概率是合理的.

1.2.2 概率的古典定义

若随机试验具有如下两个特征:

(1) 随机试验的样本空间只包含有限个元素;

(2) 试验中每个基本事件发生的可能性相同,

则称其为**等可能概型**. 它是概率论发展初期的主要研究对象,也称为**古典概型**.

对古典概型来说,其样本空间 Ω 可表示成 $\{\omega_1,\omega_2,\cdots,\omega_n\}$,基本事件 $\{\omega_1\},\{\omega_2\},\cdots,\{\omega_n\}$ 两两互不相容,且有

$$P(\{\omega_1\})=P(\{\omega_2\})=\cdots=P(\{\omega_n\})=\frac{1}{n}.$$

定义 1.2.3(概率的古典定义) 若事件 A 包含古典概型中 n 个基本事件中的 m 个,则称事件 A 的**概率**为 $\frac{m}{n}$,即

$$P(A)=\frac{A\text{ 包含的基本事件数}}{\Omega\text{ 中基本事件总数}}=\frac{m}{n}.$$

例 1.2.1(抛掷硬币问题) 将一枚硬币抛掷三次,设事件 A 为"恰有两次出现正面",事件 B 为"至少有一次出现正面",求 $P(A)$,$P(B)$.

解 令 H 表示正面、T 表示反面,则样本空间

$$\Omega=\{\mathrm{HHH},\mathrm{HHT},\mathrm{HTH},\mathrm{THH},\mathrm{HTT},\mathrm{THT},\mathrm{TTH},\mathrm{TTT}\},$$

显然 Ω 共有 8 个基本事件. 因为每个面朝上的可能性相同,所以每个基本事件的发生是等可能的,因此此例可归结为古典概型,且

$$A=\{\mathrm{HHT},\mathrm{HTH},\mathrm{THH}\},\quad B=\{\mathrm{HHH},\mathrm{HHT},\mathrm{HTH},\mathrm{THH},\mathrm{HTT},\mathrm{THT},\mathrm{TTH}\},$$

则

$$P(A)=\frac{3}{8},\quad P(B)=\frac{7}{8}.$$

例 1.2.2(掷骰子问题) 将一颗质量均匀的骰子掷两次,求两次掷得的点数之和是 8 的概率.

解 将骰子接连掷两次视为一次试验,将第一次掷得 i 点,第二次掷得 j 点的试验结果用

(i,j)来表示，则该试验的样本空间可以表示为

$$\Omega=\{(1,1),\cdots,(1,6),(2,1),\cdots,(2,6),\cdots,(6,1),\cdots,(6,6)\}.$$

显然Ω共有36个基本事件. 因为骰子是质量均匀的立方体，所以每个面朝上的可能性相同，从而每个基本事件的发生是等可能的，因此此例可归结为古典概型. 设A表示事件"两次掷得的点数之和是8"，则

$$A=\{(2,6),(3,5),(4,4),(5,3),(6,2)\},$$

于是

$$P(A)=\frac{5}{36}.$$

在古典概型的定义中，每一个基本事件的发生必须满足"等可能"的条件. 如果忽略了这个条件，就可能导致错误的结果. 请看下例.

例 1.2.3 假设妇女每次生育男孩和女孩是等可能的. 某人先后生育了三个孩子，试求三个孩子中有两个男孩和一个女孩的概率.

解 我们先讨论样本空间. 三个孩子的性别按年龄顺序有下列8种可能：

男男男，男男女，男女男，男女女，女男男，女男女，女女男，女女女.

由问题假设这8种情况是等可能的，把它们作为试验的8个基本事件. 容易发现其中有3种情况是两男一女，于是所求的概率为$\frac{3}{8}$.

如果将三个孩子的性别分为下列4种情况：

三个男孩，三个女孩，两男一女，两女一男，

此时样本空间中只有4个基本事件，但这4个基本事件发生的可能性不是完全相同的，不能由此推得生育两男一女的概率为$\frac{1}{4}$.

由上述例子，我们可以看到解古典概型问题的两个要点：

(1) 首先要判断试验是否属于古典概型，即判断样本空间是否有限和基本事件是否具有等可能性；

(2) 计算古典概型的关键是计算样本空间和随机事件中基本事件数，所以经常会用到一些计数原理.

加法原理：完成一件工作有m个独立的方式，第一个方式有n_1种方法，第二个方式有n_2种方法……第m个方式有n_m种方法，那么完成这件工作共有$n_1+n_2+\cdots+n_m$种方法.

乘法原理：完成一件工作有m个步骤，第一步有n_1种方法，第二步有n_2种方法……第m步有n_m种方法，那么完成这件工作共有$n_1n_2\cdots n_m$种方法.

以上述两个原理为基础，可以推导出如下的排列、组合公式.

排列：从n个不同的元素中取出$r(1\leqslant r\leqslant n)$个不同元素，按照一定的顺序排成一列，称之为排列. 排列数记作A_n^r(或P_n^r)，由乘法原理，显然

$$\mathrm{A}_n^r=n(n-1)\cdots(n-r+1)=\frac{n!}{(n-r)!}.$$

特别地，$A_n^n=n(n-1)\cdot\cdots\cdot3\cdot2\cdot1=n!$，此时所有的排列情况称为 n 个元素的全排列.

组合：从 n 个不同的元素中取出 $r(1\leqslant r\leqslant n)$ 个不同元素并成一组，称之为组合. 组合是不考虑元素的顺序的，其组合数记作 C_n^r，且

$$C_n^r=\frac{A_n^r}{A_r^r}=\frac{n!}{r!(n-r)!}.$$

例 1.2.4（抽球问题） 一个盒子中装有 10 个球，其中 4 个是红色的，6 个是白色的. 从这个盒子中依次随机取出 2 个球，在下列两种情形下分别求出 2 个球中恰有 1 个是白色的概率：

（1）有放回抽样：第一次取出 1 个球，记录颜色后放回盒子中搅匀，第二次再从盒子中取出 1 个球；

（2）无放回抽样：第一次取出 1 个球不放回盒子中，第二次再从盒子中取出 1 个球.

解 设事件 A 表示“2 个球中恰有 1 个白球”. 从盒子中依次取出 2 个球，每一种取法视作一个基本事件，显然样本空间中仅含有限个元素，且球被随机取出，每个基本事件发生的可能性相同，因此这是古典概型.

（1）有放回抽样：第一次取时，有 10 个球可供抽取，由于抽取后放回，第二次取时，仍有 10 个球可供抽取，因此根据乘法原理得基本事件总数为 $C_{10}^1C_{10}^1$. 对于事件 A，第一次取到白球且第二次取到红球的取法有 $C_6^1C_4^1$ 种，第一次取到红球且第二次取到白球的取法有 $C_4^1C_6^1$ 种. 根据加法原理及古典概型计算公式可得

$$P(A)=\frac{C_6^1C_4^1+C_4^1C_6^1}{C_{10}^1C_{10}^1}=0.48.$$

（2）无放回抽样：第一次取时，有 10 个球可供抽取，由于抽取后不放回，第二次取时，只有 9 个球可供抽取，因此根据乘法原理得基本事件总数为 $C_{10}^1C_9^1$. 对于事件 A，第一次取到白球且第二次取到红球的取法有 $C_6^1C_4^1$ 种，第一次取到红球且第二次取到白球的取法有 $C_4^1C_6^1$ 种. 根据加法原理及古典概型计算公式可得

$$P(A)=\frac{C_6^1C_4^1+C_4^1C_6^1}{C_{10}^1C_9^1}=0.53.$$

抽球模型是古典概型中最常见的模型，因为古典概型中的很多试验都能形象化地用抽球模型来描述. 若把白球看成次品，红球看成正品，这个模型就可以描述产品的抽样检查问题；若产品分为更多等级，例如一等品、二等品、三等品等，就可以用多种颜色的抽球模型来描述.

例 1.2.5 设有 n 件产品，其中有 $r(r\leqslant n)$ 件次品，今从中任取 $m(m\leqslant n)$ 件，试问其中恰有 $k(k\leqslant r)$ 件次品的概率是多少？

解 在 n 件产品中任取 m 件，这里指无放回抽样，因此所有可能的取法有 C_n^m 种，每一种取法就对应一个基本事件. 而在 r 件次品中取 k 件，所有可能的取法有 C_r^k 种，其余的 $m-k$ 件正品在 $n-r$ 件中取得，有 C_{n-r}^{m-k} 种取法. 由乘法原理，任取 m 件产品，其中恰有 k 件次品的取法有 $C_r^kC_{n-r}^{m-k}$ 种. 故所求的概率为

$$p=\frac{C_r^k C_{n-r}^{m-k}}{C_n^m},$$

上式称为**超几何分布的概率公式**.

例 1.2.6(分房模型) 将 n 个人随机地分配到 N 间房中的任意一间去住($n \leqslant N$),假设房间的人数不限制,求下列事件的概率:

(1) $A=\{$指定的 n 间房各有一人住$\}$;

(2) $B=\{$恰好有 n 间房各有一人住$\}$.

解 将 n 个人随机地分配到 N 间房,每一种分法对应一个基本事件,因为每一个人有 N 间房可供选择(没有限制每间房住多少人),所以 n 个人住 N 间房的方式共有 $N \times N \times \cdots \times N=N^n$ 种.

(1) n 个人分到指定的 n 间房中去住,保证每间房中只有一人住:第一人有 n 种分法,第二人有 $n-1$ 种分法……最后一人只能分到剩下的一间房中去住,共有 $n(n-1)(n-2) \cdot \cdots \cdot 2 \cdot 1$ 种分法,即 A 含有 $n!$ 个基本事件. 所以

$$P(A)=\frac{n!}{N^n}.$$

(2) 由(1)可知,n 个人分到指定的 n 间房中共有 $n!$ 种分法,现在 n 间房未指定,故可以从 N 间房中任意选取,共有 C_N^n 种取法. 所以

$$P(B)=\frac{C_N^n n!}{N^n}.$$

分房模型也是古典概型中的常用模型,例如,将 n 封信装入 n 个信封的问题(配对问题)、球放入盒子中的问题等都可用此模型描述.

1.2.3 概率的几何定义

在古典概型问题中,要求随机现象的样本空间包含有限个样本点. 如果随机试验的所有可能结果为无限多个,虽然每个试验结果出现的可能性仍相等,但此时古典概型的定义就不适用了. 这时可以将古典概型推广到几何概型.

若随机试验具有如下两个特征:

(1) 随机试验的样本空间 Ω 是某个区域,其度量(一维区间的长度、二维平面区域的面积、三维空间区域的体积等)大小用 $\mu(\Omega)$ 表示;

(2) 任意一点落在度量相同的子区域内是等可能的,

则称其为**几何概型**.

定义 1.2.4(概率的几何定义) 设随机试验 E 为几何概型,样本空间的度量为 $\mu(\Omega)$,事件 A 对应于 Ω 中的某个子区域,且其度量为 $\mu(A)$,则事件 A 的**概率**定义为

$$P(A)=\frac{\mu(A)}{\mu(\Omega)}.$$

例 1.2.7(会面模型) 甲、乙两人约定在某地相会,两人各自均在 8:00 到 9:00 之间某时刻等可能到达,并约定先到者应等候另一人 20 min,过时即可离开. 求两人能会面的概率.

解 以 8:00 为计算时刻的 0 时，以分钟为单位，分别记 x,y 为甲、乙到达约定地点的时刻. 如图 1-2 所示，在平面直角坐标系中，边长为 60 的正方形区域就是样本空间 $\Omega=\{(x,y)\mid 0\leqslant x\leqslant 60,0\leqslant y\leqslant 60\}$，其面积为 $\mu(\Omega)=60^2$.

设 A 表示事件“两人能会面”，则显然有

$$A=\{(x,y)\mid(x,y)\in\Omega,\ |x-y|\leqslant 20\},$$

其面积是 $\mu(A)=60^2-40^2$.

根据题意，这是一个几何概型问题，于是

$$P(A)=\frac{\mu(A)}{\mu(\Omega)}=\frac{60^2-40^2}{60^2}=\frac{5}{9}.$$

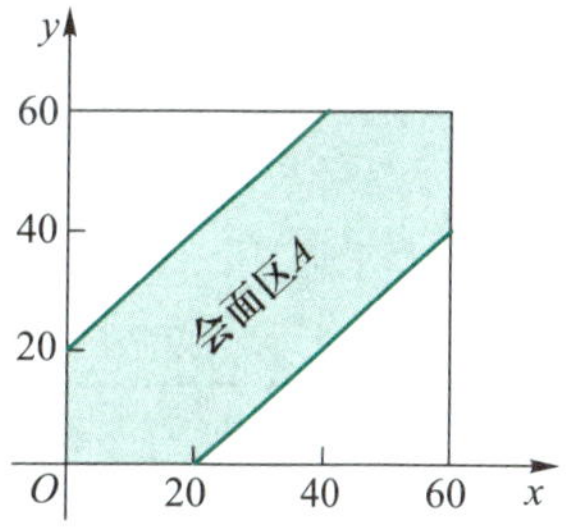

图 1-2

下述蒲丰投针试验是 1777 年由法国著名科学家蒲丰提出的，这是第一个用几何形式表达概率问题的例子.

例 1.2.8（蒲丰投针试验） 假设平面上有一组平行线，其中任意相邻两线的距离都为 d，向平面上任意投掷一枚长度为 $l(l<d)$ 的针，求针与任一平行线相交的概率.

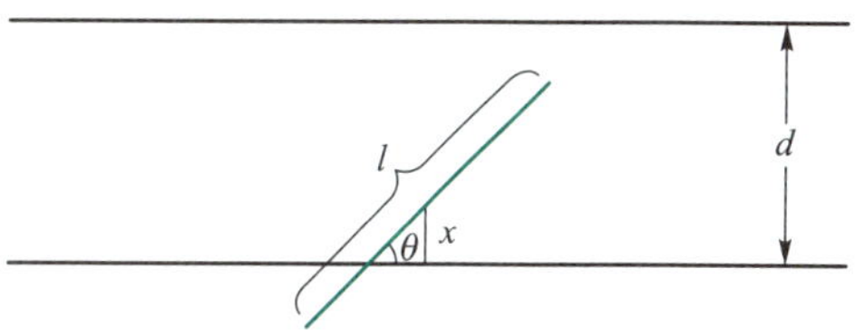

图 1-3

解 针的中点与离它最近的平行线的距离为 x，设针与平行线的夹角为 θ，当做一次试验，即向平面上投一次针时，x 和 θ 都有一个确定的值，如图 1-3 所示，可得样本空间为

$$\Omega=\left\{(x,\theta)\,\middle|\,0\leqslant x\leqslant\frac{d}{2},0\leqslant\theta\leqslant\pi\right\}.$$

投针试验可以看作向区域 Ω 中随机地投点，此时，设事件 A 表示“针与平行线相交”，则

$$A=\left\{(x,\theta)\,\middle|\,0\leqslant x\leqslant\frac{l}{2}\sin\theta,0\leqslant\theta\leqslant\pi\right\}.$$

A 对应的区域如图 1-4 中的阴影部分所示，由几何概型的概率计算公式可知

$$P(A)=\frac{\mu(A)}{\mu(\Omega)}=\frac{\int_0^{\pi}\frac{l}{2}\sin\theta\mathrm{d}\theta}{\frac{d}{2}\pi}=\frac{2l}{\pi d}.$$

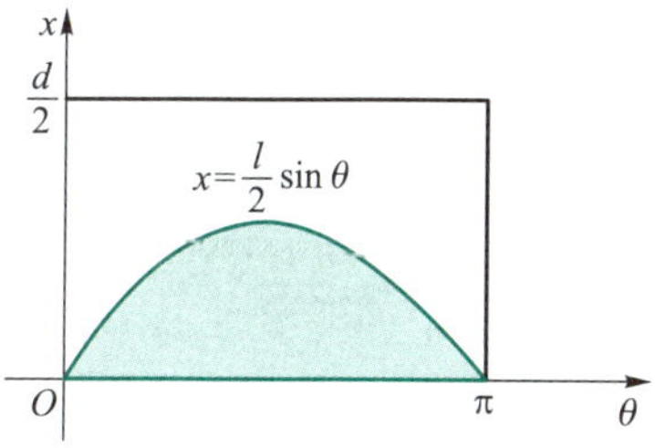

图 1-4

在上述结果中，如果知道 $P(A)$ 的值，就可以由此来估计 π 的值. 因为频率是概率的近似值，所以如果将概率 $P(A)$ 的值用试验的近似值代替，就可以得到 π 的近似值. 历史上有不少科学家做过投针试验，并得到了 π 的不同估计值，如表 1-3 所示（假设平行线间的距离为 1）.

随着计算机的发展，基于上述思想和方法，人们实现了对大量随机试验的计算机模拟，即蒙特卡罗方法，目前它有着非常广泛的应用.

表 1-3　蒲丰投针试验数据表

试验者	年份	针长	投针次数	相交次数	π 的近似值
沃尔夫	1850	0.800 0	5 000	2 532	3.159 6
德摩根	1860	1.000 0	600	382.5	3.137 0
福克斯	1884	0.750 0	1 030	489	3.159 5
拉泽里尼	1901	0.830 0	3 408	1 808	3.141 592 9
赖纳	1925	0.541 9	2 520	859	3.179 5

1.2.4　概率的公理化定义

概率的统计定义涉及频率的稳定性,由此计算概率往往涉及大量的重复试验,这是不现实的.古典概型与几何概型都是在等可能性的基础上建立起来的,因而它们的定义与应用有很大的局限性.1933 年苏联数学家柯尔莫哥洛夫在集合与测度论的基础上提出了概率的公理化定义,使概率论成为严谨的数学分支.

定义 1.2.5(概率的公理化定义)　设 E 是一个随机试验,Ω 是它的样本空间.若对于任意事件 A,有唯一的实数 $P(A)$ 与之对应,且 $P(A)$ 满足下列三条公理:

(1) 非负性:$P(A)\geqslant 0$;

(2) 规范性:$P(\Omega)=1$;

(3) 可列可加性:若 $A_i(i=1,2,\cdots)$ 是两两互不相容的一组事件,有

$$P\left(\bigcup_{i=1}^{\infty} A_i\right)=\sum_{i=1}^{\infty} P(A_i),$$

则称 $P(A)$ 为事件 A 的**概率**.

1.2.5　概率的性质

由概率的公理化定义,可推出概率的一些重要性质.

性质 1　$P(\varnothing)=0$.

证明　令 $A_n=\varnothing, n=1,2,\cdots$,则 $A_iA_j=\varnothing, i\neq j, i,j=1,2,\cdots$,且 $\bigcup\limits_{n=1}^{\infty} A_n=\varnothing$.由可列可加性,得

$$P(\varnothing)=P\left(\bigcup_{n=1}^{\infty} A_n\right)=\sum_{n=1}^{\infty} P(A_n)=\sum_{n=1}^{\infty} P(\varnothing).$$

由概率的非负性,$P(\varnothing)\geqslant 0$,故由上式可得 $P(\varnothing)=0$.

性质 2(有限可加性)　若 $A_1,A_2,\cdots,A_n$ 是两两互不相容的事件,则

$$P(A_1\cup A_2\cup\cdots\cup A_n)=P(A_1)+P(A_2)+\cdots+P(A_n).$$

证明　在可列可加性(定义 1.2.5)中,令 $A_i=\varnothing, i=n+1,n+2,\cdots$,即有

$$\begin{aligned}P(A_1\cup A_2\cup\cdots\cup A_n)&=P\left(\bigcup_{i=1}^{\infty} A_i\right)=\sum_{i=1}^{\infty} P(A_i)=\sum_{i=1}^{n} P(A_i)+\sum_{i=n+1}^{\infty} P(\varnothing)\\&=\sum_{i=1}^{n} P(A_i)+0=P(A_1)+P(A_2)+\cdots+P(A_n).\end{aligned}$$

性质 3(逆事件的概率) 对于任意事件 A,有

$$P(\overline{A})=1-P(A).$$

证明 因 $A\cup\overline{A}=\Omega$,且 $A\cap\overline{A}=\varnothing$,由有限可加性和规范性得

$$1=P(\Omega)=P(A\cup\overline{A})=P(A)+P(\overline{A}),$$

即

$$P(\overline{A})=1-P(A).$$

性质 4(差事件的概率) 对于任意两个事件 A,B,若 $A\subset B$,则

(1) $P(B-A)=P(B)-P(A)$;

(2) $P(B)\geqslant P(A)$.

证明 (1) 由 $A\subset B$ 易知 $B=A\cup(B-A)$,且 $A\cap(B-A)=\varnothing$,由有限可加性可得

$$P(B)=P(A)+P(B-A),$$

故

$$P(B-A)=P(B)-P(A).$$

(2) 由概率的非负性知 $P(B-A)=P(B)-P(A)\geqslant 0$,故 $P(B)\geqslant P(A)$.

推论 1 对于任意事件 A,有 $0\leqslant P(A)\leqslant 1$.

推论 2(减法公式) 对于任意两个事件 A,B,有

$$P(B-A)=P(B-AB)=P(B)-P(AB).$$

性质 5(加法公式) 对于任意两个事件 A,B,有

$$P(A\cup B)=P(A)+P(B)-P(AB).$$

证明 因为 $A\cup B=A\cup(B-AB)$,且 $A\cap(B-AB)=\varnothing$,$AB\subset B$,由性质 2 和性质 4 可得

$$P(A\cup B)=P(A)+P(B-AB)=P(A)+P(B)-P(AB).$$

加法公式可以推广到多个事件的情形.

推论 1 对于任意三个事件 A,B,C,有

$$P(A\cup B\cup C)=P(A)+P(B)+P(C)-P(AB)-P(BC)-P(AC)+P(ABC).$$

推论 2 对于任意 n 个事件 $A_1,A_2,\cdots,A_n$,有

$$P\left(\bigcup_{i=1}^{n}A_i\right)=\sum_{i=1}^{n}P(A_i)-\sum_{1\leqslant i<j\leqslant n}P(A_iA_j)+\sum_{1\leqslant i<j<k\leqslant n}P(A_iA_jA_k)+\cdots+(-1)^{n-1}P(A_1A_2\cdots A_n).$$

例 1.2.9 某人外出旅游两天,据天气预报知:第一天下雨的概率为 0.6,第二天下雨的概率为 0.3,两天都下雨的概率为 0.1,试求下列事件发生的概率:

(1) 第一天下雨,第二天不下雨;

(2) 第一天不下雨,第二天下雨;

(3) 至少有一天下雨;

(4) 两天都不下雨;

(5) 至少有一天不下雨.

解 设 $A_1=\{$第一天下雨$\}$,$A_2=\{$第二天下雨$\}$,则由题意知

$$P(A_1)=0.6,\quad P(A_2)=0.3,\quad P(A_1A_2)=0.1.$$

记(1),(2),(3),(4),(5)所列的五个事件分别为 B_1,B_2,B_3,B_4,B_5,则

$$P(B_1)=P(A_1\overline{A}_2)=P(A_1-A_1A_2)=P(A_1)-P(A_1A_2)=0.5,$$

$$P(B_2)=P(\overline{A}_1A_2)=P(A_2-A_1A_2)=P(A_2)-P(A_1A_2)=0.2,$$

$$P(B_3)=P(A_1\cup A_2)=P(A_1)+P(A_2)-P(A_1A_2)=0.8,$$

$$P(B_4)=P(\overline{A}_1\overline{A}_2)=P(\overline{A_1\cup A_2})=1-P(A_1\cup A_2)=0.2,$$

$$P(B_5)=P(\overline{A}_1\cup\overline{A}_2)=P(\overline{A_1A_2})=1-P(A_1A_2)=0.9.$$

例 1.2.10 设 $P(A)=\frac{1}{3}$，$P(B)=\frac{2}{3}$，试在下列三种情况下求 $P(B-A)$ 的值：

(1) $AB=\varnothing$； (2) $A\subset B$； (3) $P(AB)=\frac{1}{6}$.

解 (1) 由于 $AB=\varnothing$，故 $P(AB)=0$，则

$$P(B-A)=P(B)-P(AB)=\frac{2}{3}-0=\frac{2}{3}.$$

(2) 由于 $A\subset B$，故 $P(AB)=P(A)=\frac{1}{3}$，则

$$P(B-A)=P(B)-P(AB)=\frac{2}{3}-\frac{1}{3}=\frac{1}{3}.$$

(3) 由于 $P(AB)=\frac{1}{6}$，故

$$P(B-A)=P(B)-P(AB)=\frac{2}{3}-\frac{1}{6}=\frac{3}{6}=\frac{1}{2}.$$

例 1.2.11（生日问题） 设每个人的生日在一年 365 天中的任一天是等可能的，某班级里有 n 位同学，这里 $n\leqslant 365$，求：

(1) 他们的生日都不相同的概率；

(2) n 个人中至少有两个人生日相同的概率.

解 (1) 设 $A=\{n$ 个人生日都不相同$\}$. 因为每个人的生日在一年 365 天中的任一天是等可能的，所以 n 个人共有 365^n 种情形，即基本事件总数为 365^n.

考虑事件 A 包含的基本事件数时，可以这样分析：如果第一个人确定某一天过生日，那么第二个人可在余下的 364 天中的任一天过生日，有 364 种情形，依次类推……于是事件 A 包含的基本事件数为 $365\times364\times\cdots\times(365-n+1)=\mathrm{A}_{365}^n$，故

$$P(A)=\frac{\mathrm{A}_{365}^n}{365^n}=\frac{365\times364\times\cdots\times(365-n+1)}{365^n}.$$

(2) 设 $B=\{n$ 个人中至少有两个人生日相同$\}$，则 $B=\overline{A}$. 于是

$$P(B)=P(\overline{A})=1-P(A)=1-\frac{\mathrm{A}_{365}^n}{365^n},$$

经计算可得下述结果：

n	23	30	40	50	64	100
$P(A)$	0.507	0.706	0.891	0.97	0.997	0.999 999 7

从上表可以看出,在 50 人的班级里,“至少有两个人生日相同”的概率高达 0.97,如果人数增加为 100,这一事件的概率就与 1 相差无几. 你若不信,不妨一试!

1.3 条件概率与乘法公式

1.3.1 条件概率的定义

在许多实际问题中,常常会研究一个事件发生与否对其他事件发生可能性的大小究竟有何影响,即在已知事件 A 发生的条件下讨论事件 B 发生的概率. 例如,天气预报、经济预测等,都是基于某一事件发生的条件下研究另一事件的概率. 我们称这种概率为在事件 A 发生的条件下事件 B 发生的条件概率,记作 $P(B\mid A)$,它与 $P(B)$ 是两个不同的概念.

例 1.3.1 从 0 到 9 的十个整数中任取一数. 已知取到的是奇数,求取到的数小于 4 的概率.

解 设 $A=\{$取到的是奇数$\}$,$B=\{$取到的数小于 4$\}$,要求 $P(B\mid A)$. 这显然属于古典概型的问题. 样本空间为 $\Omega=\{0,1,\cdots,9\}$,其基本事件总数 $n=10$. 事件 $A=\{1,3,5,7,9\}$,$B=\{0,1,2,3\}$. 在 A 已经发生的条件下,样本空间发生了变化,即 Ω 缩小为 A. “取到了奇数且小于 4”这一事件为 $AB=\{1,3\}$,记 k_A 为缩小后的样本空间 A 的基本事件总数,k_{AB} 表示 AB 的基本事件数,由古典概型的概率计算公式可知

$$P(B\mid A)=\frac{2}{5},$$

注意到

$$P(B\mid A)=\frac{k_{AB}}{k_A}=\frac{k_{AB}/n}{k_A/n}=\frac{P(AB)}{P(A)}.$$

这虽然是一个特殊的例子,但是容易验证对一般的古典概型,只要 $P(A)>0$,上述等式总是成立的.

定义 1.3.1 设 E 是随机试验,Ω 为样本空间,对于任意两个事件 A,B,其中 $P(A)>0$,称 $P(B\mid A)=\dfrac{P(AB)}{P(A)}$为在**事件 A 发生的条件下事件 B 发生的条件概率**,简称为**条件概率**.

上述条件概率的定义可以利用几何概型直观地解释. 假设样本空间 Ω 是二维平面上的一个有界区域,如图 1-5 所示,若事件 A 已经发生,我们可以把事件 A 包含的基本事件看成一个新的样本空间 $\Omega_A=A$,下面求在这个新的样本空间 Ω_A 中事件 B 发生的概率. 由几何概型的概率计算公式,有

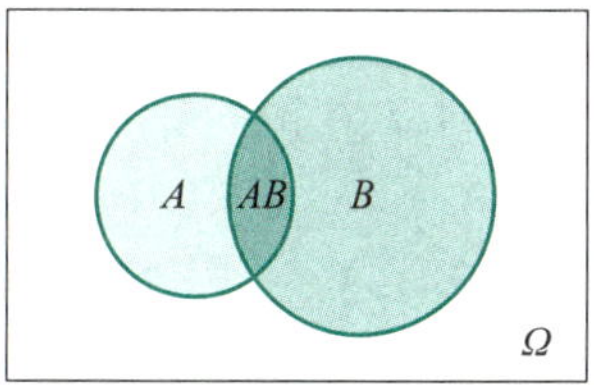

图 1-5

$$P(B\mid A)=\frac{\mu(AB)}{\mu(\Omega_A)}=\frac{\mu(AB)/\mu(\Omega)}{\mu(\Omega_A)/\mu(\Omega)}=\frac{P(AB)}{P(A)}.$$

不难验证,条件概率 $P(\cdot\mid A)$同样满足概率的公理化定义中的三条公理,即

(1) 非负性:对任意事件 B, $P(B\mid A)\geqslant 0$;

(2) 规范性:$P(\Omega\mid A)=1$;

(3) 可列可加性:若 $B_i(i=1,2,\cdots)$是两两互不相容的一组事件,则

$$P\left(\bigcup_{i=1}^{\infty}B_i\mid A\right)=\sum_{i=1}^{\infty}P(B_i\mid A).$$

概率的一些其他性质也适用于条件概率,如

(4) $P(\varnothing\mid A)=0$;

(5) $P(\overline{B}\mid A)=1-P(B\mid A)$;

(6) $P(B_1\cup B_2\mid A)=P(B_1\mid A)+P(B_2\mid A)-P(B_1B_2\mid A)$.

例 1.3.2 某人外出旅游两天,需知道两天的天气情况,据预报,第一天下雨的概率为 0.6,第二天下雨的概率为 0.3,两天都下雨的概率为 0.1.求如果第一天下雨,第二天不下雨的概率.

解 设 $A=\{$第一天下雨$\}$, $B=\{$第二天下雨$\}$,则 $P(A)=0.6$, $P(B)=0.3$, $P(AB)=0.1$.

方法一:$P(\overline{B}\mid A)=\dfrac{P(A\overline{B})}{P(A)}=\dfrac{P(A)-P(AB)}{P(A)}=\dfrac{0.6-0.1}{0.6}=\dfrac{5}{6}$.

方法二:$P(B\mid A)=\dfrac{P(AB)}{P(A)}=\dfrac{1}{6}$,则 $P(\overline{B}\mid A)=1-P(B\mid A)=\dfrac{5}{6}$.

在上例中,我们发现 $P(B\mid A)<P(B)$, $P(\overline{B}\mid A)>P(\overline{B})$,说明条件概率和无条件概率之间并无确定的大小关系.

1.3.2 乘法公式

由条件概率的定义,可得如下定理.

定理 1.3.1(乘法公式) 设 A,B 是两个随机事件,当 $P(A)>0$ 时,有

$$P(AB)=P(A)P(B\mid A).$$

同理,当 $P(B)>0$ 时,有

$$P(AB)=P(B)P(A\mid B).$$

上述计算事件乘积概率的公式称为**乘法公式**.

乘法公式可以推广到有限多个随机事件的情形.例如,对 A,B,C 三个事件,若 $P(AB)>0$,有

$$P(ABC)=P(A)P(B\mid A)P(C\mid AB).$$

对 n 个事件 A_i, $i=1,2,\cdots,n(n\geqslant 2)$,若 $P(A_1A_2\cdots A_{n-1})>0$,则

$$P(A_1A_2\cdots A_{n-1}A_n)=P(A_1)P(A_2\mid A_1)\cdots P(A_n\mid A_1A_2\cdots A_{n-1}).$$

例 1.3.3 设 20 个零件中有 5 个次品,每次从中任取一个,取后不放回,求:

(1) 连续取两次,两次都取到次品的概率;

(2) 连续取三次,第三次才取到次品的概率.

解 设 $A_i=\{$第 i 次取到次品$\}$，$i=1,2,3$.

（1）由题意，$P(A_1)=\frac{5}{20}=\frac{1}{4}$，$P(A_2|A_1)=\frac{4}{19}$，于是

$$P(A_1A_2)=P(A_1)P(A_2|A_1)=\frac{1}{4}\times\frac{4}{19}=\frac{1}{19}.$$

（2）$P(\overline{A}_1\overline{A}_2A_3)=P(\overline{A}_1)P(\overline{A}_2|\overline{A}_1)P(A_3|\overline{A}_1\overline{A}_2)=\frac{15}{20}\times\frac{14}{19}\times\frac{5}{18}=\frac{35}{228}$.

例 1.3.4（抽签问题） 设袋中有 n 张字条，其中 $n-1$ 张写着“谢谢您的参与！”，1 张写着“恭喜您中奖啦！”. 现在 n 个人依次从袋中随机抽一张字条，并且每人抽出后不再放回，试求第 k 个人抽到中奖字条的概率.

解 设 $A_k=\{$第 k 个人抽到中奖字条$\}$，$k=1,2,\cdots,n$，则

$$P(A_1)=\frac{1}{n},$$

$$P(A_2)=P(\overline{A}_1A_2)=P(\overline{A}_1)P(A_2|\overline{A}_1)=\frac{n-1}{n}\cdot\frac{1}{n-1}=\frac{1}{n},$$

$$P(A_3)=P(\overline{A}_1\overline{A}_2A_3)=P(\overline{A}_1)P(\overline{A}_2|\overline{A}_1)P(A_3|\overline{A}_1\overline{A}_2)=\frac{n-1}{n}\cdot\frac{n-2}{n-1}\cdot\frac{1}{n-2}=\frac{1}{n}.$$

依次做下去就会发现，每个人中奖的概率都是$\frac{1}{n}$，跟先后顺序没有关系.

例 1.3.5（波利亚罐子模型） 一个罐子中有 r 个红球，b 个黑球，从罐子中随机地取出一个球，然后把球放回，并加进去与取出的球颜色相同的球 c 个；再用同样的操作进行第 2 次取球，如此一共连续取了 n 次球，试求前 n_1 次取出黑球，后 $n_2(n_2=n-n_1)$ 次取出红球的概率.

解 设 $A_i=\{$第 i 次取出的是黑球$\}$，$i=1,2,\cdots,n$，则所求事件的概率为

$$P(A_1A_2\cdots A_{n_1}\overline{A}_{n_1+1}\cdots\overline{A}_n).$$

由题意可知

$$P(A_1)=\frac{b}{b+r},$$

$$P(A_2|A_1)=\frac{b+c}{b+r+c},$$

$$\cdots$$

$$P(A_{n_1}|A_1\cdots A_{n_1-1})=\frac{b+(n_1-1)c}{b+r+(n_1-1)c},$$

$$P(\overline{A}_{n_1+1}|A_1\cdots A_{n_1})=\frac{r}{b+r+n_1c},$$

$$\cdots$$

$$P(\overline{A}_n|A_1\cdots A_{n_1}\overline{A}_{n_1+1}\cdots\overline{A}_{n-1})=\frac{r+(n_2-1)c}{b+r+(n-1)c},$$

则

$$P(A_1A_2\cdots A_{n_1}\overline{A}_{n_1+1}\cdots\overline{A}_n)$$
$$=P(A_1)P(A_2\mid A_1)\cdots P(A_{n_1}\mid A_1\cdots A_{n_1-1})\cdot P(\overline{A}_{n_1+1}\mid A_1\cdots A_{n_1})\cdots P(\overline{A}_n\mid A_1\cdots A_{n_1}\overline{A}_{n_1+1}\cdots\overline{A}_{n-1})$$
$$=\frac{b}{b+r}\cdot\frac{b+c}{b+r+c}\cdot\ \cdots\ \cdot\frac{b+(n_1-1)c}{b+r+(n_1-1)c}\cdot\frac{r}{b+r+n_1c}\cdot\ \cdots\ \cdot\frac{r+(n_2-1)c}{b+r+(n-1)c}.$$

上述概率显然满足不等式

$$P(A_1)<P(A_2\mid A_1)<P(A_3\mid A_1A_2)<\cdots,$$

这说明当黑球越来越多时,黑球被抽到的可能性也就越来越大. 这犹如某种传染病在某地流行时,若不及时控制,则波及范围必将越来越大;地震也是如此,若某地频繁发生地震,则被认为再次爆发地震的可能性就比较大. 所以,波利亚罐子模型常常被用作描述传染病传播或地震发生的数学模型.

1.4 全概率公式与贝叶斯公式

在计算较复杂随机事件的概率时,通常将它分解为若干个互不相容的简单事件,再利用概率的可加性. 先看一个例子.

例 1.4.1 有两个罐子,1 号罐子装有 2 红 1 黑共 3 个球,2 号罐子装有 4 红 1 黑共 5 个球. 某人从中随机取一个罐子,再从中任取一球.

(1) 求取到红球的概率;

(2) 若取出的是红球,判断该球来自哪个罐子的可能性更大.

解 记 $A=\{$取到红球$\}$, $B_i=\{$球取自 i 号罐子$\}$, $i=1,2$.

因为红球必然来自两个罐子中的一个,所以 $A=AB_1\cup AB_2$ 且 AB_1 与 AB_2 互不相容.

(1) 由有限可加性和乘法公式有

$$\begin{aligned}P(A)&=P(AB_1\cup AB_2)=P(AB_1)+P(AB_2)\\&=P(B_1)P(A\mid B_1)+P(B_2)P(A\mid B_2).\end{aligned}$$

依题意得 $P(B_1)=P(B_2)=\frac{1}{2}$, $P(A\mid B_1)=\frac{2}{3}$, $P(A\mid B_2)=\frac{4}{5}$. 代入数据计算得

$$P(A)=\frac{1}{2}\times\frac{2}{3}+\frac{1}{2}\times\frac{4}{5}=\frac{11}{15}.$$

(2) 由条件概率的定义,有

$$P(B_1\mid A)=\frac{P(AB_1)}{P(A)}=\frac{P(B_1)P(A\mid B_1)}{P(A)}=\frac{\frac{1}{2}\times\frac{2}{3}}{\frac{11}{15}}=\frac{5}{11},$$

$$P(B_2\mid A)=\frac{P(AB_2)}{P(A)}=\frac{P(B_2)P(A\mid B_2)}{P(A)}=\frac{\frac{1}{2}\times\frac{4}{5}}{\frac{11}{15}}=\frac{6}{11}.$$

所以取出的红球来自 2 号罐子的可能性更大.

上例把复杂的事件 A 分解为较简单的事件 AB_1 与 AB_2,在第(1)问中将有限可加性和乘法公式结合起来,计算出要求的概率. 在第(2)问中利用第(1)问的结论结合条件概率得出最终的结论. 将这些想法一般化,就得到全概率公式和贝叶斯公式. 在这两个公式的使用中划分样本空间是非常重要的一步.

定义 1.4.1 设随机试验 E 的样本空间为 $\Omega, B_1, B_2, \cdots, B_n$ 是 E 的一组事件,若

(1) $B_iB_j=\varnothing, i\neq j, i,j=1,2,\cdots,n$;

(2) $\bigcup\limits_{i=1}^{n} B_i=\Omega$,

则称 $B_1,B_2,\cdots,B_n$ 为样本空间 Ω 的一个**划分(完备事件组)**.

定理 1.4.1(全概率公式) 设随机试验 E 的样本空间为 $\Omega, B_1,B_2,\cdots,B_n$ 是 Ω 的一个划分,且 $P(B_i)>0(i=1,2,\cdots,n)$,则对任意事件 A,有

$$P(A)=\sum_{i=1}^{n}P(B_i)P(A\mid B_i).$$

证明 因为

$$A=A\Omega=A\left(\bigcup_{i=1}^{n}B_i\right)=\bigcup_{i=1}^{n}(AB_i),$$

又因为 $B_1,B_2,\cdots,B_n$ 是一列互不相容的事件,所以 $AB_1,AB_2,\cdots,AB_n$ 是互不相容的. 由有限可加性可得

$$P(A)=P\left(\bigcup_{i=1}^{n}(AB_i)\right)=\sum_{i=1}^{n}P(AB_i).$$

由乘法公式得 $P(AB_i)=P(B_i)P(A\mid B_i), i=1,2,\cdots,n$,代入上式得到

$$P(A)=\sum_{i=1}^{n}P(B_i)P(A\mid B_i).$$

全概率公式为我们提供了一种计算复杂事件概率 $P(A)$ 的方法:如果能把样本空间 Ω 划分为两两互不相容的事件 $B_1,B_2,\cdots,B_n$ 的和,并且能给出每一个 $P(B_i)$ 和在事件 B_i 发生的条件下事件 A 发生的条件概率 $P(A\mid B_i)(i=1,2,\cdots,n)$,这样借助全概率公式就可以计算 $P(A)$.

一般地,当问题具有以下特点时:

(1) 随机试验可以分为两步,第一步试验有若干个可能结果,在第一步试验结果的基础上再进行第二次试验,又有若干个结果;

(2) 要求与第二步试验结果有关的概率,

则考虑用全概率公式.

例 1.4.2 某超市从三个厂购进灯泡,其中甲、乙、丙三个厂的产品各占 15%,80% 和 5%,而甲、乙、丙三个厂的产品合格率分别为 98%,99% 和 97%. 在该超市随机买一只灯泡,问买到的是不合格品的概率是多少?

解 设 $A=\{$买到的是不合格品$\}$,$B_1=\{$买到的灯泡是甲厂生产的$\}$,$B_2=\{$买到的灯泡是乙厂生产的$\}$,$B_3=\{$买到的灯泡是丙厂生产的$\}$. 根据题意,B_1,B_2,B_3 是样本空间 Ω 的一个划分,且有

$$P(B_1)=0.15, P(B_2)=0.8, P(B_3)=0.05,$$
$$P(A\mid B_1)=0.02, P(A\mid B_2)=0.01, P(A\mid B_3)=0.03.$$

根据全概率公式,得

$$\begin{aligned}P(A)&=P(B_1)P(A\mid B_1)+P(B_2)P(A\mid B_2)+P(B_3)P(A\mid B_3)\\&=0.15\times0.02+0.8\times0.01+0.05\times0.03\\&=0.0125.\end{aligned}$$

定理 1.4.2(贝叶斯公式) 若 $B_1,B_2,\cdots,B_n$ 是 Ω 的一个划分,且 $P(B_i)>0(i=1,2,\cdots,n)$,则对任一事件 $A(P(A)>0)$,有

$$P(B_i\mid A)=\frac{P(B_i)P(A\mid B_i)}{\sum_{j=1}^{n}P(B_j)P(A\mid B_j)}.$$

上述公式称为**贝叶斯公式**(或**逆概率公式**).

证明 由条件概率的定义,有

$$P(B_i\mid A)=\frac{P(AB_i)}{P(A)},$$

在上式中对分母用全概率公式,对分子用乘法公式,即

$$P(A)=\sum_{j=1}^{n}P(B_j)P(A\mid B_j),$$
$$P(AB_i)=P(B_i)P(A\mid B_i),$$

则

$$P(B_i\mid A)=\frac{P(B_i)P(A\mid B_i)}{\sum_{j=1}^{n}P(B_j)P(A\mid B_j)}.$$

贝叶斯公式是英国数学家托马斯·贝叶斯的重要成果,它在经济分析、理论决策、可靠性分析等许多领域有着广泛的应用. 假定 $B_1,B_2,\cdots,B_n$ 是导致试验结果的"原因",$P(B_i)$ 称为**先验概率**,它刻画了各种"原因"发生的可能性的大小,一般是以往经验(数据)的总结;现在试验中事件 A 发生了,这个信息将有助于探讨事件发生的"原因",条件概率 $P(B_i\mid A)$ 称为**后验概率**,它刻画了试验之后对各种"原因"发生的可能性大小的新认识,也为"由果溯因"提供了主要依据. 例如在医疗诊断中,为了诊断患者患 $B_1,B_2,\cdots,B_n$ 中的哪一种病,通常对患者进行观察与检查,确定某个指标 A(如体温、脉搏、转氨酶含量等),若想用这类指标帮助诊断,这时可以用贝叶斯公式来计算有关概率. 在实际的医疗诊断中会检查多个指标,综合所有的后验概率,这对诊断有很大的帮助,在实现计算机自动诊断或辅助诊断中,这种方法是有实用价值的.

例 1.4.3 用甲胎蛋白法普查肝癌,用 C 表示事件"被检验者患肝癌",A 表示事件"甲胎蛋白法检验结果为阳性",则 $\overline{C}$ 表示事件"被检验者未患肝癌",$\overline{A}$ 表示事件"甲胎蛋白法检验结果为阴性". 由过去的资料知 $P(A\mid C)=0.95$,$P(A\mid\overline{C})=0.1$. 已知某地居民的肝癌发病率 $P(C)=0.0004$. 若在普查中该地区某人的甲胎蛋白检验结果为阳性,求此人患肝癌的概率 $P(C\mid A)$.

解 由贝叶斯公式得

$$P(C \mid A)=\frac{P(C)P(A \mid C)}{P(C)P(A \mid C)+P(\overline{C})P(A \mid \overline{C})}=\frac{0.000\,4\times 0.95}{0.000\,4\times 0.95+0.999\,6\times 0.1}\approx 0.003\,8.$$

这表明，经甲胎蛋白法检验结果为阳性的人中，其实真正患肝癌的人还是很少的（只占0.38%）. 这个结果令人吃惊，但仔细分析还是可以理解的，因为患肝癌的人比例很小. 若有10 000个人去检验，则由 $P(A \mid C)=0.95$ 可知4位肝癌患者中约有 $4\times 0.95\approx 4$ 个检验结果是阳性，而由错检的概率 $P(A \mid \overline{C})=0.1$ 可知，剩下9 996个未患肝癌的人中约有 $9\,996\times 0.1\approx 1\,000$ 个检验结果是阳性，相当于总共在1 004个检验结果为阳性的人中，真正患肝癌的只有4人. 因此，虽然检验法相当可靠，但是检验结果为阳性的人确实患肝癌的可能性并不大.

一般地，当问题具有以下特点时：

（1）随机试验分为两步，第一步试验有若干种可能结果，在第一步试验结果的基础上，再进行第二次试验，又有若干种结果；

（2）要求与第一步试验结果有关的概率，

则考虑用贝叶斯公式.

例 1.4.4 某袋中装有10个球，其中3个黑球、7个白球，从中先后随意各取一球（无放回）.

（1）求第二次取到的是黑球的概率；

（2）已知第二次取到的是黑球，求第一次取到的也是黑球的概率.

解 记 $A=\{$第一次取到的是黑球$\}$，$B=\{$第二次取到的是黑球$\}$，则

$$P(A)=\frac{3}{10},\quad P(\overline{A})=\frac{7}{10},\quad P(B \mid A)=\frac{2}{9},\quad P(B \mid \overline{A})=\frac{3}{9}.$$

（1）$P(B)=P(A)P(B \mid A)+P(\overline{A})P(B \mid \overline{A})=\frac{3}{10}\times\frac{2}{9}+\frac{7}{10}\times\frac{3}{9}=\frac{3}{10}.$

（2）$P(A \mid B)=\dfrac{\frac{3}{10}\times\frac{2}{9}}{\frac{3}{10}}=\frac{2}{9}.$

例 1.4.5 某保险公司将投保人分为两类，第一类是容易出事故的，另一类则是比较谨慎的. 保险公司的统计数据表明，容易出事故的人在一年内出一次事故的概率为0.05；而对于比较谨慎的人，这个概率为0.01. 且第一类人占总人数的20%.

（1）一个客户在购买保险后一年内出一次事故的概率为多少？

（2）已知某客户在购买保险后一年内出一次事故，问他属于哪一种类型的人？

解 设

$$A=\{\text{客户购买保险后一年内出一次事故}\},$$
$$B=\{\text{该客户是容易出事故的人}\},$$

由全概率公式有

$$\begin{aligned}P(A)&=P(B)P(A \mid B)+P(\overline{B})P(A \mid \overline{B})\\&=0.2\times 0.05+(1-0.2)\times 0.01=0.018,\end{aligned}$$

由贝叶斯公式有

$$P(B\mid A)=\frac{P(B)P(A\mid B)}{P(A)}=\frac{5}{9}.$$

同理可得

$$P(\overline{B}\mid A)=\frac{4}{9}.$$

比较 $P(B\mid A)$ 和 $P(\overline{B}\mid A)$ 发现,该客户更有可能是容易出事故的人.

例 1.4.6 “双十一”购物节即将来临,某网店推出“满 300 元送 200 元购物券”“买二赠一”和“7 折促销”三种促销模式,并且该网店推出的三种促销模式占比分别为 60%,30%和 10%. 根据往年同时期的销售统计数据可知:采用“满 300 元送 200 元购物券”的促销模式,其销售利润大于 10%的概率为 70%;采用“买二赠一” 的促销模式,其销售利润大于 10%的概率为 40%;采用“7 折促销”的促销模式,其销售利润大于 10%的概率为 20%.

(1) 求该网店的销售利润大于 10%的概率;

(2) 在网店的销售利润大于 10%的条件下,该网店采用“满 300 元送 200 元购物券”的促销模式的概率为多少?

解 设 A_1,A_2,A_3 分别表示事件“满 300 元送 200 元购物券”“买二赠一”和“7 折促销”,B 表示事件“销售利润大于 10%”.

(1)
$$\begin{aligned}P(B)&=P(A_1B)+P(A_2B)+P(A_3B)\\&=P(A_1)P(B|A_1)+P(A_2)P(B|A_2)+P(A_3)P(B|A_3)\\&=60\%\times70\%+30\%\times40\%+10\%\times20\%\\&=56\%.\end{aligned}$$

(2)
$$\begin{aligned}P(A_1|B)&=\frac{P(A_1B)}{P(B)}=\frac{P(A_1)P(B|A_1)}{P(B)}\\&=\frac{60\%\times70\%}{60\%\times70\%+30\%\times40\%+10\%\times20\%}\\&=75\%.\end{aligned}$$

全概率公式、贝叶斯公式以及前面介绍的乘法公式均是计算事件概率的常用公式,它们有着不同的适用范围. 要计算某个事件(结果,如某个物种的灭绝)的概率有时没有直接的方法,我们可以找到一个划分 $B_1,B_2,\cdots$(导致结果的不同原因,例如各种疾病、自然灾害等),使得计算每个 B_k 的概率是容易的,而在事件 B_k 发生的条件下,事件 A 发生的条件概率也是容易计算的,则利用全概率公式可以计算出事件(即出现某种结果)的概率. 利用贝叶斯公式能够计算出当结果出现时,由每个原因导致这种结果的概率. 因此全概率公式有时也称为“由原因推出结果”的公式,而贝叶斯公式称为“由结果寻找原因”的公式.

1.5 事件的独立性

事件的独立性是概率论中最重要的概念之一. 所谓两个事件 A 与 B 相互独立,直观上说就是它们互不影响,说得更明确一点,就是事件 A 发生与否不会影响事件 B 发生的可能性,且事件

B 发生与否不会影响事件 A 发生的可能性. 用数学式子来表示,就是

$$P(B \mid A)=P(B) \text{ 且 } P(A \mid B)=P(A),$$

但是上面两式分别要求 A 与 B 的概率大于零. 考虑更一般的情形,当上式成立时,乘法公式 $P(AB)=P(A|B)P(B)$ 和 $P(AB)=P(B|A)P(A)$ 均可表示为 $P(AB)=P(A)P(B)$,由此引出两个事件相互独立的概念.

定义 1.5.1 设 A,B 是两个事件,若满足

$$P(AB)=P(A)P(B),$$

则称事件 A,B 是**相互独立**的.

由定义可知,概率为零的事件与任意事件是相互独立的. 若 $P(A)>0,P(B)>0$,则 A,B 相互独立与 A,B 互不相容不能同时成立.

定理 1.5.1 若 $A,B;\overline{A},B;A,\overline{B};\overline{A},\overline{B}$ 四对事件中有一对是相互独立的,则另外三对也是相互独立的.

证明 这里仅证:若 A,B 相互独立,则 $A,\overline{B}$ 也相互独立.

因为 A,B 相互独立,所以 $P(AB)=P(A)P(B)$,从而有

$$P(A\overline{B})=P(A)-P(AB)=P(A)-P(A)P(B)=P(A)[1-P(B)]=P(A)P(\overline{B}),$$

故 $A,\overline{B}$ 也相互独立 . 其他情形类似可证.

例 1.5.1 从一副不含大小王的扑克牌中任取一张,记 $A=\{$抽到 $Q\}$,$B=\{$抽到的牌是黑色的$\}$,判断事件 A,B 是否相互独立.

解 由于

$$P(A)=\frac{4}{52}=\frac{1}{13},\quad P(B)=\frac{26}{52}=\frac{1}{2},\quad P(AB)=\frac{2}{52}=\frac{1}{26},$$

故 $P(AB)=P(A)P(B)$,事件 A,B 相互独立.

在许多实际问题中,有时利用定义去判断两事件的独立性是比较困难的,这时可以根据独立性的直观含义来判断 . 一般地,如果两个事件的发生对彼此没有影响或者影响很弱,就可以认为这两个事件是相互独立的.

例 1.5.2 两门高射炮彼此独立地射击一架敌机,设甲炮击中敌机的概率为 0.6,乙炮击中敌机的概率为 0.5,求敌机被击中的概率.

解 设 $A=\{$甲炮击中敌机$\}$,$B=\{$乙炮击中敌机$\}$,则 $A\cup B=\{$敌机被击中$\}$. 因为 A,B 相互独立,所以

$$\begin{aligned}P(A\cup B)&=P(A)+P(B)-P(AB)=P(A)+P(B)-P(A)P(B)\\&=0.6+0.5-0.6\times0.5=0.8,\end{aligned}$$

即敌机被击中的概率为 0.8.

两事件相互独立的概念可推广到多个事件的情形.

定义 1.5.2 设 A,B,C 是三个事件,若满足

$$\begin{aligned}&P(AB)=P(A)P(B),\\&P(BC)=P(B)P(C),\\&P(AC)=P(A)P(C),\\&P(ABC)=P(A)P(B)P(C),\end{aligned}$$

则称事件 A,B,C 是**相互独立**的.

在上述定义中,若 A,B,C 仅满足前三个式子,则称 A,B,C **两两独立**. 显然,相互独立必两两独立,但两两独立未必相互独立.

例 1.5.3(伯恩斯坦反例) 一个均匀的正四面体,其第一面染成红色,第二面染成白色,第三面染成黑色,而第四面同时染上红、白、黑三种颜色. 现以 A,B,C 分别表示投掷一次四面体出现红色、白色、黑色朝下的事件,问 A,B,C 是否相互独立?

解 由于在四面体中红色、白色、黑色分别出现两面,因此

$$P(A)=P(B)=P(C)=\frac{1}{2},$$

又由题意知

$$P(AB)=P(BC)=P(AC)=\frac{1}{4},$$

故有

$$P(AB)=P(A)P(B)=\frac{1}{4},$$

$$P(BC)=P(B)P(C)=\frac{1}{4},$$

$$P(AC)=P(A)P(C)=\frac{1}{4},$$

则三事件 A,B,C 两两独立.

由于

$$P(ABC)=\frac{1}{4}\neq\frac{1}{8}=P(A)P(B)P(C),$$

所以 A,B,C 不相互独立.

定义 1.5.3 设 $A_1,A_2,\cdots,A_n$ 是 n 个事件,若对任意一组 $i_1,i_2,\cdots,i_k$($2\leqslant k\leqslant n$, $1\leqslant i_1<i_2<\cdots<i_k\leqslant n$)都满足

$$P(A_{i_1}A_{i_2}\cdots A_{i_k})=P(A_{i_1})P(A_{i_2})\cdots P(A_{i_k}),$$

则称事件 $A_1,A_2,\cdots,A_n$ 是**相互独立**的.

设 $A_1,A_2,\cdots,A_n$ 相互独立,若将 $A_1,A_2,\cdots,A_n$ 中的任意多个事件换成其逆事件,所得的 n 个事件仍然相互独立. 因此有

$$\begin{aligned}P(A_1\cup A_2\cup\cdots\cup A_n)&=1-P(\overline{A_1\cup A_2\cup\cdots\cup A_n})\\&=1-P(\overline{A}_1\cap\overline{A}_2\cap\cdots\cap\overline{A}_n)\\&=1-P(\overline{A}_1)P(\overline{A}_2)\cdots P(\overline{A}_n).\end{aligned}$$

例 1.5.4 张、王、赵三位同学各自独立地解一道数学难题,解出的概率分别为 $\frac{1}{5},\frac{1}{3},\frac{1}{4}$,试求难题被解出的概率.

解　设 $A_1=\{$张同学解出难题$\}$，$A_2=\{$王同学解出难题$\}$，$A_3=\{$赵同学解出难题$\}$，则$\{$难题被解出$\}=A_1\cup A_2\cup A_3$，由题设知 A_1,A_2,A_3 相互独立，故

$$\begin{aligned}P(A_1\cup A_2\cup A_3)&=1-P(\overline{A_1})P(\overline{A_2})P(\overline{A_3})\\&=1-\left(1-\frac{1}{5}\right)\left(1-\frac{1}{3}\right)\left(1-\frac{1}{4}\right)=\frac{3}{5}.\end{aligned}$$

例 1.5.5（2024 年考研真题（数学一、数学三））　设随机试验每次成功的概率为 p，现进行 3 次独立重复试验，在至少成功 1 次的条件下，3 次试验全部成功的概率为 $\frac{4}{13}$，则 $p=$__________.

解　设在 3 次试验中，A_i 表示事件"第 i 次试验成功"$(i=1,2,3)$，则由题意可知

$$P(A_1A_2A_3\mid A_1\cup A_2\cup A_3)=\frac{4}{13}.$$

则

$$P(A_1A_2A_3\mid A_1\cup A_2\cup A_3)=\frac{P[A_1A_2A_3(A_1\cup A_2\cup A_3)]}{P(A_1\cup A_2\cup A_3)}=\frac{P(A_1A_2A_3)}{P(A_1\cup A_2\cup A_3)}.$$

因为 $A_i(i=1,2,3)$ 相互独立，所以

$$P(A_1A_2A_3\mid A_1\cup A_2\cup A_3)=\frac{P(A_1)P(A_2)P(A_3)}{1-P(\overline{A_1})P(\overline{A_2})P(\overline{A_3})}=\frac{p^3}{1-(1-p)^3}=\frac{4}{13}.$$

整理得

$$3p^2+4p-4=(3p-2)(p+2)=0.$$

解得 $p=-2$（舍去），$p=\frac{2}{3}$，即

$$p=\frac{2}{3}.$$

例 1.5.6　一个元件（或系统）能正常工作的概率称为元件（或系统）的可靠性. 设构成系统的每个元件的可靠性均为 $p(0<p<1)$，且各元件能否正常工作是相互独立的. 如果 4 个元件分别按照先串联后并联（图 1-6(a)）和先并联后串联（图 1-6(b)）两种连接方式构成两个系统，试分别求两个系统的可靠性，并比较可靠性的大小.

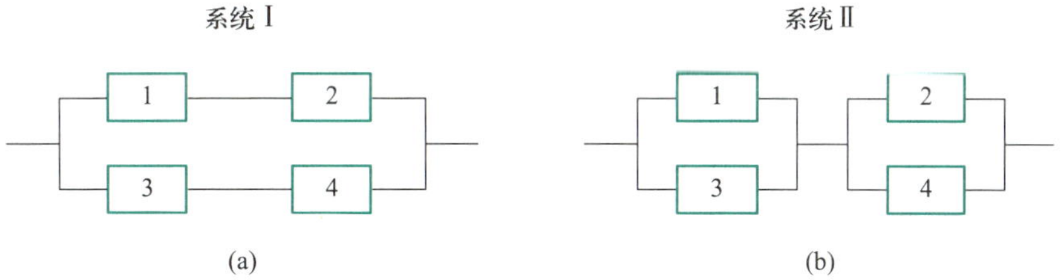

图 1-6

解　设 $A_i=\{$第 i 个元件正常工作$\}$，$i=1,2,3,4$. 已知 $A_i(i=1,2,3,4)$ 相互独立，所以系统 I 的可靠性为

$$\begin{aligned} p_1 &= P(A_1A_2 \cup A_3A_4) = P(A_1A_2) + P(A_3A_4) - P(A_1A_2A_3A_4) \\ &= P(A_1)P(A_2) + P(A_3)P(A_4) - P(A_1)P(A_2)P(A_3)P(A_4) \\ &= p^2 + p^2 - p^4 = p^2(2-p^2). \end{aligned}$$

系统Ⅱ的可靠性为

$$\begin{aligned} p_2 &= P[(A_1 \cup A_3)(A_2 \cup A_4)] = P(A_1 \cup A_3)P(A_2 \cup A_4) \\ &= [P(A_1) + P(A_3) - P(A_1)P(A_3)][P(A_2) + P(A_4) - P(A_2)P(A_4)] \\ &= (2p-p^2)(2p-p^2) = p^2(2-p)^2. \end{aligned}$$

因为 $p_2 - p_1 = p^2[(2-p)^2 - (2-p^2)] = 2p^2(1-p)^2 > 0$. 因此,系统Ⅱ的可靠性大于系统Ⅰ的可靠性.

例 1.5.7 假设用步枪射击飞机,飞机被击中的概率为 0.005,若独立射击 n 次,求至少有一次击中飞机的概率.

解 设 $A_i = \{$第 i 次射击击中飞机$\}$, $i = 1, 2, \cdots, n$, $B = \{n$ 次射击中至少有一次击中飞机$\}$,由题意知, $A_1, A_2, \cdots, A_n$ 相互独立,且 $P(A_i) = 0.005$, $i = 1, 2, \cdots, n$. 故

$$P(B) = P(A_1 \cup A_2 \cup \cdots \cup A_n) = 1 - P(\overline{A}_1)P(\overline{A}_2)\cdots P(\overline{A}_n) = = 1 - 0.995^n.$$

在上例中,一次射击击中飞机的概率为 0.005,这样的事件称为小概率事件,**小概率事件**通常指发生概率在 0.01(或 0.05)以下的事件. 在实践中,人们总结出“概率很小的事件在一次试验中几乎不发生”,这一经验称为“**实际推断原理**”. 若重复独立射击成千上万次,那么结果如何呢? 由上例可知 $\lim\limits_{n\to\infty} P(B) = 1$,也就是说,虽然每次击中飞机的概率很小,但只要次数足够多,至少有一次击中飞机的概率就会接近 1,小概率事件迟早会发生.

在生活中,人们常用“水滴石穿”来形容“有志者事竟成”,一滴水击穿石头是小概率事件,但是如果次数足够多,按照上例的解释,石头迟早会被水击穿. 由这个例子可以看出,一件微不足道的小事,只要坚持下去就会有不可思议的结果,这正应了一句俗语“锲而不舍,金石可镂”.

1.6 Excel 基本介绍

1.6.1 概述

Excel 是微软公司出品的 Office 办公软件中处理电子表格的软件,它可以用来制作电子表格,完成数据运算,进行数据分析和预测,并且具有强大的制作图表的功能. 由于 Excel 具有友好的人机交互界面和强大的计算功能,它已成为管理公司和个人财务、统计数据、绘制各种专业化表格的得力助手. 以下按 Excel 2010 版本讲解,使用其他版本请参考版本修订说明.

Excel 的工作表区由单元格组成,每个单元格由列标和行号识别 . 工作表区的最左边一列是行号,用 1,2,3,… 表示;工作表区的最上面一行是列标,用 A,B,…,Z,AA,AB,…,AZ,… 表示,Excel 2010 版本的行数最多为 1 048 576,列数最多为 16 384. 单元格“C8”表示单元格位于第 C 列第 8 行. 单元格区域规定为矩形,例如“B1:F5”表示一个矩形区域,如图 1-7 所示.“B1”和“F5”分别是该区域的左上角和右下角的单元格. 每张工作表有一个

标签与之对应，例如“Sheet 1”，标识于工作簿的左下角，如图 1-8 所示. 一个工作簿最多可以有 255 张工作表.

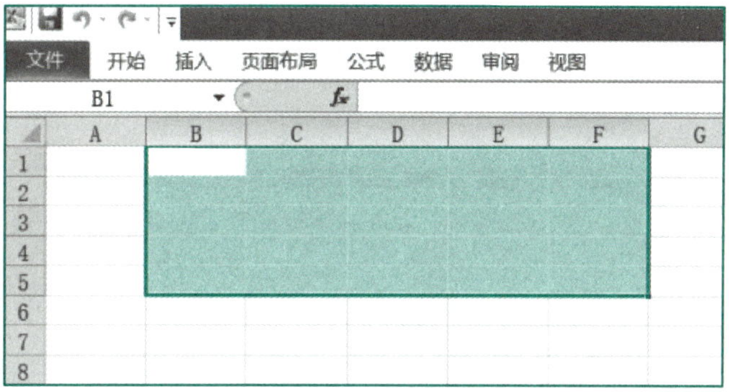

图 1-7

在 Excel 中，与概率统计相关的内容，主要有“统计函数”“数据分析”和“图表”三种工具.

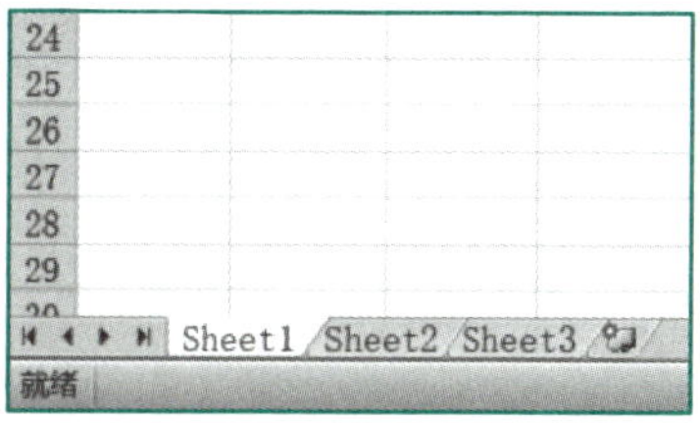

图 1-8

1.6.2 Excel 函数的调用方法

第一步 选择函数值存放的单元格. 在 Excel 中，使用“公式”菜单→“插入函数”选项.

第二步 在“或选择类别”列表中选择“常用函数”选项后，将出现如图 1-9 所示的对话框.

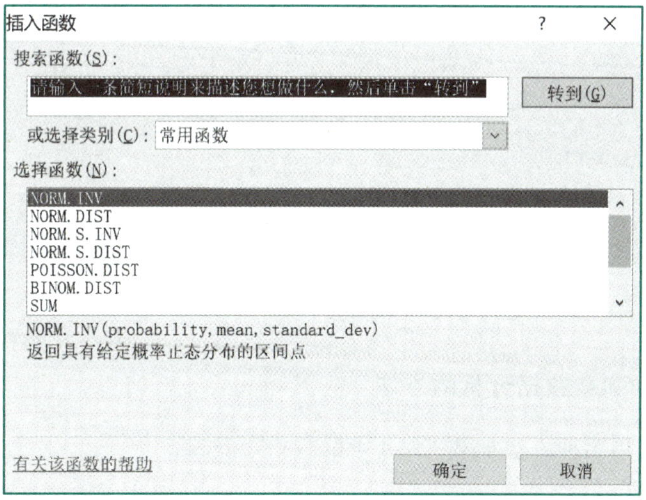

图 1-9

第三步 在“或选择类别”列表中选择“统计”，如图 1-10 所示，然后在“选择函数”列表中选择相应的函数，如选中函数“AVERAGE”，单击“确定”按钮，出现输入数据或单元格范围的对话框，如图 1-11 所示.

第四步 输入数据或单元格范围,单击"确定"按钮,在插入函数的单元格即计算出函数值.

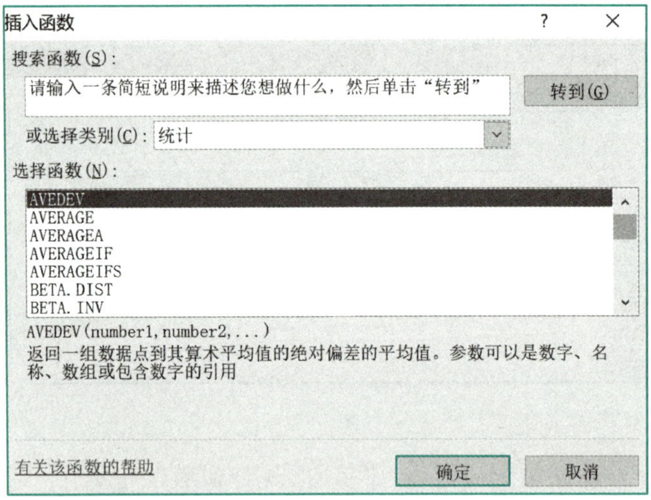

图 1-10

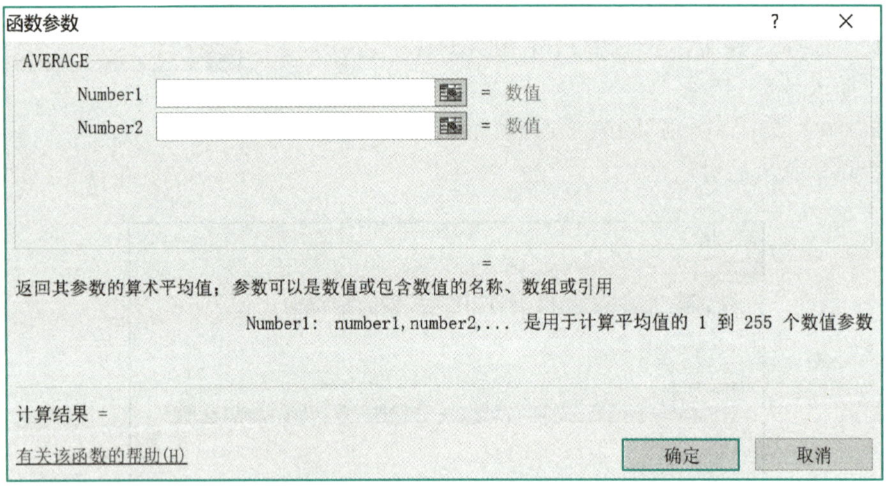

图 1-11

1.6.3 Excel 中加载数据分析的方法

第一步 可以采用两种方法加载 Excel 中的分析工具库.

方法一:

单击"自定义快速访问工具栏"中的"其他命令",如图 1-12 所示.

方法二:

单击"文件"下"选项"按钮,如图 1-13 所示.

第二步 在出现的如图 1-14 所示的"Excel 选项"对话框中选择"加载项".

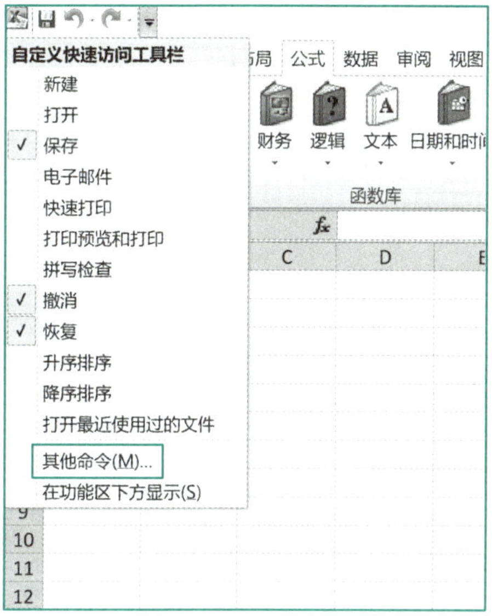

图 1-12

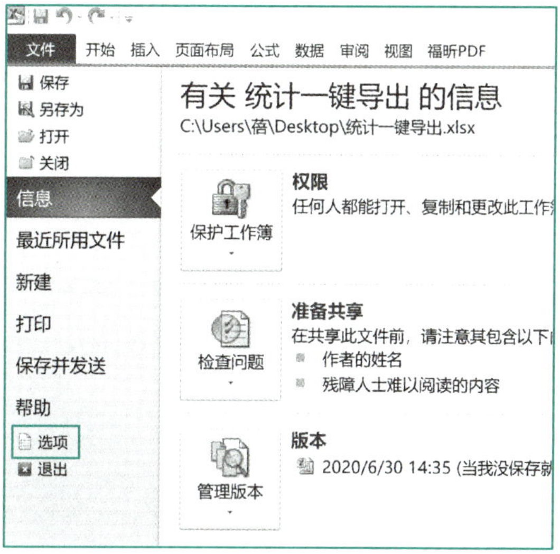

图 1-13

图 1-14

第三步　当出现如图 1-15 所示的窗口后，选择“分析工具库”，然后单击下方的“转到”按钮，则出现如图 1-16 所示的窗口.

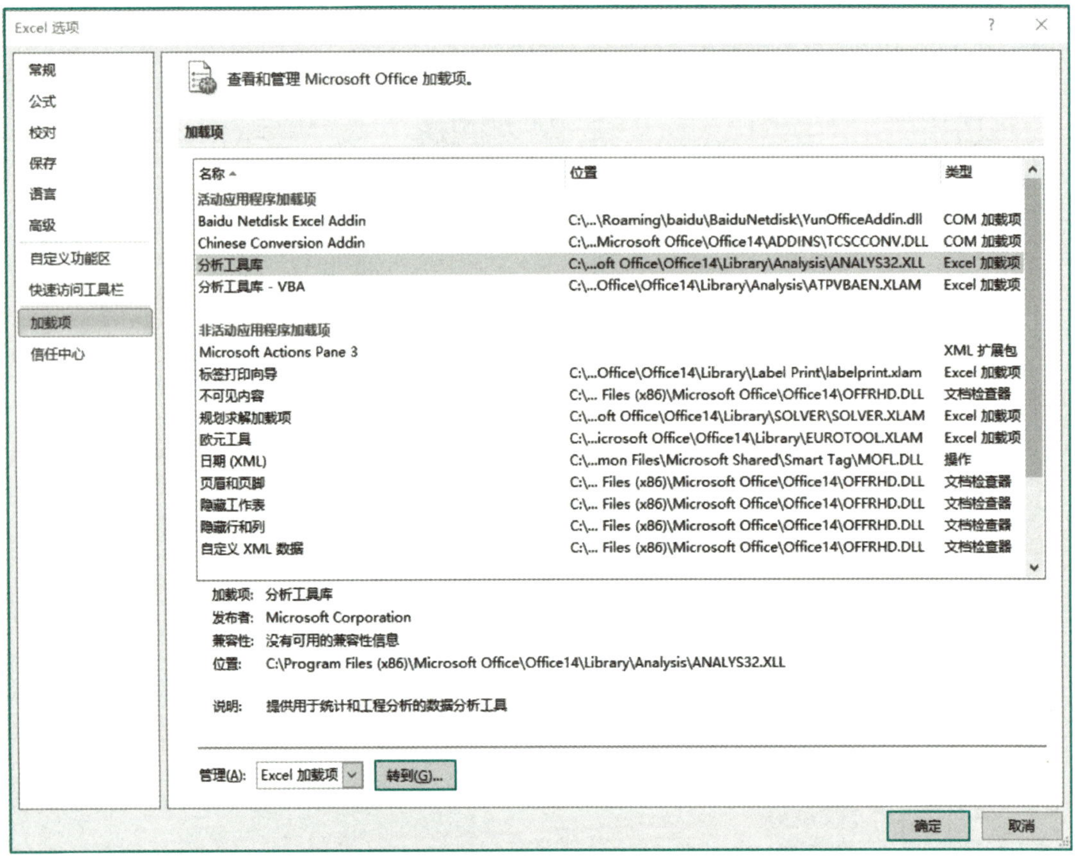

图 1-15

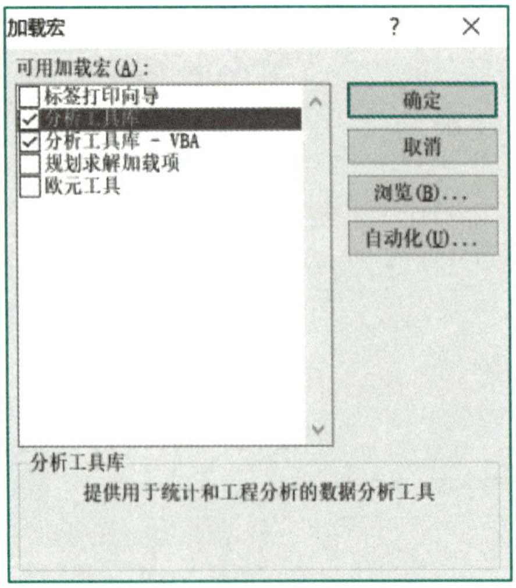

图 1-16

第四步　单击“确定”按钮.当加载完成后,可在“数据”菜单中看见“数据分析”命令,如图 1-17 所示.

图 1-17

第五步　单击“数据分析”,将出现如图 1-18 所示的对话框.

图 1-18

“数据分析”对话框共有 19 个模块,它们分别属于 5 大类:

(1) 基础分析:①随机数发生器;②抽样;③描述统计;④直方图;⑤排位与百分比排位.

(2) 检验分析:①t-检验:平均值的成对二样本分析;②t-检验:双样本等方差假设;③t-检验:双样本异方差假设;④z-检验:双样本平均差检验;⑤F-检验:双样本方差.

(3) 回归分析:①相关系数;②协方差;③回归.

(4) 方差分析:①方差分析:单因素方差分析;②方差分析:可重复双因素分析;③方差分析:无重复双因素分析.

(5) 其他分析工具:①移动平均;②指数平滑;③傅利叶分析.

1.6.4　Excel 插入“图表”的过程

单击“插入”菜单,出现如图 1-19 所示的窗口,根据具体数据选择图表类型即可.

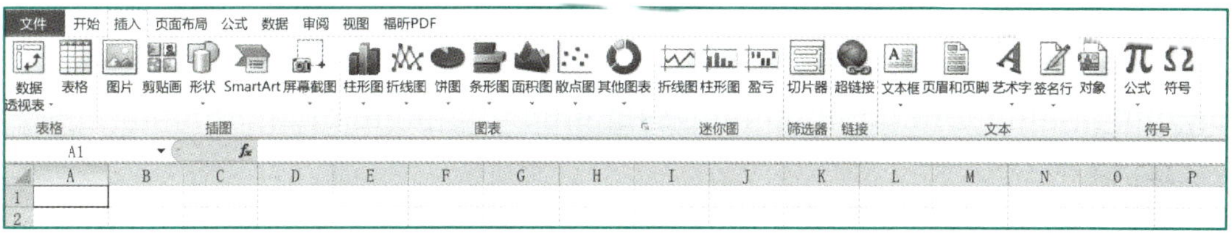

图 1-19

第一章思维导图

- 随机事件与概率
  - 随机事件
    - 随机试验
    - 样本空间
    - 随机事件的定义
    - 事件的关系
      - 事件的包含
      - 和事件
      - 积事件
      - 差事件
      - 互不相容(互斥)
      - 对立事件(事件的逆)
    - 事件的运算
      - 交换律
      - 结合律
      - 分配律
      - 对偶律
  - 概率的定义及性质
    - 定义
      - 统计定义
      - 古典定义
      - 几何定义
      - 公理化定义
    - 性质
      - 空集概率为0
      - 有限可加性
      - 逆事件的概率
      - 差事件的概率
      - 加法公式
  - 条件概率与乘法公式
    - 条件概率
    - 乘法公式
  - 全概率公式与贝叶斯公式
    - 全概率公式
    - 贝叶斯公式
  - 事件的独立性
    - 两个事件的独立性
    - 多个事件的独立性

拓展阅读
概率论简史

习题一

(A) 基础练习

1. 写出下列随机试验的样本空间及指定事件中包含的样本点：

(1) 抛一枚硬币三次，记录出现正面 H、反面 T 的情况，指定事件 $A=\{$出现一次正面 H$\}$；

(2) 将一颗骰子掷两次，记录出现的点数，指定事件 $A=\{$两次点数之和为 5$\}$，$B=\{$第一次的点数比第二次的点数大 2}；

(3) 某篮球运动员进行投篮练习，直至投中 8 次为止，记录累计投篮的次数，指定事件 $A=$ {至多投 20 次}；

(4) 在平面直角坐标系中的单位圆内任取一点，记录它的坐标，指定事件 $A=\left\{\text{点到原点的距离大于}\frac{1}{4}\right\}$.

2. 设 A,B,C 为三个事件，试用 A,B,C 的运算关系式表示下列事件：

(1) A,B,C 都发生；

(2) A 不发生，但 B,C 至少有一个发生；

(3) A,B,C 至少有一个发生；

(4) A,B,C 不同时发生；

(5) A,B,C 至多有 2 个发生；

(6) A,B,C 至少有 2 个发生.

3. 一个袋内装有大小相同的 7 个球，其中 4 个是白球，3 个是黑球，从中一次抽取 3 个球，求：

(1) 恰好有 2 个黑球的概率；

(2) 至少有 2 个是白球的概率.

4. 将 $n(n\leqslant N)$ 个球随机地放入 N 个盒子中，试求下列事件的概率：

(1) $A=$ {每个盒子中至多有一个球}；

(2) $B=$ {某个指定的盒子中恰好有 k 个球}.

5. 设 A,B 是两个事件，且 $P(A)=0.5,P(B)=0.7$，问

(1) 在什么条件下 $P(AB)$ 取到最大值？

(2) 在什么条件下 $P(AB)$ 取到最小值？

6. 设 A,B 为随机事件，且 $P(B)=0.8,P(B-A)=0.3$，求 $P(\overline{AB})$.

7. 某地某天下雪的概率为 0.3，下雨的概率为 0.5，雨夹雪的概率为 0.1，求：

(1) 这天下雨或下雪的概率；

(2) 这天既不下雨又不下雪的概率；

(3) 在下雨的条件下不下雪的概率.

8. 设 $P(A)=P(B)=P(C)=\frac{1}{4},P(AB)=0,P(AC)=P(BC)=\frac{1}{8}$，求 A,B,C 全不发生的概率.

9. 设 $P(\overline{A})=0.3,P(B)=0.4,P(AB)=0.2$，求 $P(\overline{B}\mid A\cup B)$.

10. 一批零件共有 50 个，其中有 5 个次品，从中无放回地一个个取出，求第三次才取到次品的概率.

11. 已知 $P(A)=0.4,P(B)=0.3,P(A\cup B)=0.6$，求 $P(\overline{A}\cup\overline{B})$.

12. 若 $P(A)=0.5,P(B)=0.4,P(A-B)=0.3$，求 $P(B\mid\overline{A})$.

13. 有三个箱子,第一个箱子中有 3 个白球、2 个红球,第二个箱子中有 3 个白球、1 个红球,第三个箱子中有 2 个白球、3 个红球.

(1) 任取一个箱子,再从中任取一个球,求此球为白球的概率;

(2) 已知取到白球,求此球属于第三个箱子的概率.

14. 按以往概率统计考试的结果分析,努力学习的学生有 90%的可能考试及格,不努力学习的学生有 90%的可能考试不及格. 据调查,学生中有 75%的人努力学习,试问:

(1) 学生考试不及格的概率是多少?

(2) 考试及格的学生有多大可能是不努力学习的人?

15. 将两信息分别编码为 A 和 B 传递出来,接收站收到时,A 被误收作 B 的概率为 0.05,而 B 被误收作 A 的概率为 0.02,信息 A 与 B 传递的频繁程度为 3 : 1.

(1) 求接收站收到的信息是 A 的概率;

(2) 若接收站收到的信息是 A,试问原信息是 A 的概率是多少?

16. 某工厂生产的产品中 96%是合格品,检查产品时,一个合格品被误认为是次品的概率为 0.02,一个次品被误认为是合格品的概率为 0.05,求在被检查后认为是合格品的产品的确是合格品的概率.

17. 装有 10 个白球、5 个黑球的罐中丢失一球,但不知是什么颜色的. 为了猜测它的颜色,随机地从罐中摸出两球,结果都是白球,问丢失的是黑球的概率是多少?

18. 设事件 A,B 相互独立,且 $P(A\cup B)=0.8, P(A)=0.2$,求 $P(B)$.

19. 甲、乙同时彼此独立地向一敌机开炮,击中敌机的概率分别为 0.8 和 0.7,求:

(1) 甲、乙均击中敌机的概率;

(2) 敌机被击中的概率;

(3) 恰有一人击中敌机的概率.

20. 加工某一零件需要经过五道工序,设第一、二、三、四、五道工序的次品率分别为 0.02, 0.03, 0.05, 0.03, 0.01. 假定各道工序是相互独立的,求加工出来的零件的次品率.

21. 设每次射击的命中率为 0.2,问至少必须进行多少次独立射击才能使至少击中一次的概率不小于 0.95?

(B) 复习巩固

一、选择题

1. (2021 年考研真题(数学一)) 设 A,B 为随机事件,且 $0<P(B)<1$,下列命题中不成立的是(　　).

(A) 若 $P(A|B)=P(A)$,则 $P(A|\overline{B})=P(A)$

(B) 若 $P(A|B)>P(A)$,则 $P(\overline{A}|\overline{B})>P(\overline{A})$

(C) 若 $P(A|B)>P(A|\overline{B})$,则 $P(A|B)>P(A)$

(D) 若 $P(A|A\cup B)>P(\overline{A}|A\cup B)$,则 $P(A)>P(B)$

2. (2020 年考研真题(数学一、数学三)) 设 A,B,C 为三个随机事件,且 $P(A)=P(B)=$

$P(C)=\frac{1}{4}$，$P(AB)=0$，$P(AC)=P(BC)=\frac{1}{12}$，则 A,B,C 恰有一个事件发生的概率为（　　）.

(A) $\frac{3}{4}$　　(B) $\frac{2}{3}$　　(C) $\frac{1}{2}$　　(D) $\frac{5}{12}$

3.（2019 年考研真题（数学一、数学三））　设 A,B 为随机事件，则 $P(A)=P(B)$ 的充分必要条件是（　　）.

(A) $P(A\cup B)=P(A)+P(B)$　　(B) $P(AB)=P(A)P(B)$

(C) $P(A\overline{B})=P(B\overline{A})$　　(D) $P(AB)=P(\overline{A}\,\overline{B})$

二、填空题

4.（2025 年考研真题（数学一））　设 A,B 为两个不同随机事件且相互独立，已知 $P(A)=2P(B)$，$P(A\cup B)=\frac{5}{8}$，则 A,B 至少有一个发生的条件下，A,B 恰好有一个发生的概率为________.

5.（2018 年考研真题（数学一））　设随机事件 A 与 B 相互独立，A 与 C 相互独立，$BC=\varnothing$，若 $P(A)=P(B)=\frac{1}{2}$，$P=(AC\mid AB\cup C)=\frac{1}{4}$，则 $P(C)=$________.

三、解答题

6. 设盒中有 a 个红球和 b 个白球，现从中随机地取出两个球，试求下列事件的概率：

(1) $A=\{$两个球颜色相同$\}$；(2) $B=\{$两个球颜色不同$\}$.

7. 若 10 件产品中有 6 件正品、4 件次品.

(1) 每次从中任取一件，无放回地取三次，求取到三件次品的概率；

(2) 每次从中任取一件，有放回地取三次，求取到三件次品的概率.

8. 从 5 副不同的手套中任取 4 只，求这 4 只都不配对的概率.

9. 从 $(0,1)$ 中随机地取两个数，求两个数之和小于 $\frac{6}{5}$ 的概率.

10. 设 A,B,C 两两互不相容，$P(A)=0.2$，$P(B)=0.3$，$P(C)=0.4$，求 $P[(A\cup B)-C]$.

11. 已知 $P(\overline{B}\mid A)=\frac{1}{3}$，$P(B\mid\overline{A})=\frac{4}{7}$，$P(AB)=\frac{1}{5}$，求 $P(A)$，$P(B)$.

12. 甲、乙两人独立地对同一目标射击一次，其命中率分别为 0.6 和 0.5. 现已知目标被命中，求它是甲射中的概率.

13. 某旅行社 100 名导游中有 63 人会讲英语，35 人会讲日语，30 人会讲日语和英语，8 人会讲法语、英语和日语，且每人至少会讲英、日、法三种语言中的一种，求：

(1) 此人会讲英语和日语，但不会讲法语的概率；

(2) 此人只会讲法语的概率.

14. 在一个盒中装有 10 个乒乓球，其中有 6 个新球，在第一次比赛中任意取出 2 个球，比赛后放回原盒中，在第二次比赛中同样任意取出 2 个球，求第二次取出的 2 个球均为新球的概率.

15. 验收成箱包装的玻璃器皿，每箱装 20 只，统计资料表明，每箱最多有两只残次品，且含 0 件，1 件和 2 件残次品的箱子各占 80%，10% 和 10%. 现在随意抽取一箱，任意检查其中 4 只，若未发现残次品，则通过验收，否则要逐一检验并更换残次品，试求：

(1) 一次通过验收的概率;

(2) 通过验收的箱中确定有一件残次品的概率.

16. 设某种产品以 50 件为一批,一批产品中含有次品 0 件,1 件,2 件,3 件的概率分别为 0.4,0.3,0.2,0.1. 今从某批产品中任取 5 件,检查出一件次品,求该批产品中次品不超过 1 件的概率.

17. 为了防止意外,在矿内同时设有两个报警系统 A 与 B,当每个系统单独使用时,系统 A 有效的概率为 0.92,系统 B 有效的概率为 0.93,在 A 失灵的条件下,B 有效的概率为 0.85,求:

(1) 发生意外时,这两个报警系统至少一个有效的概率;

(2) 在 B 失灵的条件下,A 有效的概率.

18. 甲、乙、丙同时独立破译一密码,破译的概率分别为 0.5,0.8,0.6,试求:

(1) 密码恰好被其中两人同时破译的概率;

(2) 密码被破译的概率.

19. 甲、乙、丙同时向一敌机射击,命中的概率分别为 0.4,0.5,0.7,若只有一人射中,飞机坠毁的概率为 0.2;若两人射中,飞机坠毁的概率为 0.6;若三人射中,飞机必坠毁. 求:

(1) 飞机坠毁的概率;

(2) 已知飞机坠毁,它是由甲、乙、丙三人同时击中的概率.

20. 证明:若 $P(A \mid B)=P(A \mid \overline{B})$,则 A,B 相互独立.

习题一答案

第二章　一维随机变量及其分布

通过第一章的学习，我们初步了解到随机现象背后隐藏着统计规律，并且从概率的角度对随机事件进行了初步分析，但只是孤立地考虑个别随机事件的概率. 为了更加深入地了解随机现象，需要对随机现象进行量化，将试验结果与实数对应起来，以便使用更有效的数学工具来揭示其背后的规律. 本章引入随机变量这一概念，并考察随机变量的分布情况.

2.1　随机变量及其分布函数

2.1.1　随机变量

对于许多随机试验，其样本点可以直接用数来表示，例如，产品抽样中出现的次品数，掷骰子试验中骰子的点数，此时样本空间 Ω 是一个数集，它的每一个样本点 ω 都是实数. 而对于有些随机试验，例如，抛掷硬币问题，其结果是“正面”和“反面”；检测产品质量是否合格的问题，其结果是“合格”和“不合格”，此时样本点 ω 不是一个数，直接用试验结果来分析随机试验的规律有很大的局限性. 若在抛掷硬币问题中，将“正面”记为“1”，将“反面”记为“0”，则可将 Ω 的每个样本点 ω 与实数对应起来，使其数量化，并且由于样本点出现的随机性，其取值也具有随机性.

定义 2.1.1　设随机试验 E 的样本空间为 Ω，若对于 Ω 中每一个样本点 ω，都有唯一的实数 $X(\omega)$ 与之对应，则称 $X(\omega)$ 为**随机变量**，简记为 X. 随机变量通常用大写字母 $X,Y,Z,\cdots$ 表示.

样本点 ω 与实数 $X=X(\omega)$ 的对应关系如图 2-1 所示.

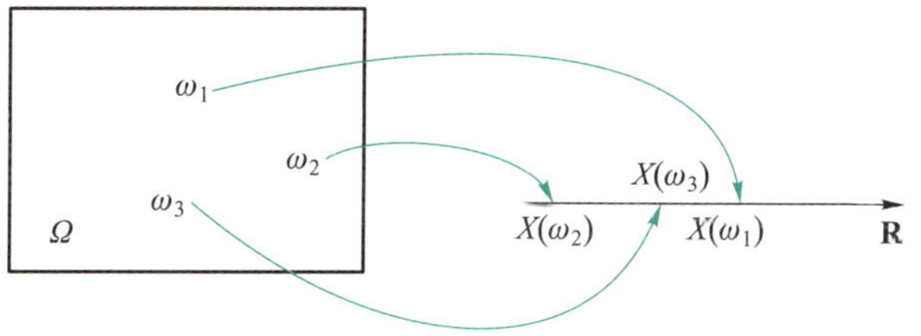

图 2-1

随机变量 X 可以看成定义在样本空间上的函数，但它与我们通常所说的函数是有区别的：随机变量是定义在样本空间上的，而函数是定义在实数域上的；随机变量的取值随试验的结果而定，且具有不确定性.

例 2.1.1　抛掷一枚硬币两次，观察正面 H 和反面 T 出现的情况. 样本空间是{HH,HT,TH,TT}. 若定义 X 为“抛掷两次得到正面的总数”，则对样本空间中的每一个样本点 ω，X 都有一

个实数与之对应，即

$$X=X(\omega)=\begin{cases}0, & \omega=\mathrm{TT},\\1, & \omega=\mathrm{HT}\text{ 或 }\mathrm{TH},\\2, & \omega=\mathrm{HH}.\end{cases}$$

则 X 为随机变量，且

$$P\{X=0\}=P\{\mathrm{TT}\},\quad P\{X=1\}=P\{\mathrm{HT}\text{ 或 }\mathrm{TH}\},\quad P\{X=2\}=P\{\mathrm{HH}\}.$$

例 2.1.2 观察某时刻火车站候车室的人数．样本空间为 $\Omega=\{0,1,2,\cdots\}$，定义 $\{X=k\}$ 为"有 k 个人候车"，$k=0,1,2,\cdots$，则 X 为随机变量，且

$$P\{X=k\}=P\{\text{有 } k \text{ 个人候车}\},\quad k=0,1,2,\cdots.$$

例 2.1.3 观察某种电子元件的寿命（单位：h），其样本空间 $\Omega=\{t\geqslant 0\}$，定义 $\{X=t\}$ 为"所观察的电子元件的寿命"，则 X 是随机变量，且

$$P\{X\leqslant 2\ 000\}=P\{\text{电子元件的寿命不超过 } 2\ 000\ \mathrm{h}\}.$$

根据随机变量取值的特点，可以把它们分成两类：离散型随机变量和非离散型随机变量．如果随机变量的可能取值为有限个或可列无穷多个，就称其为**离散型随机变量**．如果随机变量的可能取值不能一一列举出来，就称其为**非离散型随机变量**．非离散型随机变量的范围广泛，如果随机变量的可能取值为连续的，就称其为**连续型随机变量**，它的所有可能取值充满某个区间．本书主要讨论离散型随机变量和连续型随机变量．根据随机变量的个数，可以分为一维随机变量和多维随机变量．上述例 2.1.1 和例 2.1.2 是一维离散型随机变量，例 2.1.3 是一维连续型随机变量．本章主要讨论一维随机变量，下一章将讨论多维随机变量．

引入随机变量后，随机事件就可以用随机变量的取值来表示，研究随机事件的概率就转化为研究随机变量取值的概率，通常把随机变量取值的概率称为随机变量的分布．

2.1.2 随机变量的分布函数

研究随机变量时，常会提出问题：随机变量 X 落在某个区间的概率是多少？为解决此类问题，下面引入分布函数的概念．

定义 2.1.2 设 X 是随机变量，x 是任意实数，称函数

$$F(x)=P\{X\leqslant x\},\quad -\infty<x<+\infty$$

为 X 的**分布函数**，记为 $F(x)$ 或 $F_X(x)$．

如图 2-2 所示，如果把 x 看成数轴上的点，那么 X 的分布函数 $F(x)$ 表示 X 的可能取值落在区间 $(-\infty,x]$ 上的概率，它随着 x 的取值不同而变化．

图 2-2

由定义可知，分布函数是一个定义在 $\mathbf{R}$ 上，取值于 $[0,1]$ 的实函数，X 的取值落在区间上的概率可以用分布函数表示出来．例如

（1）X 的取值落在区间 $(x,+\infty)$ 内的概率为

$$P\{X>x\}=1-P\{X\leqslant x\}=1-F(x).$$

（2）X 的取值落在区间 $(x_1,x_2]$ $(x_1<x_2)$ 上的概率为

$$P\{x_1<X\leqslant x_2\}=P\{X\leqslant x_2\}-P\{X\leqslant x_1\}=F(x_2)-F(x_1).$$

显然,分布函数可以完整地描述随机变量的统计规律性.

分布函数具有如下性质:

(1) 单调性:若 $x_1<x_2$,则 $F(x_1)\leqslant F(x_2)$.

事实上,对于任意的实数 $x_1<x_2$,有

$$F(x_2)-F(x_1)=P\{x_1<X\leqslant x_2\}\geqslant 0,$$

所以 $F(x_1)\leqslant F(x_2)$.

(2) 有界性:$0\leqslant F(x)\leqslant 1$,且

$$F(-\infty)=\lim_{x\to-\infty}F(x)=0,\quad F(+\infty)=\lim_{x\to+\infty}F(x)=1.$$

(3) 右连续性:对于任意的 x,有 $F(x+0)=F(x)$,其中 $F(x+0)=\lim\limits_{t\to x^+}F(t)$ 表示 $F(x)$ 在点 x 处的右极限.

可以证明,若某实值函数 $F(x)$ 满足以上三条性质,则这个函数可以作为某个随机变量的分布函数.

例 2.1.4 判别下列函数是否为某随机变量的分布函数:

(1) $F(x)=\begin{cases}0, & x<-2,\\ \dfrac{1}{2}, & -2\leqslant x<0,\\ 1, & x\geqslant 0;\end{cases}$ (2) $F(x)=\begin{cases}0, & x<0,\\ \sin x, & 0\leqslant x<\pi,\\ 1, & x\geqslant \pi.\end{cases}$

解 (1) 由题设,$F(x)$ 在 $(-\infty,+\infty)$ 内单调不减、右连续,并有

$$F(-\infty)=\lim_{x\to-\infty}F(x)=0,\quad F(+\infty)=\lim_{x\to+\infty}F(x)=1,$$

所以 $F(x)$ 是某一随机变量 X 的分布函数.

(2) 因为 $F(x)$ 在 $\left(\dfrac{\pi}{2},\pi\right)$ 内单调减少,所以 $F(x)$ 不可能是分布函数.

例 2.1.5 设随机变量 X 的分布函数为

$$F(x)=A+B\arctan x,\quad x\in(-\infty,+\infty),$$

求常数 A,B.

解 由分布函数的性质,$F(-\infty)=0,F(+\infty)=1$,所以

$$F(-\infty)=\lim_{x\to-\infty}F(x)=\lim_{x\to-\infty}(A+B\arctan x)=A-\frac{\pi}{2}B=0,$$

$$F(+\infty)=\lim_{x\to+\infty}F(x)=\lim_{x\to+\infty}(A+B\arctan x)=A+\frac{\pi}{2}B=1,$$

解方程组可得 $A=\dfrac{1}{2},B=\dfrac{1}{\pi}$.

2.2 离散型随机变量及其分布

上一节研究了随机变量及其分布函数,本节将针对离散型随机变量展开讨论.

2.2.1 离散型随机变量的分布律

定义 2.2.1 设离散型随机变量 X 所有可能的取值为 $x_1, x_2, \cdots, x_n, \cdots$, X 取各个可能值的概率为

$$P\{X=x_k\}=p_k, \quad k=1,2,\cdots,n,\cdots,$$

则称其为离散型随机变量 X 的**概率分布律(列)**,简称**分布律(列)**.

X 的分布律也可以表示为表格形式:

X	x_1	x_2	$\cdots$	x_n	$\cdots$
p_k	p_1	p_2	$\cdots$	p_n	$\cdots$

离散型随机变量 X 的分布律具有以下两条性质:

(1) 非负性:$p_k \geqslant 0, k=1,2,\cdots,n,\cdots$;

(2) 规范性:$\sum\limits_{k} p_k=1$.

例 2.2.1 设随机变量 X 的分布律为

X	1	2	3
p_k	a	a^2+a	$7a^2$

求参数 a.

解 由规范性知

$$a+a^2+a+7a^2=1,$$

解得 $a=\frac{1}{4}$或 $a=-\frac{1}{2}$. 当 $a=-\frac{1}{2}$时,$P\{X=1\}$取值为负,无意义,故舍去. 所以 $a=\frac{1}{4}$.

例 2.2.2 设 15 个同类型零件中有 2 个次品,无放回地取 3 次,每次任取 1 个,以 X 表示取出的次品个数,求 X 的分布律.

解 由题意知,X 所有可能的取值为 0,1,2,且

$$P\{X=0\}=\frac{C_{13}^3}{C_{15}^3}=\frac{22}{35},$$

$$P\{X=1\}=\frac{C_2^1 C_{13}^2}{C_{15}^3}=\frac{12}{35},$$

$$P\{X=2\}=\frac{C_{13}^1}{C_{15}^3}=\frac{1}{35}.$$

故 X 的分布律为

X	0	1	2
p_k	$\frac{22}{35}$	$\frac{12}{35}$	$\frac{1}{35}$

2.2.2 离散型随机变量的分布函数

设离散型随机变量 X 的分布律为

$$P\{X=x_k\}=p_k,\quad k=1,2,\cdots,n,\cdots,$$

则根据分布函数的定义，X 的分布函数为

$$F(x)=P\{X\leqslant x\}=\sum_{x_i\leqslant x}P\{X=x_i\}=\sum_{x_i\leqslant x}p_i.$$

易知

$$F(x)=\begin{cases}0, & x<x_1,\\ p_1, & x_1\leqslant x<x_2,\\ p_1+p_2, & x_2\leqslant x<x_3,\\ \cdots & \\ p_1+p_2+\cdots+p_n, & x_{n-1}\leqslant x<x_n,\\ \cdots & \end{cases}$$

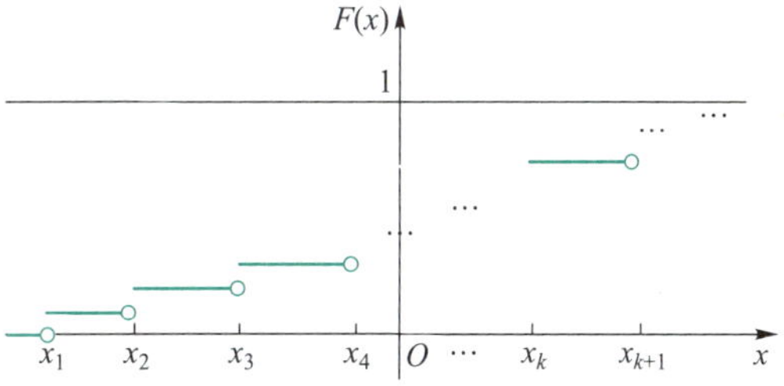

图 2-3

如图 2-3 所示，$F(x)$ 是一个阶梯函数，X 的所有可能取值 $x_1,x_2,\cdots,x_n,\cdots$ 是其跳跃间断点，跳跃高度为相应点处的概率 p_k.

由离散型随机变量的分布律可以确定其分布函数. 反之，由分布函数可以确定其分布律. 若离散型随机变量 X 的分布函数 $F(x)$ 的所有间断点为 $x_1,x_2,\cdots,x_n,\cdots$，则 X 的分布律为

$$P\{X=x_k\}=F(x_k)-F(x_k-0),k=1,2,\cdots,n,\cdots.$$

例 2.2.3 设离散型随机变量 X 的分布律为

X	0	1	2	3
p_k	0.1	0.2	0.3	0.4

求：(1) X 的分布函数；

(2) $P\{X\leqslant 1.5\}$.

解 (1) 当 $x<0$ 时，$F(x)=0$；

当 $0\leqslant x<1$ 时，$F(x)=P\{X=0\}=0.1$；

当 $1\leqslant x<2$ 时，$F(x)=P\{X=0\}+P\{X=1\}=0.3$；

当 $2\leqslant x<3$ 时，$F(x)=P\{X=0\}+P\{X=1\}+P\{X=2\}=0.6$；

当 $x\geqslant 3$ 时，$F(x)=P\{X=0\}+P\{X=1\}+P\{X=2\}+P\{X=3\}=1$.

因此，离散型随机变量 X 的分布函数为

$$F(x)=\begin{cases}0, & x<0,\\ 0.1, & 0\leqslant x<1,\\ 0.3, & 1\leqslant x<2,\\ 0.6, & 2\leqslant x<3,\\ 1, & x\geqslant 3.\end{cases}$$

(2) 方法一：用分布函数计算区间概率，则

$$P\{X\leqslant 1.5\}=F(1.5)=0.3.$$

方法二:用分布律计算区间概率,则

$$P\{X\leqslant 1.5\}=P\{X=0\}+P\{X=1\}=0.3.$$

例 2.2.4 已知随机变量 X 的分布函数如下:

$$F(x)=\begin{cases}0, & x<0,\\ 0.4, & 0\leqslant x<1,\\ 0.8, & 1\leqslant x<2,\\ 1, & x\geqslant 2,\end{cases}$$

求:(1) X 的分布律;

(2) $P\{-1<X\leqslant 1\}$,$P\{-1<X<1\}$.

解 (1) 由 $P\{X=x_k\}=F(x_k)-F(x_k-0)$ 可得

$$P\{X=0\}=F(0)-F(0-0)=0.4.$$

类似可以归纳得 X 的分布律为

X	0	1	2
p_k	0.4	0.4	0.2

(2) $P\{-1<X\leqslant 1\}=F(1)-F(-1)=0.8$(用分布函数计算概率值),

$P\{-1<X<1\}=P\{X=0\}=0.4$(用分布律计算概率值).

2.2.3 几种常用的离散型分布

1. 0-1 分布

定义 2.2.2 若随机变量 X 只有两个可能的取值,且它的分布律为

$$P\{X=x_1\}=p,\quad P\{X=x_2\}=1-p,\quad 0<p<1,$$

则称 X 服从 x_1,x_2 处参数为 p 的**两点分布**.

特别地,若 X 服从 $x_1=1,x_2=0$ 处参数为 p 的两点分布,即

$$P\{X=1\}=p,\quad P\{X=0\}=1-p,\quad 0<p<1,$$

则称 X 服从参数为 p 的 0-1 **分布**. 它的分布律也可以表示为

$$P\{X=k\}=p^k(1-p)^{1-k},\quad k=0,1;0<p<1,$$

或用表格形式表示:

X	0	1
p_k	$1-p$	p

设在一次随机试验 E 中只有两个结果 A 和 $\overline{A}$,且

$$P(A)=p,\quad P(\overline{A})=1-p,$$

定义

$$X=\begin{cases}1, & 若事件 A 发生,\\ 0, & 若事件 A 不发生,\end{cases}$$

则 X 服从参数为 p 的 0-1 分布. 具有上述特点的随机试验 E 称为**伯努利试验**. 它是概率统计中最基本也是最重要的一个模型.

在实际应用中,若随机试验的结果可以简化为"是"与"否",它就符合 0-1 分布的模型. 例如,在产品质量检验中,当取到次品时,随机变量 X 取"0",当取到正品时,X 取"1",则 X 服从 0-1 分布;又如在统计出生人口性别时,将出生的是男孩记为"1",出生的是女孩记为"0",显然这也是一个 0-1 分布模型.

2. 二项分布

将伯努利试验独立重复地进行 n 次,称之为 n **重伯努利试验**. 设在每次试验中

$$P(A)=p,\quad P(\overline{A})=1-p.$$

令 X 表示在 n 重伯努利试验中事件 A 发生的次数,则随机变量 X 所有可能的取值为 $0,1,2,\cdots,n$. 令 $A_i=\{$第 i 次试验中事件 A 发生$\}$,$i=1,2,\cdots,n$,显然 A_i 是相互独立的.

求 X 的分布律,即求 $P\{X=k\}$,$k=0,1,2,\cdots,n$.

不妨指定 k 次试验中 A 发生,其余 $n-k$ 次试验中 A 不发生,如指定前 k 次试验中 A 发生,后 $n-k$ 次试验中 A 不发生,即 $A_1A_2\cdots A_k\overline{A}_{k+1}\cdots\overline{A}_n$,它的概率是

$$\underbrace{pp\cdots p}_{k\text{个}}\underbrace{(1-p)(1-p)\cdots(1-p)}_{n-k\text{个}}=p^k(1-p)^{n-k},$$

这种指定的方式共有 C_n^k 种,且是两两互不相容的,因此在 n 重伯努利试验中事件 A 发生 k 次的概率为 $\mathrm{C}_n^kp^k(1-p)^{n-k}$,即

$$P\{X=k\}=\mathrm{C}_n^kp^k(1-p)^{n-k},\quad k=0,1,2,\cdots,n,$$

定义 2.2.3 若随机变量 X 的分布律为

$$P\{X=k\}=\mathrm{C}_n^kp^k(1-p)^{n-k},\quad k=0,1,\cdots,n,$$

其中 $0<p<1$,则称 X 服从参数为 n,p 的**二项分布**,记为 $X\sim B(n,p)$.

容易验证二项分布满足以下性质:

(1) $P\{X=k\}\geqslant 0,k=0,1,\cdots,n$;

(2) $\sum\limits_{k=0}^{n}P\{X=k\}=\sum\limits_{k=0}^{n}\mathrm{C}_n^kp^k(1-p)^{n-k}=[p+(1-p)]^n=1.$

注意到 $\mathrm{C}_n^kp^k(1-p)^{n-k}$ 恰好是二项式 $[p+(1-p)]^n$ 展开式的一般项,二项分布由此得名.

显然,n 重伯努利试验中成功的次数服从二项分布. 特别地,当 $n=1$ 时,二项分布即 0-1 分布,故 0-1 分布也可记为 $B(1,p)$.

例 2.2.5 一张考卷上有 5 道选择题,每道题列出 4 个可能答案,其中只有一个答案是正确的. 问某学生靠猜测至少能答对 3 道题的概率是多少?

解 每答一道题相当于做一次伯努利试验,则答 5 道题相当于做 5 重伯努利试验. 令 $A=\{$答对一道题$\}$,则 $P(A)=\dfrac{1}{4}$. 设 X 表示答对的题目数,则 $X\sim B\left(5,\dfrac{1}{4}\right)$,所以

$$\begin{aligned}P\{\text{至少能答对 3 道题}\}&=P\{X\geqslant 3\}=P\{X=3\}+P\{X=4\}+P\{X=5\}\\&=\mathrm{C}_5^3\left(\frac{1}{4}\right)^3\cdot\left(\frac{3}{4}\right)^2+\mathrm{C}_5^4\left(\frac{1}{4}\right)^4\cdot\frac{3}{4}+\left(\frac{1}{4}\right)^5=\frac{53}{512}=0.103\ 5.\end{aligned}$$

例 2.2.6 已知某厂生产的产品中次品率为 0.2,现从中抽取 10 件,问其中恰有 k 件($k=0$,

1,2,…,10)次品的概率是多少?

解 这是"无放回"的抽样问题,但由于产品数量很大,可以近似作为"有放回"问题处理,其误差忽略不计. 每抽取一件产品,相当于做一次伯努利试验. 记 X 为 10 件产品中次品的数目,则 $X\sim B(10,0.2)$,

$$p_k=P\{X=k\}=C_{10}^k 0.2^k\times 0.8^{10-k},\quad k=0,1,2,\cdots,10,$$

代入具体的 k 值,计算结果列表如下(精确到小数点后三位):

k	0	1	2	3	4	5	6	7	≥8
p_k	0.107	0.268	0.302	0.201	0.088	0.026	0.006	0.001	<0.001

也可将得到的概率用图形直观表示,如图 2-4 所示.

从图中可以看出,随着 k 增加,p_k 先增后减,在某一 k 值处达到最大值. 在本例中当 $k=2$ 时,p_k 最大. 可以证明对给定的 n 和 p,二项分布中 p_k 的值都有这样的性质.

例 2.2.7 有 2 500 人办理某保险公司的意外伤害保险,每人每年付 120 元保险费,在一年中一个人发生意外伤害的概率为 0.002,出险时家人可向保险公司领得 2 万元. 问该项保险的利润不少于 10 万元的概率有多大?

解 设 X 表示发生意外伤害的人数,则 $X\sim B(2\,500,0.002)$. 要使得保险利润不少于 10 万元,即

$$2\,500\times 120-20\,000X\geqslant 100\,000,$$

解得

$$X\leqslant 10,$$

则

$$P\{X\leqslant 10\}=\sum_{k=0}^{10}C_{2\,500}^k 0.002^k\times 0.998^{2\,500-k}.$$

显然上式的计算比较麻烦,因为 n 比较大,那么有没有近似计算公式呢. 下面介绍的泊松分布就是在满足一定条件下二项分布的极限分布.

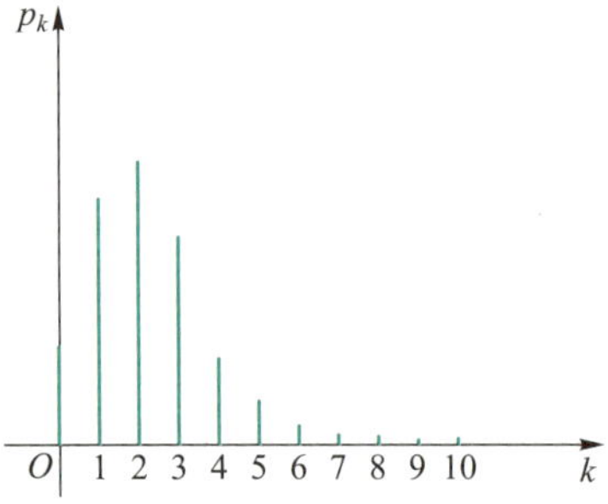

图 2-4

3. 泊松分布

定义 2.2.4 如果随机变量 X 的所有可能取值为 0,1,2,…,且它的分布律为

$$P\{X=k\}=\frac{\lambda^k}{k!}e^{-\lambda},\quad k=0,1,2,\cdots,$$

其中 $\lambda>0$ 是常数,就称 X 服从参数为 λ 的**泊松分布**,记为 $X\sim P(\lambda)$.

容易验证泊松分布满足以下性质:

(1) $P\{X=k\}\geqslant 0,k=0,1,2,\cdots$;

(2) $\sum_{k=0}^{\infty}P\{X=k\}=\sum_{k=0}^{\infty}\frac{\lambda^k}{k!}e^{-\lambda}=e^{\lambda}\cdot e^{-\lambda}=1$.

例 2.2.8 某电话交换机每分钟接到的呼唤次数 X 为随机变量,设 $X\sim P(3)$,求在一分钟内,接到呼唤次数不超过 1 的概率.

解 因为 $X\sim P(3)$,所以

$$P\{X=k\}=\frac{3^k e^{-3}}{k!},\quad k=0,1,2,\cdots,$$

于是

$$P\{X\leqslant 1\}=P\{X=0\}+P\{X=1\}=\mathrm{e}^{-3}+3\mathrm{e}^{-3}=4\mathrm{e}^{-3}.$$

泊松分布由法国数学家泊松于 1837 年提出，它是概率论中一个重要的离散型分布，一方面，它有很多实际应用，经常用于描述某段时间内某事件发生的次数，例如某段时间内电话机接到的呼唤次数、候车的旅客数、放射性物质在某段时间内放射的粒子数、纺纱机的断头数、某页书上印刷错误的个数、某些罕见病的患者数，等等. 另一方面，泊松分布是二项分布的极限分布. 在二项分布中，当 n 较大时，要计算 $\mathrm{C}_n^k p^k(1-p)^{n-k}$，计算量是很大的，但是当 n 充分大、p 充分小且 np 大小适中时，我们可以利用如下定理来简化计算.

定理 2.2.1（泊松定理） 在 n 重伯努利试验中，事件 A 在一次试验中出现的概率为 p_n（与试验总数 n 有关）. 若当 $n\to\infty$ 时，$np_n\to\lambda$（$\lambda>0$ 常数），则对给定的 $k=0,1,2,\cdots$，有

$$\lim_{n\to\infty}\mathrm{C}_n^k p_n^k(1-p_n)^{n-k}=\frac{\lambda^k}{k!}\mathrm{e}^{-\lambda}.$$

***证明** 由定理的条件知 $np_n=\lambda_n\to\lambda\ (n\to\infty)$，因而 $p_n=\dfrac{\lambda_n}{n}$. 对于任意指定的 $k\geqslant 0$，有

$$\begin{aligned}\mathrm{C}_n^k p_n^k(1-p_n)^{n-k}&=\frac{n(n-1)\cdots(n-k+1)}{k!}\cdot\left(\frac{\lambda_n}{n}\right)^k\cdot\left(1-\frac{\lambda_n}{n}\right)^{n-k}\\&=\frac{n(n-1)\cdots(n-k+1)}{k!}\cdot\frac{\lambda_n^k}{n^k}\cdot\frac{\left(1-\frac{\lambda_n}{n}\right)^n}{\left(1-\frac{\lambda_n}{n}\right)^k}\\&=\frac{1\cdot\left(1-\frac{1}{n}\right)\cdots\left(1-\frac{k-1}{n}\right)}{\left(1-\frac{\lambda_n}{n}\right)^k}\cdot\frac{\lambda_n^k}{k!}\cdot\left(1-\frac{\lambda_n}{n}\right)^n.\end{aligned}$$

由于

$$\lim_{n\to\infty}\frac{\left(1-\frac{1}{n}\right)\cdots\left(1-\frac{k-1}{n}\right)}{\left(1-\frac{\lambda_n}{n}\right)^k}=1,$$

$$\lim_{n\to\infty}\frac{\lambda_n^k}{k!}=\frac{\lambda^k}{k!},$$

$$\lim_{n\to\infty}\left(1-\frac{\lambda_n}{n}\right)^n=\mathrm{e}^{-\lambda},$$

故

$$\lim_{n\to\infty}\mathrm{C}_n^k p_n^k(1-p_n)^{n-k}=\frac{\lambda^k}{k!}\mathrm{e}^{-\lambda}.$$

在定理 2.2.1 中，若事件 A 在一次试验中出现的概率为 p（与试验总数 n 无关），则 $\lambda=np$.

例 2.2.9 某人进行射击，设每次射击的命中率为 0.02，独立射击 500 次，求至少击中三次

的概率.

解 每次射击是一次伯努利试验,设击中的次数为 X,则 $X\sim B(500,0.02)$,其分布律为

$$P\{X=k\}=C_{500}^{k}0.02^{k}0.98^{500-k},\quad k=0,1,\cdots,500,$$

于是所求概率为

$$\begin{aligned}P\{X\geqslant 3\}&=1-P\{X=0\}-P\{X=1\}-P\{X=2\}\\&=1-0.98^{500}-C_{500}^{1}0.02\times 0.98^{499}-C_{500}^{2}0.02^{2}0.98^{498}.\end{aligned}$$

显然,计算上式很麻烦,利用泊松定理则可以近似计算所求概率. 这里 $n=500,p=0.02,np=10$,因此 X 近似地服从参数为 10 的泊松分布,即

$$P\{X=k\}\approx\frac{\lambda^{k}}{k!}e^{-\lambda},\quad \lambda=10,$$

则

$$P\{X=0\}\approx e^{-10},\quad P\{X=1\}\approx 10e^{-10},\quad P\{X=2\}\approx\frac{10^{2}}{2}e^{-10}=50e^{-10},$$

因此

$$\begin{aligned}P\{X\geqslant 3\}&=1-P\{X=0\}-P\{X=1\}-P\{X=2\}\\&\approx 1-e^{-10}-10e^{-10}-50e^{-10}=1-61e^{-10}=0.997.\end{aligned}$$

继续解答例 2.2.7.

设 X 表示发生意外伤害的人数,则 $X\sim B(2\,500,0.002)$

$$P\{\text{保险利润不少于 10 万元}\}=P\{X\leqslant 10\}=\sum_{k=0}^{10}C_{2\,500}^{k}0.002^{k}0.998^{2\,500-k}.$$

利用泊松定理可以近似计算所求概率. 这里 $n=2\,500,p=0.02,np=5$,则 X 近似服从 $P(5)$,则

$$P\{X\leqslant 10\}\approx\sum_{k=0}^{10}\frac{5^{k}}{k!}e^{-5}=0.986\,3.$$

最后的数值可以通过查泊松分布表附表 2 直接得到.

本题是理论性的,在实际应用中,设计一份保单时,要考虑的因素很多,如参保人数、出险率、盈利概率,等等,所以保险公司通常会使用更复杂的风险评估模型来更准确地估计保险利润.

4. 几何分布

定义 2.2.5 设随机变量 X 的分布律为

$$P\{X=k\}=(1-p)^{k-1}p,\quad k=1,2,\cdots,$$

其中 $0<p<1$,则称 X 服从参数为 p 的**几何分布**,记为 $X\sim G(p)$.

容易验证几何分布满足以下性质:

(1) $P\{X=k\}\geqslant 0,k=1,2,\cdots$;

(2) $\sum_{k=1}^{\infty}P\{X=k\}=\sum_{k=1}^{\infty}(1-p)^{k-1}p=\frac{p}{1-(1-p)}=1.$

考虑伯努利试验序列,一次试验中只考虑某事件 A 发生(成功)或不发生(失败),设 $P(A)=p,P(\overline{A})=1-p(0<p<1)$. 一旦成功就立即停止试验. 用 X 表示首次成功所需的试验次数,则 X 的可能取值是全体正整数,其分布律为

$$P\{X=k\}=(1-p)^{k-1}p,\quad k=1,2,\cdots\ (0<p<1),$$

故 X 服从参数为 p 的几何分布．因为它的分布律是几何级数的一般项，所以称为几何分布.

5. 超几何分布

定义 2.2.6 设 $1\leqslant M\leqslant N, 1\leqslant n\leqslant N$，若随机变量 X 的分布律为

$$P\{X=k\}=\frac{C_M^k C_{N-M}^{n-k}}{C_N^n},\quad \max\{0,M+n-N\}\leqslant k\leqslant \min\{M,n\},$$

则称随机变量 X 服从**超几何分布**，记作 $X\sim H(N,M,n)$.

容易验证超几何分布满足分布律的两个性质.

例如，有一批产品共 100 件，其中有 5 件次品，现从中随机地（无放回）抽取 10 件产品进行检验. 以 X 表示抽取的 10 件产品中的次品数，则由古典概型有

$$P\{X=k\}=\frac{C_5^k C_{95}^{10-k}}{C_{100}^{10}},\quad k=0,1,2,\cdots,5,$$

即 $X\sim H(100,5,10)$.

超几何分布产生于 n 次无放回抽样，因此它在抽样理论中占有重要地位.

2.3 连续型随机变量及其分布

2.3.1 连续型随机变量及其概率密度

定义 2.3.1 设随机变量 X 的分布函数为 $F(x)$，若存在非负可积函数 $f(x)$，使得对任意实数 x 都有

$$F(x)=\int_{-\infty}^{x} f(t)\,\mathrm{d}t,\quad -\infty<x<+\infty,$$

则称 X 为**连续型随机变量**，其中 $f(x)$ 称为 X 的**概率密度函数**，简称**概率密度**.

显然连续型随机变量 X 的分布函数 $F(x)$ 是 $f(x)$ 的变上限积分，故 $F(x)$ 是连续函数.

概率密度 $f(x)$ 具有以下性质：

（1）非负性：$f(x)\geqslant 0, \forall x\in\mathbf{R}$.

（2）规范性：$\int_{-\infty}^{+\infty} f(x)\,\mathrm{d}x=1$.

由性质(2)可知，位于曲线 $y=f(x)$ 与 x 轴之间的面积等于 1（图 2-5）.

定义在 $\mathbf{R}$ 上的函数 $f(x)$，如果具有上述两个性质，即可作为某个连续型随机变量的概率密度.

（3）$\forall x_1,x_2\in\mathbf{R}(x_1\leqslant x_2)$，有

$$P\{x_1<X\leqslant x_2\}=F(x_2)-F(x_1)=\int_{x_1}^{x_2} f(x)\,\mathrm{d}x.$$

由性质(3)可知，X 落在区间 $(x_1,x_2]$ 上的概率 $P\{x_1<X\leqslant x_2\}$ 等于区间 $(x_1,x_2]$ 上位于曲线 $y=f(x)$ 与 x 轴之间的曲边梯形的面积（图 2-6）.

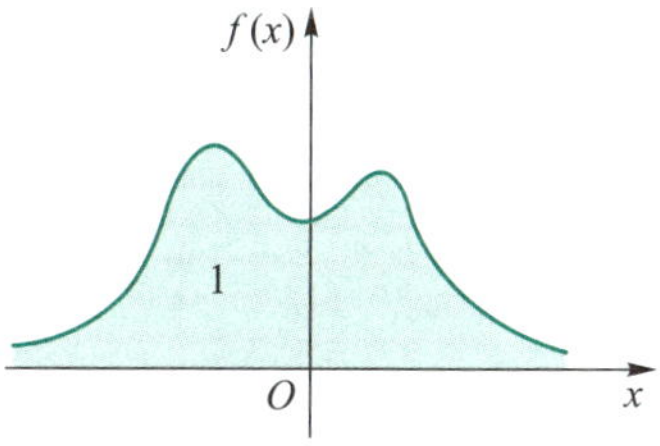

图 2-5

这里的 x_1, x_2 可以取一般实数，也可以是 $+\infty$ 或者 $-\infty$，即

$$P\{X>x_1\}=P\{x_1<X<+\infty\}=\int_{x_1}^{+\infty}f(x)\,\mathrm{d}x,$$

$$P\{X\leqslant x_2\}=P\{-\infty<X\leqslant x_2\}=\int_{-\infty}^{x_2}f(x)\,\mathrm{d}x.$$

（4）若 $f(x)$ 在点 x 处连续，则有 $F'(x)=f(x)$.

（5）设 X 为连续型随机变量，则 $\forall a\in\mathbf{R}$，有 $P\{X=a\}=0$.

证明　设 X 的分布函数为 $F(x)$，$\Delta x>0$，则由 $\{X=a\}\subset\{a-\Delta x<x\leqslant a\}$ 得

$$0\leqslant P\{X=a\}\leqslant P\{a-\Delta x<X\leqslant a\}=F(a)-F(a-\Delta x).$$

令 $\Delta x\to 0$，注意到 X 的分布函数 $F(x)$ 是连续的，即得 $P\{X=a\}=0$.

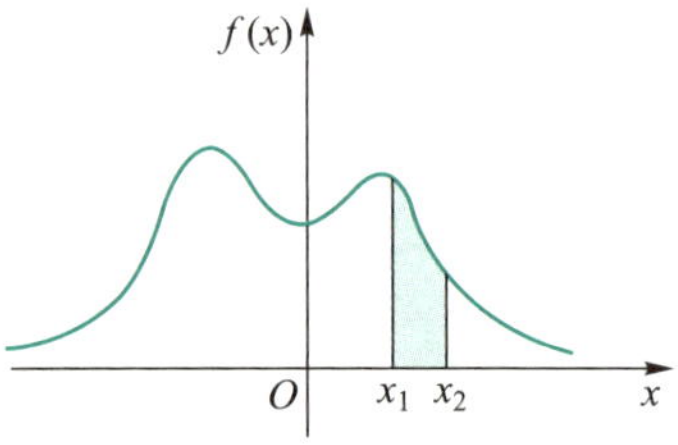

图 2-6

该性质表明连续型随机变量取个别值的概率为 0，由此说明概率为 0 的事件不一定是不可能事件，我们称之为几乎不可能事件. 同样的道理，概率为 1 的事件不一定是必然事件，我们称之为几乎必然事件.

由性质（5）可知，若 X 为连续型随机变量，$\forall x_1, x_2\in\mathbf{R}\,(x_1\leqslant x_2)$，

$$P\{x_1<X\leqslant x_2\}=P\{x_1\leqslant X<x_2\}=P\{x_1\leqslant X\leqslant x_2\}=P\{x_1<X<x_2\}$$
$$=\int_{x_1}^{x_2}f(x)\,\mathrm{d}x=F(x_2)-F(x_1).$$

例 2.3.1　设连续型随机变量 X 的概率密度为

$$f(x)=\begin{cases}\dfrac{1}{6}x, & 0\leqslant x<3,\\ k-\dfrac{x}{2}, & 3\leqslant x\leqslant 4,\\ 0, & \text{其他}.\end{cases}$$

求：（1）常数 k；

（2）X 的分布函数 $F(x)$；

（3）$P\left\{2<X\leqslant\dfrac{7}{2}\right\}$.

解　（1）由 $\int_{-\infty}^{+\infty}f(x)\,\mathrm{d}x=1$ 得

$$\int_0^3\frac{1}{6}x\,\mathrm{d}x+\int_3^4\left(k-\frac{x}{2}\right)\mathrm{d}x=1,$$

计算得 $k-1=1$，于是 $k=2$.

（2）X 的分布函数为

$$F(x)=\int_{-\infty}^{x}f(t)\,\mathrm{d}t=\begin{cases}\int_{-\infty}^{x}0\,\mathrm{d}t, & x<0,\\ \int_{-\infty}^{0}0\,\mathrm{d}t+\int_0^x\dfrac{t}{6}\mathrm{d}t, & 0\leqslant x<3,\\ \int_{-\infty}^{0}0\,\mathrm{d}t+\int_0^3\dfrac{t}{6}\mathrm{d}t+\int_3^x\left(2-\dfrac{t}{2}\right)\mathrm{d}t, & 3\leqslant x<4,\\ 1, & x\geqslant 4,\end{cases}$$

即

$$F(x)=\begin{cases}0, & x<0,\\ \dfrac{1}{12}x^2, & 0\leqslant x<3,\\ -\dfrac{1}{4}x^2+2x-3, & 3\leqslant x<4,\\ 1, & x\geqslant 4.\end{cases}$$

（3）方法一：用分布函数计算区间概率，即

$$P\left\{2<X\leqslant\frac{7}{2}\right\}=F\left(\frac{7}{2}\right)-F(2)$$

$$=-\frac{1}{4}\times\left(\frac{7}{2}\right)^2+2\times\frac{7}{2}-3-\frac{4}{12}=\frac{29}{48}.$$

方法二：用概率密度计算区间概率，即

$$P\left\{2<X\leqslant\frac{7}{2}\right\}=\int_2^3\frac{1}{6}x\mathrm{d}x+\int_3^{\frac{7}{2}}\left(2-\frac{x}{2}\right)\mathrm{d}x=\frac{29}{48}.$$

例 2.3.2 已知连续型随机变量 X 的概率密度为

$$f(x)=\begin{cases}ax+b, & 0<x<1,\\ 0, & 其他,\end{cases}$$

且 $P\left\{X>\dfrac{1}{2}\right\}=\dfrac{5}{8}$，求：

（1）a,b 的值；

（2）X 的分布函数 $F(x)$.

解 （1）由 $\int_{-\infty}^{+\infty}f(x)\mathrm{d}x=1$ 得

$$\int_0^1(ax+b)\mathrm{d}x=1,\quad 即\frac{a}{2}+b=1.$$

由 $P\left\{X>\dfrac{1}{2}\right\}=\dfrac{5}{8}$ 得

$$\int_{\frac{1}{2}}^1(ax+b)\mathrm{d}x=\frac{5}{8},\quad 即\frac{3}{8}a+\frac{b}{2}=\frac{5}{8}.$$

联立可得方程组

$$\begin{cases}\dfrac{a}{2}+b=1,\\ \dfrac{3}{8}a+\dfrac{b}{2}=\dfrac{5}{8},\end{cases}$$

解得 $a=1,b=\dfrac{1}{2}$.

（2）X 的分布函数为

$$F(x)=\int_{-\infty}^{x} f(t)\,\mathrm{d}t=\begin{cases}\int_{-\infty}^{x} 0\,\mathrm{d}t, & x<0,\\ \int_{-\infty}^{0} 0\,\mathrm{d}t+\int_{0}^{x}\left(t+\dfrac{1}{2}\right)\mathrm{d}t, & 0\leqslant x<1,\\ 1, & x\geqslant 1,\end{cases}$$

即

$$F(x)=\int_{-\infty}^{x} f(t)\,\mathrm{d}t=\begin{cases}0, & x<0,\\ \dfrac{1}{2}x^2+\dfrac{x}{2}, & 0\leqslant x<1,\\ 1, & x\geqslant 1.\end{cases}$$

例 2.3.3 设随机变量 X 的分布函数为

$$F(x)=\begin{cases}A+B\mathrm{e}^{-\frac{x^2}{2}}, & x>0,\\ 0, & x\leqslant 0,\end{cases}$$

求:(1) A,B 的值;

(2) X 的概率密度.

解 (1) 由分布函数的性质可得

$$\begin{cases}F(+\infty)=A=1,\\ F(0+0)=A+B=0,\end{cases}$$

解得 $A=1,B=-1$.

(2) X 的分布函数为

$$F(x)=\begin{cases}1-\mathrm{e}^{-\frac{x^2}{2}}, & x>0,\\ 0, & x\leqslant 0,\end{cases}$$

于是 X 的概率密度

$$f(x)=F'(x)=\begin{cases}x\mathrm{e}^{-\frac{x^2}{2}}, & x>0,\\ 0, & x\leqslant 0.\end{cases}$$

2.3.2 几种常用的连续型分布

1. 均匀分布

定义 2.3.2 若连续型随机变量 X 的概率密度为

$$f(x)=\begin{cases}\dfrac{1}{b-a}, & a<x<b,\\ 0, & \text{其他},\end{cases}$$

则称 X 在区间 (a,b) 内服从**均匀分布**,记作 $X\sim U(a,b)$.

易知 $f(x)\geqslant 0$，且 $\int_{-\infty}^{+\infty} f(x)\,\mathrm{d}x=\int_a^b \frac{1}{b-a}\mathrm{d}x=1$. 概率密度的图形如图 2-7 所示.

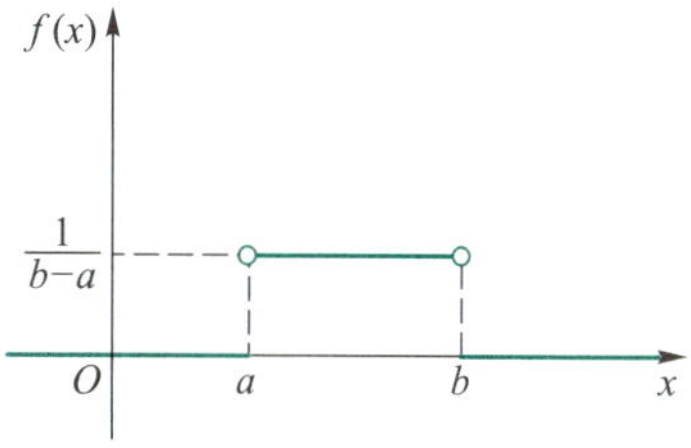

图 2-7

由图形可以发现，对于服从均匀分布 $U(a,b)$ 的随机变量 X，其取值落在区间 (a,b) 的子区间 $(c,c+l)$ 内的概率为

$$P\{c<X<c+l\}=\int_c^{c+l} f(x)\,\mathrm{d}x=\int_c^{c+l}\frac{1}{b-a}\mathrm{d}x=\frac{l}{b-a},$$

即 X 取值落在区间 $(c,c+l)$ 内的概率仅与区间 $(c,c+l)$ 的长度有关，与区间 $(c,c+l)$ 在 (a,b) 内的位置无关. 一般地，对于服从均匀分布 $U(a,b)$ 的随机变量 X，其取值落在区间 (a,b) 中任意等长度的子区间内的可能性是相同的.

易证，服从均匀分布的随机变量 X 的分布函数为

$$F(x)=\begin{cases}0, & x<a,\\ \dfrac{x-a}{b-a}, & a\leqslant x<b,\\ 1, & x\geqslant b,\end{cases}$$

其图形如图 2-8 所示.

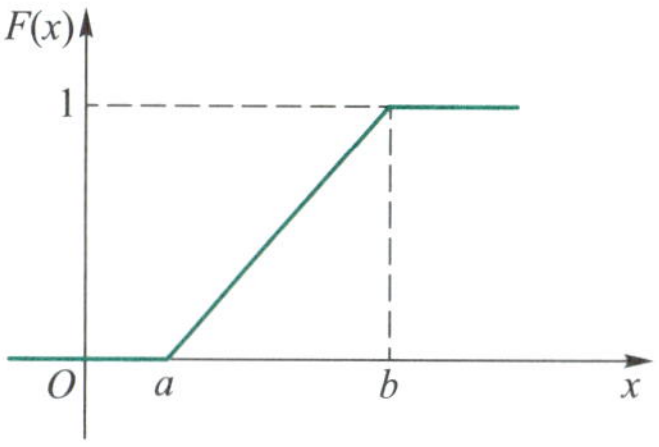

图 2-8

均匀分布无论在理论上还是实际应用中都非常有用. 例如，向区间 (a,b) 内随机投掷一点，用 X 表示该点的坐标，则可认为 $X\sim U(a,b)$；又如，在数值计算中每个数值小数点后第一位四舍五入的误差在区间 $(-0.5,0.5)$ 内服从均匀分布.

均匀分布的区间也可以是闭区间，例如，在区间 $[a,b]$ 上任取一个实数 X，则 $X\sim U[a,b]$，即 X 的概率密度为

$$f(x)=\begin{cases}\dfrac{1}{b-a}, & a\leqslant x\leqslant b,\\ 0, & \text{其他}.\end{cases}$$

例 2.3.4 在某公共汽车站，某一乘客的候车时间 $X\sim U(0,10)$，求此乘客候车时间超过 4 min 的概率.

解 因为 $X\sim U(0,10)$，所以概率密度为

$$f(x)=\begin{cases}\dfrac{1}{10}, & 0<x<10,\\ 0, & \text{其他},\end{cases}$$

因此

$$P\{X>4\}=\int_4^{+\infty} f(x)\,\mathrm{d}x=\int_4^{10}\frac{1}{10}\mathrm{d}x=0.6.$$

2. 指数分布

定义 2.3.3 若连续型随机变量 X 的概率密度为

$$f(x)=\begin{cases}\lambda \mathrm{e}^{-\lambda x}, & x>0,\\ 0, & x\leqslant 0,\end{cases}$$

其中参数 $\lambda>0$,则称 X 服从参数为 λ 的**指数分布**,记为 $X\sim E(\lambda)$.

易知 $f(x)\geqslant 0$,且 $\int_{-\infty}^{+\infty} f(x)\,\mathrm{d}x=\int_0^{+\infty}\lambda \mathrm{e}^{-\lambda x}\,\mathrm{d}x=1$,$X$ 的分布函数为

$$F(x)=\begin{cases}1-\mathrm{e}^{-\lambda x}, & x>0,\\ 0, & x\leqslant 0.\end{cases}$$

图 2-9 和图 2-10 分别是指数分布的概率密度 $f(x)$ 和分布函数 $F(x)$ 的图形.

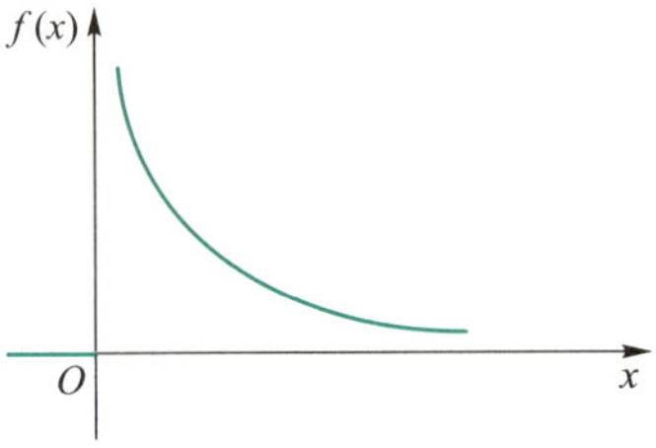

图 2-9

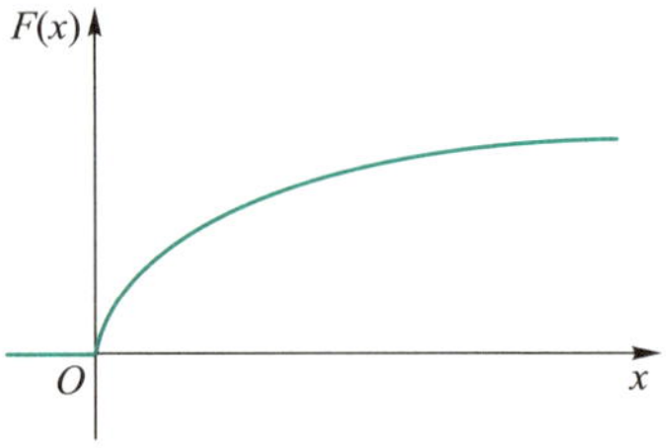

图 2-10

在生活中有很多有趣的问题和指数分布有关. 例如在成语故事"守株待兔"中,农夫等待兔子下一次来撞树的时间,实际上就可以看作服从指数分布的随机变量. 在可靠性理论中一些产品、设备和系统,例如电子元件,出现第一次故障的时刻(至此时刻的时间长度就是此元件的寿命)可以认为服从指数分布.

例 2.3.5 某书店早上开门营业时,营业员记录第一个顾客的进门时间,发现从开门到第一个顾客到达的等待时间 X(单位:min)服从参数 $\lambda=0.4$ 的指数分布,考虑事件"等待至多 3 min"和事件"等待至少 4 min"的概率.

解 根据已知条件,可知等待时间 X 的概率密度为

$$f(x)=\begin{cases}0.4\mathrm{e}^{-0.4x}, & x>0,\\ 0, & x\leqslant 0,\end{cases}$$

从而可得

$$P\{\text{等待至多 3 min}\}=P\{X\leqslant 3\}=\int_{-\infty}^{3} f(x)\,\mathrm{d}x=\int_0^3 0.4\mathrm{e}^{-0.4x}\,\mathrm{d}x=1-\mathrm{e}^{-1.2},$$

$$P\{\text{等待至少 4 min}\}=P\{X\geqslant 4\}=\int_4^{+\infty} f(x)\,\mathrm{d}x=\int_4^{+\infty} 0.4\mathrm{e}^{-0.4x}\,\mathrm{d}x=\mathrm{e}^{-1.6}.$$

3. 正态分布

正态分布是概率统计中最重要的分布之一. 一方面,正态分布是自然界中最常见的一种分布,例如测量的误差,人的身高、体重等,农作物的收获量,工厂产品的尺寸(直径、长度、宽度、高度等)都近似服从正态分布. 一般来说,若影响某一数量指标的随机因素很多,而每个因素所起的作用不太大,则这个指标往往近似服从正态分布,这一点可以通过第五章的极限理论加以证明. 另一方面,正态分布具有许多良好的性质,很多分布可以用正态分布来近似,另外一些分布又可以利用正态分布导出,数理统计中的不少统计推断都是建立在正态分布的基础上.

定义 2.3.4 若连续型随机变量 X 的概率密度为

$$f(x)=\frac{1}{\sqrt{2\pi}\,\sigma}\mathrm{e}^{-\frac{(x-\mu)^2}{2\sigma^2}},\quad x\in\mathbf{R},$$

其中 $\mu,\sigma(\sigma>0)$ 为常数，则称 X 服从参数为 μ,σ 的正态分布（或高斯分布），记作 $X\sim N(\mu,\sigma^2)$，也称 X 为正态随机变量.

显然 $f(x)\geqslant 0$，$\int_{-\infty}^{+\infty}f(x)\mathrm{d}x=1$ 可通过作变量代换结合已知结果 $\int_{-\infty}^{+\infty}\mathrm{e}^{-\frac{t^2}{2}}\mathrm{d}t=\sqrt{2\pi}$ 证得. 易知 X 的分布函数为

$$F(x)=\frac{1}{\sqrt{2\pi}\sigma}\int_{-\infty}^{x}\mathrm{e}^{-\frac{(t-\mu)^2}{2\sigma^2}}\mathrm{d}t,\quad x\in\mathbf{R}.$$

$f(x)$ 的图形如图 2-11 所示，它具有如下性质：

(1) 曲线 $y=f(x)$ 关于 $x=\mu$ 对称.

(2) 当 $x=\mu$ 时，$f(x)$ 取到最大值 $f(\mu)=\dfrac{1}{\sqrt{2\pi}\sigma}$.

(3) 曲线 $y=f(x)$ 在 $x=\mu\pm\sigma$ 处有拐点，并且以 x 轴为渐近线.

(4) 若固定 σ，改变 μ 的取值，则图形沿着 x 轴平移，而不改变其形状（图 2-12），称 μ 为位置参数.

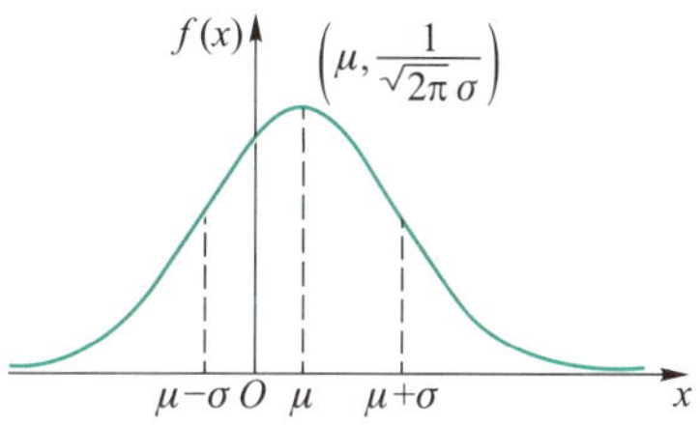

图 2-11

(5) 如果固定 μ，改变 σ 的取值，由于最大值为 $f(\mu)=\dfrac{1}{\sqrt{2\pi}\sigma}$，可知当 σ 越小时图形变得越尖；当 σ 越大时图形越扁平（图 2-13），称 σ 为形状参数.

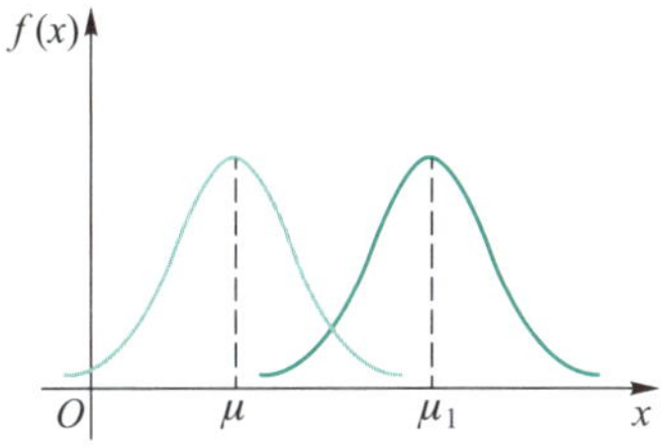

图 2-12

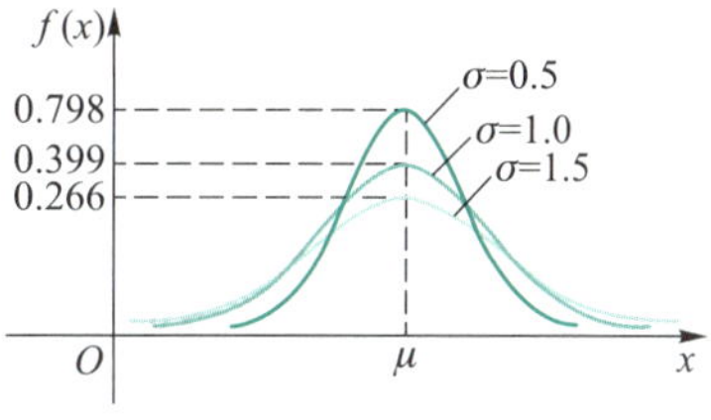

图 2-13

下面讨论正态分布中一种非常重要的分布——标准正态分布.

当 $\mu=0,\sigma=1$ 时，正态分布为标准正态分布，记作 $Z\sim N(0,1)$，其概率密度和分布函数分别用 $\varphi(z)$，$\Phi(z)$ 表示，即

$$\varphi(z)=\frac{1}{\sqrt{2\pi}}\mathrm{e}^{-\frac{z^2}{2}},\quad z\in\mathbf{R},$$

$$\Phi(z)=\frac{1}{\sqrt{2\pi}}\int_{-\infty}^{z}\mathrm{e}^{-\frac{t^2}{2}}\mathrm{d}t,\quad z\in\mathbf{R}.$$

利用标准正态分布的概率密度与分布函数的定义与性质，易证

(1) $\Phi(0)=0.5$；

(2) $\Phi(-a)=1-\Phi(a)$，$\forall a\in\mathbf{R}$；

(3) $P\{a<Z<b\}=P\{a\leqslant Z<b\}=P\{a<Z\leqslant b\}=P\{a\leqslant Z\leqslant b\}=\Phi(b)-\Phi(a)$；

(4) $P\{|Z|<a\}=P\{|Z|\leqslant a\}=2\Phi(a)-1$.

$\Phi(x)$的值可查标准正态分布表(附表 3),例如,$\Phi(1.64)=0.9495$,$\Phi(1.96)=0.975$.

例 2.3.6 已知随机变量 $Z\sim N(0,1)$,求以下概率:

(1) $P\{Z\geqslant 1.74\}$;(2) $P\{-0.68<Z<1.74\}$;(3) $P\{|Z|\leqslant 1.96\}$.

解 (1) $P\{Z\geqslant 1.74\}=1-\Phi(1.74)=1-0.9591=0.0409$.

(2) $P\{-0.68<Z<1.74\}=\Phi(1.74)-\Phi(-0.68)=\Phi(1.74)-[1-\Phi(0.68)]$

$=0.9591-1+0.7517=0.7108$.

(3) $P\{|Z|\leqslant 1.96\}=2\Phi(1.96)-1=2\times 0.975-1=0.95$.

标准正态分布的重要性在于,任何正态随机变量都可以通过线性变换转化为标准正态随机变量. 下面首先讨论一般正态随机变量与标准正态随机变量的关系.

定理 2.3.1 若随机变量 $X\sim N(\mu,\sigma^2)$,则 $Z=\dfrac{X-\mu}{\sigma}\sim N(0,1)$.

证明 因为

$$P\{Z\leqslant z\}=P\left\{\frac{X-\mu}{\sigma}\leqslant z\right\}=P\{X\leqslant \mu+\sigma z\}=\frac{1}{\sqrt{2\pi}\sigma}\int_{-\infty}^{\mu+\sigma z}\mathrm{e}^{-\frac{(t-\mu)^2}{2\sigma^2}}\mathrm{d}t,$$

令 $x=\dfrac{t-\mu}{\sigma}$,则

$$P\{Z\leqslant z\}=\frac{1}{\sqrt{2\pi}}\int_{-\infty}^{z}\mathrm{e}^{-\frac{x^2}{2}}\mathrm{d}x=\Phi(z),$$

由此可见 $Z\sim N(0,1)$.

定理 2.3.1 建立了一般正态分布和标准正态分布之间的关系,通过线性变换 $Z=\dfrac{X-\mu}{\sigma}$可以将 X 转化成标准正态随机变量. 此过程称为正态分布的**标准化**.

由上述关系可得一般正态随机变量分布函数与标准正态随机变量分布函数的关系.

若 $X\sim N(\mu,\sigma^2)$,则它的分布函数 $F(x)$可以写成

$$F(x)=P\{X\leqslant x\}=P\left\{\frac{X-\mu}{\sigma}\leqslant\frac{x-\mu}{\sigma}\right\}=P\left\{Z\leqslant\frac{x-\mu}{\sigma}\right\}=\Phi\left(\frac{x-\mu}{\sigma}\right).$$

对于任意区间$(x_1,x_2]$,有

$$\begin{aligned}P\{x_1<X\leqslant x_2\}&=P\left\{\frac{x_1-\mu}{\sigma}<\frac{X-\mu}{\sigma}\leqslant\frac{x_2-\mu}{\sigma}\right\}\\&=P\left\{\frac{x_1-\mu}{\sigma}<Z\leqslant\frac{x_2-\mu}{\sigma}\right\}=\Phi\left(\frac{x_2-\mu}{\sigma}\right)-\Phi\left(\frac{x_1-\mu}{\sigma}\right).\end{aligned}$$

例 2.3.7 已知随机变量 $X\sim N(1,4)$,求:

(1) $P\{0<X\leqslant 2\}$;

(2) $P\{|X|<1.6\}$;

(3) 常数 c,使得 $P\{X>c\}=0.5$.

解 (1) 方法一:用正态分布的标准化.

已知 $X\sim N(1,4)$，由定理 2.3.1 得 $Z=\dfrac{X-1}{2}\sim N(0,1)$.

$$P\{0<X\leqslant 2\}=P\left\{\frac{0-1}{2}<\frac{X-1}{2}\leqslant\frac{2-1}{2}\right\}=P\{-0.5<Z\leqslant 0.5\}$$
$$=\Phi(0.5)-\Phi(-0.5)=\Phi(0.5)-[1-\Phi(0.5)]=2\Phi(0.5)-1$$
$$=2\times 0.6915-1=0.3830,$$

方法二：将一般正态随机变量的分布函数转化为标准正态随机变量的分布函数.

$$P\{0<X\leqslant 2\}=\Phi\left(\frac{2-1}{2}\right)-\Phi\left(\frac{0-1}{2}\right)=\Phi(0.5)-\Phi(-0.5)$$
$$=\Phi(0.5)-[1-\Phi(0.5)]=2\Phi(0.5)-1$$
$$=2\times 0.6915-1=0.3830.$$

(2) $P\{|X|<1.6\}=P\{-1.6<X<1.6\}=\Phi\left(\dfrac{1.6-1}{2}\right)-\Phi\left(\dfrac{-1.6-1}{2}\right)$
$$=\Phi(0.3)-\Phi(-1.3)=\Phi(0.3)-1+\Phi(1.3)$$
$$=0.6179-1+0.9032=0.5211.$$

(3) 方法一：因为

$$P\{X>c\}=1-P\{X\leqslant c\}=1-\Phi\left(\frac{c-1}{2}\right),$$

所以 $1-\Phi\left(\dfrac{c-1}{2}\right)=0.5$，即 $\Phi\left(\dfrac{c-1}{2}\right)=0.5$. 因为 $\Phi(0)=0.5$，所以$\dfrac{c-1}{2}=0$，得 $c=1$.

方法二：由正态分布的对称性知 $P\{X>1\}=0.5$，显然 $c=1$.

例 2.3.8 设某电子元件的寿命 X（单位：h）是一个随机变量，且 $X\sim N(300,35^2)$.

(1) 求电子元件寿命在 250 h 以上的概率；

(2) 求 k，使电子元件寿命在$(300-k,300+k)$内的概率为 0.9.

解 (1) $P\{X>250\}=1-P\{X\leqslant 250\}=1-\Phi\left(\dfrac{250-300}{35}\right)$
$$=1-\Phi(-1.43)=\Phi(1.43)=0.9236.$$

(2) 由题意，要使

$$P\{300-k<X<300+k\}=0.9,$$

即

$$\Phi\left(\frac{300+k-300}{35}\right)-\Phi\left(\frac{300-k-300}{35}\right)=0.9,$$

亦即

$$\Phi\left(\frac{k}{35}\right)-\Phi\left(-\frac{k}{35}\right)=2\Phi\left(\frac{k}{35}\right)-1=0.9,$$

得 $\Phi\left(\dfrac{k}{35}\right)=0.95$，查表得$\dfrac{k}{35}=1.65$，则 $k=57.75$.

例 2.3.9 将一温度调节器放置在贮存着某种液体的容器内，调节器定在 a ℃，液体的温度

X(单位:℃)是一个随机变量,且 $X\sim N(a,0.5^2)$.

(1) 若 $a=85$ ℃,求液体的温度小于 84.5 ℃的概率;

(2) 若要求保持液体的温度至少为 85 ℃的概率不低于 0.96,问 a 至少为多少?

解 (1) 所求概率为

$$P\{X<84.5\}=\Phi\left(\frac{84.5-85}{0.5}\right)=\Phi(-1)=1-\Phi(1)=1-0.841\ 3=0.158\ 7.$$

(2) 由题意,a 满足

$$0.96\leqslant P\{X\geqslant 85\}=1-P\{X<85\}=1-\Phi\left(\frac{85-a}{0.5}\right),$$

即

$$\Phi\left(\frac{85-a}{0.5}\right)\leqslant 1-0.96=1-\Phi(1.75)=\Phi(-1.75).$$

由分布函数的单调性可得$\frac{85-a}{0.5}\leqslant -1.75$,故需 $a\geqslant 85.875$.

例 2.3.10 设随机变量 $X\sim N(\mu,\sigma^2)$,求:

(1) $P\{|X-\mu|<\sigma\}$;

(2) $P\{|X-\mu|<3\sigma\}$;

(3) $P\{|X-\mu|<6\sigma\}$.

解 (1) $P\{|X-\mu|<\sigma\}=P\left\{\left|\frac{X-\mu}{\sigma}\right|<1\right\}=\Phi(1)-\Phi(-1)=2\Phi(1)-1=0.682\ 6.$

(2) $P\{|X-\mu|<3\sigma\}=P\left\{\left|\frac{X-\mu}{\sigma}\right|<3\right\}=\Phi(3)-\Phi(-3)=2\Phi(3)-1=0.997\ 4.$

(3) $P\{|X-\mu|<6\sigma\}=P\left\{\left|\frac{X-\mu}{\sigma}\right|<6\right\}=\Phi(6)-\Phi(-6)=2\Phi(6)-1=0.999\ 999\ 998$,其中 $\Phi(6)$可通过 2.5 节的知识用 Excel 算得.

从例 2.3.10 的计算结果可知,在一次试验中,X 落在$(\mu-\sigma,\mu+\sigma)$内有 68.26%的可能性,落在$(\mu-3\sigma,\mu+3\sigma)$内有 99.74%的可能性,这就是人们常说的“$3\sigma$ 原则”. 企业也常用 σ 的级别来衡量其在商业流程管理方面的表现,传统公司的一般品质要求是 3σ,即产品的合格率为 99.74%,只有 0.26%为不合格品,但是对于成百万件出货的流水线产品,这将造成 2 600 件以上不合格品,这是在工业生产中不可接受的. 随着人们对产品质量要求的不断提高和现代生产管理流程的日益复杂化,6σ 成为更高的品质指标,“6σ 管理”也成为一种全新的企业管理方式. 在质量控制上,6σ 表示不良品率不大于 3.4PPM,意味着在每一百万个产品中最多只有 3.4 个不合格品. 由例 2.3.10(3)的结果可知正态随机变量落在离均值 6σ 外的概率(不合格率)是 0.002PPM(即十亿分之二),这两者的差距是因为假定均值可以有 1.5σ 的偏移,正态分布落在离均值 4.5σ 外的概率正好是 3.4PPM. 在整个企业运作流程中,6σ 是指在每百万个机会中缺陷数或失误数不大于 3.4,这些缺陷或失误包括产品本身以及采购、研发、产品生产的流程、包装、运输、维修、系统故障、服务、市场、不可抗力,等等.

2.4 随机变量函数的分布

设 X 是一个随机变量,$g(x)$ 是一个已知函数,则 $Y=g(X)$ 是随机变量 X 的函数,它也是一个随机变量. 如果已知 X 的概率分布,如何确定随机变量 $Y=g(X)$ 的概率分布呢? 注意,当提到一个随机变量的概率分布时,指的是它的分布函数或分布律(对离散型随机变量)、概率密度(对连续型随机变量).

2.4.1 离散型随机变量函数的分布

设离散型随机变量 X 的分布律为

X	x_1	x_2	…	x_n	…
p_k	p_1	p_2	…	p_n	…

则随机变量函数 $Y=g(X)$ 的分布律可由下表求得:

X	x_1	x_2	…	x_n	…
$Y=g(X)$	$g(x_1)$	$g(x_2)$	…	$g(x_n)$	…
p_k	p_1	p_2	…	p_n	…

但是要注意,当 $g(x_i)$ 的值相等时,要进行合并,把对应的概率 p_i 相加.

例 2.4.1 设离散型随机变量 X 的分布律为

X	-1	0	1	2
p_k	0.1	0.3	0.2	0.4

求:(1) $Y=-2X+1$ 的分布律;

(2) $Z=X^2-1$ 的分布律.

解 (1)

X	-1	0	1	2
$Y=-2X+1$	3	1	-1	-3
p_k	0.1	0.3	0.2	0.4

整理得 $Y=-2X+1$ 的分布律为

$Y=-2X+1$	-3	-1	1	3
p_k	0.4	0.2	0.3	0.1

(2)

X	-1	0	1	2
$Z=X^2-1$	0	-1	0	3
p_k	0.1	0.3	0.2	0.4

整理得 $Z=X^2-1$ 的分布律为

$Z=X^2-1$	-1	0	3
p_k	0.3	0.3	0.4

2.4.2 连续型随机变量函数的分布

已知连续型随机变量 X 的概率分布(分布函数或者概率密度),如何确定 $Y=g(X)$ 的概率分布,这是下面主要讨论的内容.

例 2.4.2 已知连续型随机变量 X 的概率密度为

$$f_X(x)=\begin{cases} x-\dfrac{1}{2}, & 0<x<2, \\ 0, & \text{其他}, \end{cases}$$

求 $Y=3X+1$ 的概率密度.

解 Y 的分布函数

$$F_Y(y)=P\{Y\leqslant y\}=P\{3X+1\leqslant y\}=P\left\{X\leqslant\frac{y-1}{3}\right\}=F_X\left(\frac{y-1}{3}\right).$$

对 $F_Y(y)=F_X\left(\dfrac{y-1}{3}\right)$ 两边关于 y 求导,得

$$f_Y(y)=\frac{1}{3}f_X\left(\frac{y-1}{3}\right).$$

于是 Y 的概率密度

$$f_Y(y)=\begin{cases} \dfrac{1}{3}\left(\dfrac{y-1}{3}-\dfrac{1}{2}\right), & 0<\dfrac{y-1}{3}<2, \\ 0, & \text{其他} \end{cases}$$

$$=\begin{cases} \dfrac{2y-5}{18}, & 1<y<7, \\ 0, & \text{其他}. \end{cases}$$

例 2.4.3 设随机变量 $X\sim N(0,1)$,求 $Y=X^2$ 的概率密度.

解 记 Y 的分布函数为 $F_Y(y)$,则 $F_Y(y)=P\{Y\leqslant y\}=P\{X^2\leqslant y\}$.

显然，当 $y\leqslant 0$ 时，

$$F_Y(y)=P\{X^2\leqslant y\}=0;$$

当 $y>0$ 时，

$$F_Y(y)=P\{X^2\leqslant y\}=P\{-\sqrt{y}\leqslant X\leqslant\sqrt{y}\}=2\Phi(\sqrt{y})-1.$$

从而 $Y=X^2$ 的分布函数为

$$F_Y(y)=\begin{cases}2\Phi(\sqrt{y})-1, & y>0,\\ 0, & y\leqslant 0,\end{cases}$$

于是其概率密度为

$$f_Y(y)=F'_Y(y)=\begin{cases}\dfrac{1}{\sqrt{y}}\varphi(\sqrt{y}), & y>0,\\ 0, & y\leqslant 0\end{cases}=\begin{cases}\dfrac{1}{\sqrt{2\pi y}}\mathrm{e}^{-y/2}, & y>0,\\ 0, & y\leqslant 0.\end{cases}$$

注 以上述函数为概率密度的随机变量服从的分布称为 $\chi^2(1)$ 分布，它是一类更广泛的分布 $\chi^2(n)$ 当 $n=1$ 时的特例．关于 $\chi^2(n)$ 分布的细节将在第六章中给出.

对于连续型随机变量 X 的函数 $Y=g(X)$，如果 Y 还是连续型随机变量，那么求其概率密度可以分下面三步完成：

第一步 建立 Y 的分布函数 $F_Y(y)$ 与 X 的分布函数 $F_X(x)$ 之间的关系式；

第二步 对建立的等式两边关于 y 求导；

第三步 根据 $f_X(x)$ 的表达式，写出 $f_Y(y)$ 的表达式.

特别地，当 $g(x)$ 是严格单调函数时，也可以由以下定理写出 Y 的概率密度.

定理 2.4.1 设随机变量 X 的概率密度为 $f_X(x)$，$x\in\mathbf{R}$，又设函数 $g(x)$ 处处可导且恒有 $g'(x)>0$（或者恒有 $g'(x)<0$），则 $Y=g(X)$ 是连续型随机变量，其概率密度为

$$f_Y(y)=\begin{cases}f_X[h(y)]\,|h'(y)|, & \alpha<y<\beta,\\ 0, & \text{其他},\end{cases}$$

其中 $\alpha=\min\{g(-\infty),g(+\infty)\}$，$\beta=\max\{g(-\infty),g(+\infty)\}$，$h(y)$ 是 $g(x)$ 的反函数.

若 $f_X(x)$ 在有限区间 (a,b) 以外等于零，则只需 $g(x)$ 在 (a,b) 内处处可导且恒有 $g'(x)>0$（或者恒有 $g'(x)<0$），此时 $\alpha=\min\{g(a),g(b)\}$，$\beta=\max\{g(a),g(b)\}$.

例 2.4.4（续例 2.4.2） 将例 2.4.2 利用定理 2.4.1 来解答.

解 $g(x)=3x+1$，$h(y)=\dfrac{1}{3}(y-1)$，$h'(y)=\dfrac{1}{3}$，$\alpha=\min\{g(0),g(2)\}=1$，$\beta=\max\{g(0),g(2)\}=7$.

$$f_Y(y)=\begin{cases}f_X[h(y)]\,|h'(y)|, & \alpha<y<\beta,\\ 0, & \text{其他}\end{cases}$$

$$=\begin{cases}\dfrac{2y-5}{18}, & 1<y<7,\\ 0, & \text{其他}.\end{cases}$$

2.5 Excel 在计算常用分布中的应用

Excel 内置常用分布的分布函数和概率密度,利用这些函数可以方便地求常用分布函数值.调用函数的方法是:点击“公式”→“插入函数”→“或选择类别:统计”→“选择函数”,然后在对话框中选择要应用的函数.

2.5.1 二项分布

调用 BINOM. DIST 函数,返回二项分布的概率分布函数值或概率值,其语法格式为

BINOM. DIST(number_s, trials, probability_s, cumulative),

其中 number_s 为试验成功的次数,trials 为独立试验的次数,probability_s 为每次试验成功的概率,cumulative 为一逻辑值,如果 cumulative 为 1 或 TURE,那么函数 BINOM. DIST 计算的是至多 number_s 次成功的概率;如果 cumulative 为 0 或 FALSE,那么函数计算的是 number_s 次成功的概率.

例 2.5.1 某厂生产的某种产品规定合格率要达到 95%,从该厂生产的一大批产品中随机抽取 100 件,试求:

(1) 若生产正常,100 件产品中恰有 5 件次品的概率;

(2) 若生产正常,100 件产品中至多有 5 件次品的概率.

解 设 100 件产品中的次品数为 X,则 $X\sim B(100,0.05)$,所以

(1) 若生产正常,100 件产品中恰有 5 件次品的概率为

$$P\{X=5\}=\mathrm{C}_{100}^{5}0.05^{5}\,0.95^{95}.$$

在 Excel 中输入函数:=BINOM. DIST(5,100,0.05,0),得 $P\{X=5\}\approx 0.180\,0$.

(2) 若生产正常,100 件产品中至多有 5 件次品的概率为

$$P\{X\leqslant 5\}=\sum_{x=0}^{5}\mathrm{C}_{100}^{x}0.05^{x}\,0.95^{100-x}.$$

在 Excel 中输入函数:=BINOM. DIST(5,100,0.05,1),得 $P\{X\leqslant 5\}\approx 0.616\,0$.

2.5.2 泊松分布

调用 POISSON. DIST 函数,返回泊松分布的概率分布函数值或概率值,其语法格式为

POISSON. DIST(x, mean, cumulative),

其中 x 为事件数,mean 为泊松分布的期望值(见第四章,即参数 λ),cumulative 为一逻辑值,如果 cumulative 为 1 或 TRUE,那么函数 POISSON. DIST 计算的是累积分布概率,即至多出现 x 次的概率;如果 cumulative 为 0 或 FALSE,那么函数计算的是恰好出现 x 次的概率.

例 2.5.2 某商场根据过去的销售记录已知某种商品每月的销售量可以用参数 $\lambda=5$ 的泊松分布来描述,为了以 95%以上的概率保证不脱销,商店月底应该存多少件商品?

解 设每月的销售量为 X,则 $X\sim P(\lambda)$,又设商店月底存货为 a,由题意知

$$P\{X\leqslant a\}=\sum_{x=0}^{a}\frac{5^x}{x!}\mathrm{e}^{-5}\geqslant 0.95.$$

在 Excel 中输入函数：=POISSON. DIST(8,5,1)，得 $P\{X\leqslant 8\}\approx 0.931\ 9$.

在 Excel 中输入函数：=POISSON. DIST(9,5,1)，得 $P\{X\leqslant 9\}\approx 0.968\ 2$.

由此可得月底存货不少于 9 件商品.

2.5.3 指数分布

调用 EXPON. DIST 函数，返回指数分布的概率分布函数值或概率密度值，其语法格式为

EXPON. DIST(x, lambda, cumulative)，

其中 x 为左尾部分位数（见第六章）的值，lambda 为参数值，cumulative 为一逻辑值，如果 cumulative 为 1 或 TRUE，那么函数 EXPON. DIST 计算的是分布函数值；如果 cumulative 为 0 或 FALSE，那么函数计算的是概率密度值.

例 2.5.3 设某电子元件的寿命 $X\sim E(0.001)$，试求该电子元件使用 1 200 h 以上的概率.

解 在 Excel 中输入函数：=1-EXPON. DIST(1 200,0.001,1)，得 $P\{X\geqslant 1\ 200\}\approx 0.301\ 2$.

2.5.4 标准正态分布

调用 NORM. S. DIST 函数，返回标准正态累积分布函数值，其语法格式为

NORM. S. DIST(z, cumulative)，

其中 z 为左尾部分位数的值，cumulative 为一逻辑值，如果 cumulative 为 1 或 TRUE，那么 NORM. S. DIST 计算的是分布函数值；如果 cumulative 为 0 或 FALSE，那么函数计算的是概率密度值.

调用 NORM. S. INV 函数，返回标准正态累积分布函数的反函数值，其语法格式为

NORM. S. INV(probability)，

其中 probability 为左尾部概率值.

例 2.5.4 设随机变量 $Z\sim N(0,1)$.

(1) 求 $P\{Z\leqslant 1.96\}$；

(2) 求 $P\{-1\leqslant Z\leqslant 2\}$；

(3) 已知 $P\{Z\leqslant a\}=0.298\ 1$，求 a 的值.

解 (1) 在 Excel 中输入函数：=NORM. S. DIST(1.96,1)，得 $P\{Z\leqslant 1.96\}\approx 0.975\ 0$.

(2) 在 Excel 中输入函数：=NORM. S. DIST(2,1)-NORM. S. DIST(-1,1)，得

$$P\{-1\leqslant Z\leqslant 2\}\approx 0.818\ 6.$$

(3) 在 Excel 中输入函数：=NORM. S. INV(0.298 1)，得 $a\approx -0.529\ 9$.

2.5.5 一般正态分布

调用 NORM. DIST 函数，返回指定均值 μ 和标准差 σ 的正态分布的概率分布函数值或概率密度值，其语法格式为

NORM. DIST(x, mean, standard_dev, cumulative)，

其中 x 为需要计算其分布的数值，mean 为正态分布的均值(即参数 μ)，standard_dev 为正态分布的标准差(即参数 σ)，cumulative 为一逻辑值，如果 cumulative 为 1 或 TRUE，那么函数 NORM. DIST 计算的是分布函数值；如果 cumulative 为 0 或 FALSE，那么函数计算的是概率密度值.

调用 NORM. INV 函数，返回指定均值和标准差的正态累积分布函数的反函数值，其语法格式为

NORM. INV(probability, mean, standard_dev),

其中 probability 为左尾部概率值，mean 和 standard_dev 分别为正态分布的均值和标准差.

例 2.5.5 设随机变量 $X\sim N(8,0.5^2)$.

(1) 求 $P\{X\leqslant 9\}$；

(2) 求 $P\{7.5<X\leqslant 8.5\}$；

(3) 已知 $P\{X\leqslant a\}=0.701\ 9$，求 a 的值.

解 (1) 在 Excel 中输入函数：=NORM. DIST(9,8,0.5,1)，得 $P\{X\leqslant 9\}\approx 0.977\ 3$.

(2) 在 Excel 中输入函数：=NORM. DIST(8.5,8,0.5,1)-NORM. DIST(7.5,8,0.5,1)，得 $P\{7.5\leqslant X<8.5\}\approx 0.682\ 7$.

(3) 在 Excel 中输入函数：=NORM. INV(0.7019,8,0.5)，得 $a\approx 8.264\ 9$.

第二章思维导图

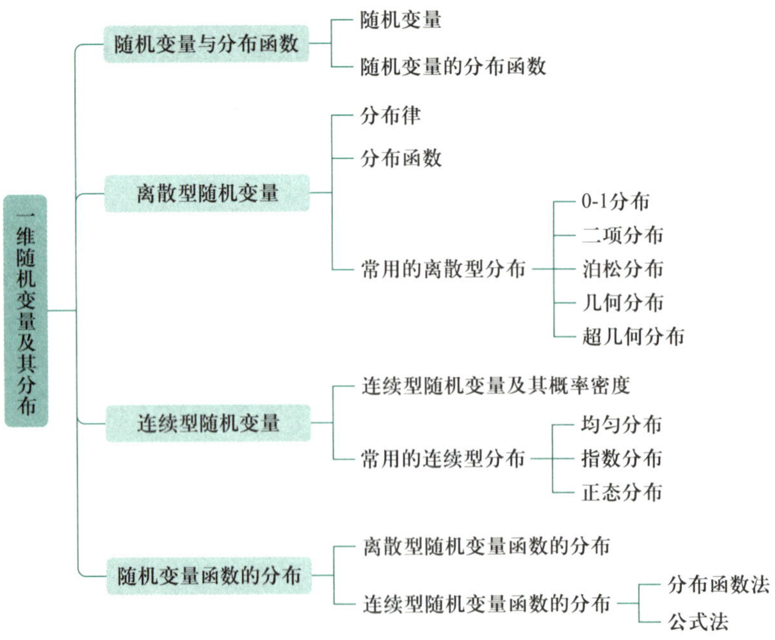

拓展阅读
指数分布与“二八法则”

习题二

(A) 基础练习

1. 一个袋中有 6 个乒乓球，编号分别为 1,2,3,4,5,6，从中随机地取出 4 个，以 X 表示取出的 4 个球中最大的号码，求：

(1) X 的分布律；

(2) 分布函数 $F(x)$；

(3) $P\{5<X\leqslant 6.5\}$, $P\{5\leqslant X\leqslant 6.5\}$.

2. 设随机变量 X 的分布函数为

$$F(x)=\begin{cases}0, & x<-1,\\ 0.3, & -1\leqslant x<1,\\ 0.7, & 1\leqslant x<3,\\ 1, & x\geqslant 3,\end{cases}$$

求：(1) X 的分布律；

(2) $P\{X>1\}$；

(3) $P\{0.5\leqslant X<3\}$.

3. 已知随机变量 X 只能取 $-1,0,1,2$ 四个值，相应概率依次为 $\dfrac{1}{2c},\dfrac{3}{4c},\dfrac{5}{8c},\dfrac{7}{16c}$，试确定常数 c，并计算 $P\{X<1\}$.

4. 设随机变量 X 的分布律为

$$P\{X=k\}=a\left(\frac{1}{3}\right)^{k},$$

其中 $k=1,2,\cdots$，试确定常数 a.

5. 射手向目标独立地进行了 3 次射击，每次击中率为 0.8，求 3 次射击中击中目标次数的分布律及分布函数，并求 3 次射击中至少击中 2 次的概率.

6. 已知在 3 重伯努利试验中事件 A 至少发生一次的概率为 $\dfrac{19}{27}$，求：

(1) 在一次试验中事件 A 发生的概率；

(2) 在 3 重伯努利试验中事件 A 至多发生一次的概率.

7. 某教科书出版了 2 000 册，因装订等原因造成不合格的概率为 0.001，试求在这 2 000 册书中恰有 5 册不合格的概率.

8. 设随机变量 X 的概率密度为

$$f(x)=\begin{cases}x, & 0\leqslant x<1,\\ a-x, & 1\leqslant x<2,\\ 0, & \text{其他}.\end{cases}$$

求：(1) 常数 a 的值；

(2) X 的分布函数 $F(x)$；

(3) $P\left\{\frac{1}{2}<X<3\right\}$.

9. 设连续型随机变量 X 的概率密度为

$$f(x)=\begin{cases}ax^2, & 0\leqslant x<1,\\ b-x, & 1\leqslant x<2,\\ 0, & \text{其他},\end{cases}$$

且 $P\left\{\frac{1}{2}<X<\frac{3}{2}\right\}=\frac{13}{16}$，求：

(1) 常数 a,b 的值；

(2) X 的分布函数 $F(x)$.

10. 设随机变量 X 的分布函数为

$$F(x)=\begin{cases}0, & x<0,\\ A\sin x, & 0\leqslant x\leqslant\frac{\pi}{2},\\ 1, & x>\frac{\pi}{2}.\end{cases}$$

求：(1) 常数 A；

(2) X 的概率密度 $f(x)$；

(3) $P\left\{-1<X\leqslant\frac{\pi}{3}\right\}$.

11. 设连续型随机变量 X 的分布函数为

$$F(x)=\begin{cases}A+Be^{-2x}, & x>0,\\ 0, & x\leqslant 0,\end{cases}$$

求：(1) 常数 A,B；

(2) X 的概率密度 $f(x)$；

(3) $P\{-1<X<1\}$.

12. 设随机变量 $X\sim U(1,6)$，求方程 $t^2+2Xt+4X-3=0$ 有实根的概率.

13. 设随机变量 $Z\sim N(0,1)$，借助标准正态分布表，

(1) 求 $P\{Z>1.96\}$；

(2) 求 $P\{Z<-0.8\}$；

(3) 求 $P\{|Z|>2.5\}$；

(4) 已知 $P\{Z>a\}=0.405\ 2$，求 a.

14. 设随机变量 $X\sim N(3,2^2)$，

(1) 求 $P\{X>3\}$，$P\{2<X\leqslant 5\}$，$P\{|X|>2\}$；

(2) 确定 c 使 $P\{X>c\}=P\{X\leqslant c\}$.

15. 某人乘汽车去火车站乘火车，有两条路可走：第一条路程较短但交通拥挤，所需时间 X

(单位:h)服从 $N(40,10^2)$;第二条路程较长,但交通堵塞少,所需时间 X 服从 $N(50,4^2)$. 若出发时离火车开车只有 1 h,问走哪条路能乘上火车的把握大些?

16. 设某工程队完成某项工程所需时间 X(单位:天)近似服从 $N(100,5^2)$. 工程队上级规定:若工程在 100 天内完工,可获得奖金 7 万元;在 100~115 天完工,可获得奖金 3 万元;超过 115 天完工,罚款 4 万元. 求该工程队在完成此项工程时,所获奖金的分布律.

17. 一工厂生产的电子管寿命 X(单位:h)服从正态分布 $N(160,\sigma^2)$,若要求 $P\{120<X\leqslant 200\}\geqslant 0.8$,问允许 σ 最大不超过多少?

18. 设随机变量 X 的分布律为

X	-2	-1	0	1	3
p_k	$\frac{1}{5}$	$\frac{1}{6}$	$\frac{2}{5}$	$\frac{1}{15}$	$\frac{1}{6}$

求 $Y=X^2+1$ 的分布律.

19. 设随机变量 X 的概率密度为

$$f_X(x)=\begin{cases}e^{-x}, & x\geqslant 0,\\ 0, & x<0.\end{cases}$$

求:(1) 随机变量 $Y=e^X$ 的概率密度;(2) 随机变量 $Z=1-2X$ 的概率密度.

20. 设连续型随机变量 X 的概率密度为

$$f(x)=\begin{cases}\dfrac{x}{6}, & 0\leqslant x<3,\\ 2-\dfrac{x}{2}, & 3\leqslant x\leqslant 4,\\ 0, & \text{其他},\end{cases}$$

求:(1) $Y=1+3X$ 的概率密度;(2) $Y=8-2X$ 的概率密度.

(B) 复习巩固

1. 进行某种试验,设试验成功的概率为 $\frac{3}{4}$,失败的概率为 $\frac{1}{4}$,以 X 表示试验首次成功所需试验的次数,试写出 X 的分布律,并计算 X 取偶数的概率.

2. 有 2 500 名同一年龄和同社会阶层的人参加了保险公司的人寿保险. 在一年中每个人死亡的概率为 0.002,每个参加保险的人在 1 月 1 日需交 12 元保险费,而在死亡时家属可从保险公司领取 2 000 元赔偿金. 求:

(1) 保险公司亏本的概率;

(2) 保险公司获利分别不少于 10 000 元、20 000 元的概率.

3. 设某种仪器内装有三只同样的电子管,电子管使用寿命 X(单位:h)的概率密度为

$$f(x)=\begin{cases}\dfrac{100}{x^2}, & x\geqslant 100,\\ 0, & x<100.\end{cases}$$

求:(1) 在开始 150 h 内没有电子管损坏的概率;

(2) 在这段时间内有一只电子管损坏的概率；

(3) X 的分布函数 $F(x)$.

4. 已知随机变量 X 的概率密度为

$$f(x)=A\mathrm{e}^{-|x|},\quad -\infty<x<+\infty.$$

求：(1) 常数 A 的值；

(2) $P\{0<X<1\}$；

(3) 分布函数 $F(x)$.

5. 设随机变量 X 的概率密度为

$$f(x)=\begin{cases}\dfrac{1}{x}, & 1<x<\mathrm{e},\\ 0, & \text{其他},\end{cases}$$

求：(1) 分布函数 $F(x)$；

(2) $P\{0<X\leqslant 3\}$，$P\left\{2<X<\dfrac{5}{2}\right\}$.

6. 已知随机变量 X 的分布函数为

$$F(x)=\begin{cases}A\mathrm{e}^{x}, & x<0,\\ B, & 0\leqslant x<1,\\ 1-A\mathrm{e}^{-(x-1)}, & x\geqslant 1,\end{cases}$$

求：(1) 常数 A,B 的值；

(2) X 的概率密度；

(3) $P\left\{X\geqslant\dfrac{1}{3}\right\}$.

7. 设随机变量 X 在 $(2,5)$ 内服从均匀分布．现对 X 进行三次独立观测，求至少有两次的观测值大于 3 的概率.

8. 设某种电子元件的使用寿命 X（单位：h）服从参数 $\lambda=\dfrac{1}{600}$ 的指数分布. 现某种仪器使用三个该种电子元件，且它们工作时相互独立，求：

(1) 一个元件的使用寿命在 200 h 以上的概率；

(2) 三个元件中至少有一个使用寿命在 200 h 以上的概率.

9. 根据调查，某学期某班级考生的数学成绩 X 近似服从正态分布，平均成绩为 75 分，95 分以上的考生占比为 5.5%.

(1) 求考生的数学成绩在 70 分和 84 分之间的概率；

(2) 求该班级英语考试的及格率；

(3) 若已知该班级第四名的成绩是 95 分，求不及格的人数．

10. 设随机变量 X 服从正态分布 $N(60,9)$，求分点 x_1,x_2，使 X 分别落在 $(-\infty,x_1)$，(x_1,x_2)，$(x_2,+\infty)$ 内的概率之比为 $3:4:5$.

11. 设 $P\{X=k\}=\left(\dfrac{1}{2}\right)^{k}$，$k=1,2,\cdots$，令

$$Y=\begin{cases}1, & \text{当 } X \text{ 取偶数时},\\ -1, & \text{当 } X \text{ 取奇数时},\end{cases}$$

求随机变量 X 的函数 Y 的分布律.

12. 设随机变量 $X \sim N(0,1)$，求：

(1) $Y=\mathrm{e}^{X}$ 的概率密度；

(2) $Z=2X^{2}+1$ 的概率密度；

(3) $W=|X|$ 的概率密度.

习题二答案

第三章　二维随机变量及其分布

在实际应用中，有些随机现象需要同时用两个或两个以上的随机变量来描述. 例如，研究某地区学龄前儿童的发育情况时，就要同时测量儿童的身高 H 和体重 W，这里 H 和 W 是定义在同一个样本空间上的两个随机变量. 又如，考察某次射击中弹着点的位置时，就要同时考察弹着点的横坐标 X 和纵坐标 Y. 在这种情况下，我们不仅要研究多个随机变量各自的统计规律，还要研究它们之间的统计相依关系，因此还需考察它们的联合取值的统计规律，即多维随机变量的分布. 由于从二维推广到多维一般无实质性的困难，故本章重点讨论二维随机变量，个别处涉及更多维随机变量.

3.1　二维随机变量

3.1.1　二维随机变量及分布函数

定义 3.1.1　设 E 是一个随机试验，其样本空间为 Ω，$X=X(\omega)$，$Y=Y(\omega)$ 是定义在 Ω 上的随机变量，称由 X,Y 构成的有序数组 (X,Y) 为**二维随机变量**（或**二维随机向量**）.

定义 3.1.2　设 (X,Y) 是二维随机变量，对任意实数 x,y，二元函数

$$F(x,y)=P\{\{X\leqslant x\}\cap\{Y\leqslant y\}\}=P\{X\leqslant x,Y\leqslant y\}$$

称为二维随机变量 (X,Y) 的**联合分布函数**.

在几何上，将二维随机变量 (X,Y) 看成平面上随机点 (X,Y) 的坐标，则分布函数 $F(x,y)$ 就表示随机点 (X,Y) 落在如图 3-1 所示的以点 (x,y) 为顶点的左下方的无限矩形区域内的概率.

如图 3-2 所示，随机点 (X,Y) 落在矩形区域 $\{(x,y)\mid x_1<x\leqslant x_2,y_1<y\leqslant y_2\}$ 内的概率为

$$P\{x_1<X\leqslant x_2,y_1<Y\leqslant y_2\}=F(x_2,y_2)-F(x_1,y_2)-F(x_2,y_1)+F(x_1,y_1).$$

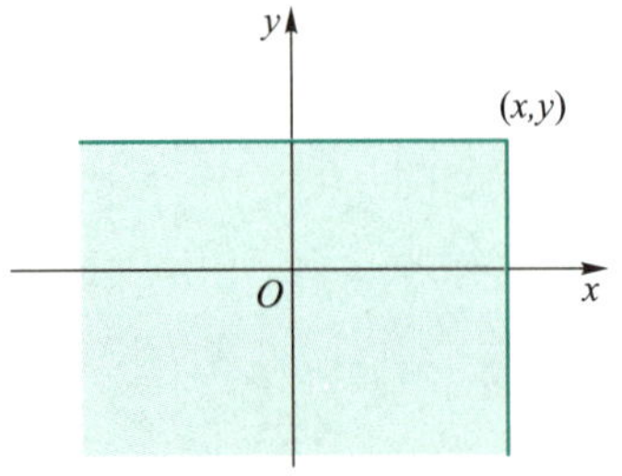

图 3-1

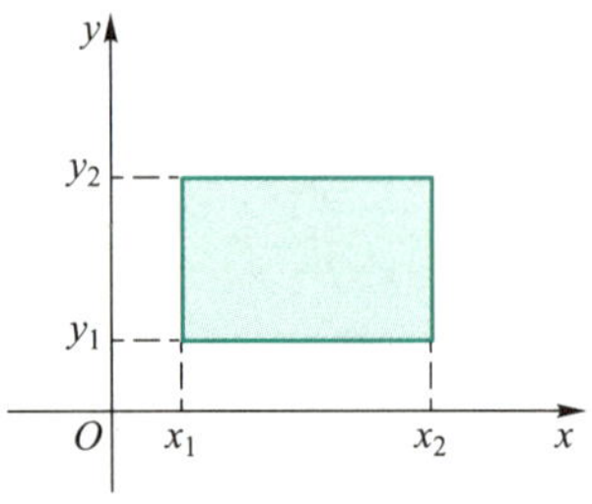

图 3-2

联合分布函数 $F(x,y)$ 具有如下性质：

（1）$0\leqslant F(x,y)\leqslant 1$，对任意固定的 y，

$$F(-\infty,y)=0,$$

对任意固定的 x，

$$F(x,-\infty)=0,$$

且

$$F(-\infty,-\infty)=0,\quad F(+\infty,+\infty)=1.$$

（2）$F(x,y)$ 关于 x 和 y 均为单调不减函数，即

对任意固定的 y，当 $x_2>x_1$ 时，

$$F(x_2,y)\geqslant F(x_1,y);$$

对任意固定的 x，当 $y_2>y_1$ 时，

$$F(x,y_2)\geqslant F(x,y_1).$$

（3）$F(x,y)$ 关于 x 和 y 均右连续，即

$$F(x,y)=F(x+0,y),\quad F(x,y)=F(x,y+0).$$

（4）对任意的 (x_1,y_1)，(x_2,y_2)，$x_1<x_2$，$y_1<y_2$，有

$$F(x_2,y_2)-F(x_1,y_2)-F(x_2,y_1)+F(x_1,y_1)\geqslant 0.$$

注　上述四条性质是二维随机变量的联合分布函数最基本的性质，即任何二维随机变量的联合分布函数都具有这四条性质；更进一步，我们还可以证明：如果某个二元函数具有这四条性质，那么它一定是某个二维随机变量的联合分布函数.

3.1.2　边缘分布函数

定义 3.1.3　设二维随机变量 (X,Y) 的联合分布函数为 $F(x,y)$，随机变量 X 与 Y 有各自的分布函数，分别记为 $F_X(x)$，$F_Y(y)$，称为 (X,Y) 关于 X 和关于 Y 的**边缘分布函数**.

事实上，

$$F_X(x)=P\{X\leqslant x\}=P\{X\leqslant x,Y<+\infty\}=\lim_{y\to+\infty}F(x,y)=F(x,+\infty).$$

同理，

$$F_Y(y)=P\{Y\leqslant y\}=P\{X<+\infty,Y\leqslant y\}=\lim_{x\to+\infty}F(x,y)=F(+\infty,y).$$

故边缘分布函数 $F_X(x)$，$F_Y(y)$ 可由 (X,Y) 的联合分布函数 $F(x,y)$ 唯一确定.

注　(X,Y) 关于 X 和关于 Y 的边缘分布函数实质上就是一维随机变量 X 或 Y 的分布函数. 称其为边缘分布函数，是相对 (X,Y) 的联合分布而言的.

3.1.3　相互独立的随机变量

由随机事件的相互独立性概念可引出随机变量的相互独立性.

定义 3.1.4　设二维随机变量 (X,Y) 的联合分布函数为 $F(x,y)$，关于 X 和关于 Y 的边缘分布函数分别为 $F_X(x)$ 和 $F_Y(y)$. 若对于所有实数 x,y，有

$$F(x,y)=F_X(x)F_Y(y),$$

则称 X 与 Y **相互独立**.

由上述定义，读者不难发现，随机变量的相互独立性完全可由随机事件的相互独立性来引入，因为上述定义等价于对所有实数 x,y，都有事件 $\{X\leqslant x\}$ 与事件 $\{Y\leqslant y\}$ 相互独立.

例 3.1.1 设二维随机变量 (X,Y) 的联合分布函数为

$$F(x,y)=A\left(B+\arctan\frac{x}{2}\right)\left(C+\arctan\frac{y}{3}\right)\quad(-\infty<x<+\infty,-\infty<y<+\infty).$$

(1) 求常数 A,B,C；

(2) 求边缘分布函数 $F_X(x)$ 和 $F_Y(y)$；

(3) 判断 X 与 Y 是否相互独立；

(4) 求 $P\{X>2\}$.

解 (1) 由分布函数的性质得，对任意的 x,y，

$$1=F(+\infty,+\infty)=A\left(B+\frac{\pi}{2}\right)\left(C+\frac{\pi}{2}\right),$$

$$0=F(x,-\infty)=A\left(B+\arctan\frac{x}{2}\right)\left(C-\frac{\pi}{2}\right),$$

$$0=F(-\infty,y)=A\left(B-\frac{\pi}{2}\right)\left(C+\arctan\frac{y}{3}\right),$$

由以上三式可得

$$A=\frac{1}{\pi^2},\quad B=\frac{\pi}{2},\quad C=\frac{\pi}{2}.$$

(2) 关于 X 的边缘分布函数

$$F_X(x)=\lim_{y\to+\infty}F(x,y)=\lim_{y\to+\infty}\frac{1}{\pi^2}\left(\frac{\pi}{2}+\arctan\frac{x}{2}\right)\left(\frac{\pi}{2}+\arctan\frac{y}{3}\right)$$

$$=\frac{1}{\pi}\left(\frac{\pi}{2}+\arctan\frac{x}{2}\right),\quad x\in(-\infty,+\infty).$$

同理，关于 Y 的边缘分布函数

$$F_Y(y)=\lim_{x\to+\infty}F(x,y)=\lim_{x\to+\infty}\frac{1}{\pi^2}\left(\frac{\pi}{2}+\arctan\frac{x}{2}\right)\left(\frac{\pi}{2}+\arctan\frac{y}{3}\right)$$

$$=\frac{1}{\pi}\left(\frac{\pi}{2}+\arctan\frac{y}{3}\right),\quad y\in(-\infty,+\infty).$$

(3) 因为

$$F(x,y)=\frac{1}{\pi^2}\left(\frac{\pi}{2}+\arctan\frac{x}{2}\right)\left(\frac{\pi}{2}+\arctan\frac{y}{3}\right)$$

$$=\frac{1}{\pi}\left(\frac{\pi}{2}+\arctan\frac{x}{2}\right)\cdot\frac{1}{\pi}\left(\frac{\pi}{2}+\arctan\frac{y}{3}\right)$$

$$=F_X(x)F_Y(y),$$

所以 X 与 Y 相互独立.

(4) $P\{X>2\}=1-P\{X\leqslant 2\}=1-F_X(2)=1-\frac{1}{\pi}\left(\frac{\pi}{2}+\frac{\pi}{4}\right)=\frac{1}{4}.$

3.2 二维离散型随机变量

3.2.1 联合分布律

定义 3.2.1 若二维随机变量(X,Y)只取有限对或可列无穷多对,则称(X,Y)为二维离散型随机变量.假设二维离散型随机变量(X,Y)的取值为(x_i,y_j),$i,j=1,2,\cdots$,则称

$$P\{X=x_i,Y=y_j\}=p_{ij},\quad i,j=1,2,\cdots$$

为二维离散型随机变量(X,Y)的**联合分布律(列)**.

联合分布律具有如下性质:

(1) 非负性:对任意的$i,j=1,2,\cdots,p_{ij}\geqslant 0$.

(2) 规范性:$\sum\limits_{i=1}^{\infty}\sum\limits_{j=1}^{\infty}p_{ij}=1$.

联合分布律可用如下表格来表示(有时也将下面的表格转置后表示联合分布律):

X	Y				
	y_1	y_2	$\cdots$	y_j	$\cdots$
x_1	p_{11}	p_{12}	$\cdots$	p_{1j}	$\cdots$
x_2	p_{21}	p_{22}	$\cdots$	p_{2j}	$\cdots$
$\vdots$	$\vdots$	$\vdots$		$\vdots$	
x_i	p_{i1}	p_{i2}	$\cdots$	p_{ij}	$\cdots$
$\vdots$	$\vdots$	$\vdots$		$\vdots$	

定义 3.2.2 设二维离散型随机变量(X,Y)的联合分布律为$p_{ij}(i,j=1,2,\cdots)$,则(X,Y)的**联合分布函数**为

$$F(x,y)=P\{X\leqslant x,Y\leqslant y\}=\sum_{x_i\leqslant x}\sum_{y_j\leqslant y}P\{X=x_i,Y=y_j\}=\sum_{x_i\leqslant x}\sum_{y_j\leqslant y}p_{ij}.$$

注 对离散型随机变量而言,联合分布律不仅比联合分布函数更加直观,而且能够更加方便地确定(X,Y)取值于任何区域D上的概率,即

$$P\{(X,Y)\in D\}=\sum_{(x_i,y_j)\in D}p_{ij}.$$

3.2.2 离散型随机变量的边缘概率分布

1. 边缘分布函数

对于二维离散型随机变量(X,Y),已知其联合分布律为

$$P\{X=x_i,Y=y_j\}=p_{ij},\quad i,j=1,2,\cdots,$$

联合分布函数为

$$F(x,y)=\sum_{x_i\leqslant x}\sum_{y_j\leqslant y}p_{ij},$$

则(X,Y)关于 X 的边缘分布函数定义为

$$F_X(x)=F(x,+\infty)=\sum_{x_i\leqslant x}\sum_{j=1}^{\infty}p_{ij}.$$

(X,Y)关于 Y 的边缘分布函数定义为

$$F_Y(y)=F(+\infty,y)=\sum_{i=1}^{\infty}\sum_{y_j\leqslant y}p_{ij}.$$

2. 边缘分布律

对于二维离散型随机变量(X,Y)，由边缘分布函数

$$F_X(x)=\sum_{x_i\leqslant x}\sum_{j=1}^{\infty}p_{ij}$$

易知 X 的分布律为

$$P\{X=x_i\}=\sum_{j=1}^{\infty}p_{ij}=p_{i\cdot},\quad i=1,2,\cdots,$$

称其为(X,Y)关于 X 的边缘分布律.

同理，Y 的分布律为

$$P\{Y=y_j\}=\sum_{i=1}^{\infty}p_{ij}=p_{\cdot j},\quad j=1,2,\cdots,$$

称其为(X,Y)关于 Y 的边缘分布律.

边缘分布律可以和联合分布律用一个表格来表示：

X	Y					$p_{i\cdot}$
	y_1	y_2	$\cdots$	y_j	$\cdots$	
x_1	p_{11}	p_{12}	$\cdots$	p_{1j}	$\cdots$	$p_{1\cdot}$
x_2	p_{21}	p_{22}	$\cdots$	p_{2j}	$\cdots$	$p_{2\cdot}$
$\vdots$	$\vdots$	$\vdots$		$\vdots$		$\vdots$
x_i	p_{i1}	p_{i2}	$\cdots$	p_{ij}	$\cdots$	$p_{i\cdot}$
$\vdots$	$\vdots$	$\vdots$		$\vdots$		$\vdots$
$p_{\cdot j}$	$p_{\cdot 1}$	$p_{\cdot 2}$	$\cdots$	$p_{\cdot j}$	$\cdots$	1

3.2.3 独立性

定理 3.2.1 设(X,Y)为二维离散型随机变量，其联合分布律为

$$P\{X=x_i,Y=y_j\}=p_{ij},\quad i,j=1,2,\cdots,$$

则随机变量 X 与 Y 相互独立的充分必要条件为

$$P\{X=x_i,Y=y_j\}=P\{X=x_i\}P\{y=y_j\},\quad i,j=1,2,\cdots,$$

即

$$p_{ij}=p_{i\cdot}\cdot p_{\cdot j},\quad i,j=1,2,\cdots.$$

对于两个相互独立的随机变量,它们构成的二维随机变量的联合分布律完全由边缘分布律所决定.

例 3.2.1 从一只装有 3 个黑球和 2 个白球的口袋中取两次球,每次任取一个,且不放回,令

$$X=\begin{cases}0,\text{第一次取出白球},\\1,\text{第一次取出黑球},\end{cases}\quad Y=\begin{cases}0,\text{第二次取出白球},\\1,\text{第二次取出黑球}.\end{cases}$$

(1) 求(X,Y)的联合分布律;

(2) 求(X,Y)的边缘分布律;

(3) 判断 X 与 Y 是否相互独立.

解 (1) (X,Y)的所有可能取值为$(0,0)$,$(0,1)$,$(1,0)$,$(1,1)$.

$$p_{00}=P\{X=0,Y=0\}=P\{X=0\}P\{Y=0\mid X=0\}=\frac{2}{5}\times\frac{1}{4}=\frac{1}{10}=0.1,$$

$$p_{01}=P\{X=0,Y=1\}=P\{X=0\}P\{Y=1\mid X=0\}=\frac{2}{5}\times\frac{3}{4}=\frac{3}{10}=0.3,$$

$$p_{10}=P\{X=1,Y=0\}=P\{X=1\}P\{Y=0\mid X=1\}=\frac{3}{5}\times\frac{2}{4}=\frac{3}{10}=0.3,$$

$$p_{11}=P\{X=1,Y=1\}=P\{X=1\}P\{Y=1\mid X=1\}=\frac{3}{5}\times\frac{2}{4}=\frac{3}{10}=0.3.$$

(X,Y)的联合分布律如下:

X	Y	
	0	1
0	0.1	0.3
1	0.3	0.3

(2) 由(X,Y)的联合分布律可得它的边缘分布律,如下所示:

X	Y		$p_{i\cdot}$
	0	1	
0	0.1	0.3	0.4
1	0.3	0.3	0.6
$p_{\cdot j}$	0.4	0.6	1

(3) 因为

$$P\{X=0,Y=0\}=0.1\neq P\{X=0\}\cdot P\{Y=0\}=0.16,$$

所以 X 与 Y 不相互独立.

思考:若取球方式改为有放回抽样,结论有何变化?

例 3.2.2 设随机变量 X 和 Y 的分布律分别为

X	0	1
p_k	0.5	0.5

Y	-1	0	1
p_k	0.25	0.5	0.25

且 $P\{XY=0\}=1$，求二维随机变量(X,Y)的联合分布律.

解 (X,Y)的联合分布律及边缘分布律如下：

X	Y			$p_{i\cdot}$
	-1	0	1	
0	p_{11}	p_{12}	p_{13}	0.5
1	p_{21}	p_{22}	p_{23}	0.5
$p_{\cdot j}$	0.25	0.5	0.25	1

因为 $P\{XY=0\}=1$，所以 $P\{XY\neq 0\}=0$. 又因为事件 $\{XY\neq 0\}$ 是互不相容的事件 $\{X=1,Y=-1\}$ 与 $\{X=1,Y=1\}$ 的和，所以 $P\{X=1,Y=-1\}=P\{X=1,Y=1\}=0$，即 $p_{21}=0,p_{23}=0$. 于是 $p_{11}=0.25,p_{22}=0.5,p_{12}=0,p_{13}=0.25$，因而$(X,Y)$的联合分布律如下：

X	Y		
	-1	0	1
0	0.25	0	0.25
1	0	0.5	0

例 3.2.3 设二维随机变量(X,Y)的联合分布律为

X	Y		
	1	2	3
1	$\frac{1}{6}$	$\frac{1}{9}$	$\frac{1}{18}$
2	$\frac{1}{3}$	α	β

问 α,β 取何值时，X,Y 相互独立？

解 由 $\sum\limits_{i=1}^{\infty}\sum\limits_{j=1}^{\infty}p_{ij}=1$ 知

$$\alpha+\beta=\frac{1}{3},$$

又因为

$$P\{Y=2\}=\frac{1}{9}+\alpha,\quad P\{X=1\}=\frac{1}{3},$$

若 X 与 Y 相互独立，则有

$$P\{X=1,Y=2\}=P\{X=1\}P\{Y=2\},$$

即

$$\frac{1}{9}=\frac{1}{3}\cdot\left(\frac{1}{9}+\alpha\right),$$

解得

$$\alpha=\frac{2}{9},\quad \beta=\frac{1}{9}.$$

将 α,β 的值代入(X,Y)的联合分布律,可以验证 X 与 Y 相互独立.

3.3 二维连续型随机变量

3.3.1 联合概率密度

定义 3.3.1 设二维随机变量(X,Y)的联合分布函数为 $F(x,y)$,若存在一个非负可积的二元函数$f(x,y)$,使对任意实数 x,y,有

$$F(x,y)=\int_{-\infty}^{x}\int_{-\infty}^{y}f(u,v)\,\mathrm{d}u\mathrm{d}v,$$

则称(X,Y)为**二维连续型随机变量**,并称$f(x,y)$为(X,Y)的**联合概率密度**.

联合概率密度$f(x,y)$具有如下性质:

(1) 非负性:$f(x,y)\geqslant 0$.

(2) 规范性:$\int_{-\infty}^{+\infty}\int_{-\infty}^{+\infty}f(x,y)\,\mathrm{d}x\mathrm{d}y=1$.

如果任意一个二元函数具有以上两条性质,就可以作为某个二维连续型随机变量的联合概率密度.

(3) 设 G 是 xOy 平面上的区域,点(X,Y)落入 G 内的概率为

$$P\{(x,y)\in G\}=\iint_{G}f(x,y)\,\mathrm{d}x\mathrm{d}y.$$

在几何上 $z=f(x,y)$ 表示空间的一个曲面,$P\{(x,y)\in G\}$ 的值等于以 G 为底,以曲面 $z=f(x,y)$为顶的曲顶柱体的体积.

(4) 若$f(x,y)$在点(x,y)处连续,则有$\frac{\partial^2 F(x,y)}{\partial x\partial y}=f(x,y)$.

3.3.2 边缘概率密度和独立性

对于二维连续型随机变量(X,Y),已知其联合概率密度为$f(x,y)$,则

$$F_X(x)=P\{X\leqslant x\}=F(x,+\infty)=\int_{-\infty}^{x}\left[\int_{-\infty}^{+\infty}f(u,y)\,\mathrm{d}y\right]\mathrm{d}u.$$

上式表明 X 是连续型随机变量,且其概率密度为 $f_X(x)=\int_{-\infty}^{+\infty}f(x,y)\,\mathrm{d}y$,称 $f_X(x)$ 为**(X,Y)关于 X 的边缘概率密度**.

同理,由

$$F_Y(y)=P\{Y\leqslant y\}=F(+\infty,y)=\int_{-\infty}^{y}\left[\int_{-\infty}^{+\infty}f(x,v)\,\mathrm{d}x\right]\mathrm{d}v$$

可知 Y 是连续型随机变量，且其概率密度为 $f_Y(y)=\int_{-\infty}^{+\infty}f(x,y)\mathrm{d}x$，称 $f_Y(y)$ 为**(X,Y) 关于 Y 的边缘概率密度**.

定理 3.3.1 设 (X,Y) 为二维连续型随机变量，其联合概率密度为 $f(x,y)$，而关于 X 和关于 Y 的边缘概率密度分别为 $f_X(x)$，$f_Y(y)$，则 X 与 Y 相互独立的充分必要条件为

$$f(x,y)=f_X(x)f_Y(y)$$

在平面上几乎处处成立.

一般来说，边缘概率密度 $f_X(x)$，$f_Y(y)$ 不能唯一确定联合概率密度 $f(x,y)$，但当 X 与 Y 相互独立时，(X,Y) 的联合概率密度可以由它的两个边缘概率密度唯一确定.

例 3.3.1 设二维随机变量 (X,Y) 的联合概率密度为

$$f(x,y)=\begin{cases}cx^2y, & 0<x<2,0<y<1,\\ 0, & \text{其他}.\end{cases}$$

(1) 试确定常数 c；

(2) 求 (X,Y) 的边缘概率密度，并判断 X 与 Y 是否相互独立；

(3) 求 $P\{X<1\}$，$P\{X+Y<1\}$；

*(4) 求 (X,Y) 的联合分布函数 $F(X,Y)$.

解 (1) 由规范性，

$$\int_{-\infty}^{+\infty}\int_{-\infty}^{+\infty}f(x,y)\mathrm{d}x\mathrm{d}y=\int_0^2\mathrm{d}x\int_0^1cx^2y\mathrm{d}y=\frac{4}{3}c=1,$$

解得 $c=\dfrac{3}{4}$.

(2) $f_X(x)=\int_{-\infty}^{+\infty}f(x,y)\mathrm{d}y=\begin{cases}\int_0^1\frac{3}{4}x^2y\mathrm{d}y, & 0<x<2,\\ 0, & \text{其他},\end{cases}$ 即 $f_X(x)=\begin{cases}\frac{3}{8}x^2 & 0<x<2,\\ 0, & \text{其他}.\end{cases}$

$f_Y(y)=\int_{-\infty}^{+\infty}f(x,y)\mathrm{d}x=\begin{cases}\int_0^2\frac{3}{4}x^2y\mathrm{d}x, & 0<y<1,\\ 0, & \text{其他},\end{cases}$ 即 $f_Y(y)=\begin{cases}2y, & 0<y<1,\\ 0, & \text{其他}.\end{cases}$

容易验证 $f(x,y)=f_X(x)f_Y(y)$，故 X 与 Y 相互独立.

(3) $P\{X<1\}=P\{X<1,Y<+\infty\}=\int_0^1\int_0^1\frac{3}{4}x^2y\mathrm{d}x\mathrm{d}y=\frac{1}{8}$.

如图 3-3 所示，

$$P\{X+Y<1\}=\int_0^1\mathrm{d}x\int_0^{1-x}\frac{3}{4}x^2y\mathrm{d}y=\int_0^1\frac{3}{8}x^2(1-x)^2\mathrm{d}x=\frac{1}{80}.$$

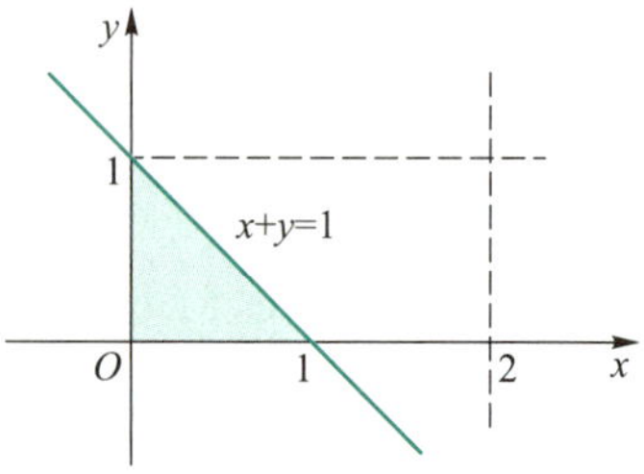

图 3-3

*(4) 对联合分布函数 $F(x,y)=P\{X\leqslant x,Y\leqslant y\}$ 要分区域讨论.

当 $x<0$ 或 $y<0$ 时，有

$$F(x,y)=P\{X\leqslant x,Y\leqslant y\}=0;$$

当 $0\leqslant x<2,0\leqslant y<1$ 时，有

$$F(x,y)=\int_0^x\int_0^y\frac{3}{4}u^2v\mathrm{d}u\mathrm{d}v=\frac{1}{8}x^3y^2;$$

当 $0\leqslant x<2, y\geqslant 1$ 时,有

$$F(x,y)=P\{X\leqslant x, Y\leqslant 1\}=\frac{x^3}{8};$$

当 $x\geqslant 2, 0\leqslant y<1$ 时,有

$$F(x,y)=P\{X\leqslant 2, Y\leqslant y\}=y^2;$$

当 $x\geqslant 2, y\geqslant 1$ 时,有

$$F(x,y)=1.$$

从而 (X,Y) 的联合分布函数为

$$F(x,y)=\begin{cases}0, & x<0 \text{ 或 } y<0,\\ \dfrac{1}{8}x^3y^2, & 0\leqslant x<2, 0\leqslant y<1,\\ \dfrac{x^3}{8}, & 0\leqslant x<2, y\geqslant 1,\\ y^2, & x\geqslant 2, 0\leqslant y<1,\\ 1, & x\geqslant 2, y\geqslant 1.\end{cases}$$

例 3.3.2(2012 年考研真题(数学一)) 设随机变量 X 与 Y 相互独立,且分别服从参数为 1 与参数为 4 的指数分布,则 $P\{X<Y\}=($ $)$.

(A) $\frac{1}{5}$ (B) $\frac{1}{3}$ (C) $\frac{2}{5}$ (D) $\frac{4}{5}$

解 由已知可得 X 与 Y 的概率密度分别为

$$f_X(x)=\begin{cases}e^{-x}, & x>0,\\ 0, & x\leqslant 0,\end{cases} \quad f_Y(y)=\begin{cases}4e^{-4y}, & y>0,\\ 0, & y\leqslant 0,\end{cases}$$

又 X 与 Y 相互独立,所以 (X,Y) 的联合概率密度为

$$f(x,y)=f_X(x)f_Y(y)=\begin{cases}4e^{-(x+4y)}, & x>0, y>0,\\ 0, & \text{其他}.\end{cases}$$

则

$$P\{X<Y\}=\iint\limits_{x<y} f(x,y)\,dx\,dy=\int_0^{+\infty}\int_x^{+\infty}4e^{-(x+4y)}\,dy\,dx=4\int_0^{+\infty}e^{-x}\,dx\int_x^{+\infty}e^{-4y}\,dy$$

$$=-\int_0^{+\infty}e^{-x}(e^{-4y})\Big|_x^{+\infty}dx=\int_0^{+\infty}e^{-5x}\,dx=-\frac{1}{5}e^{-5x}\Big|_0^{+\infty}=\frac{1}{5}.$$

故选(A).

下面介绍两个重要的连续型随机变量的分布.

定义 3.3.2 设 G 是平面上的有界区域,其面积为 S_G,若二维随机变量 (X,Y) 的联合概率密度为

$$f(x,y)=\begin{cases}\dfrac{1}{S_G}, & (x,y)\in G,\\ 0, & \text{其他},\end{cases}$$

则称 (X,Y) 在 G 上服从**均匀分布**.

例 3.3.3 设二维随机变量(X,Y)服从有界区域 G 上的均匀分布，其中 G 是由 x 轴、y 轴及直线$\frac{x}{2}+y=1$ 所围成的三角形区域，求(X,Y)的边缘概率密度，并判断 X 与 Y 是否相互独立.

解 区域 G 的面积为 1，如图 3-4 所示，所以(X,Y)的联合概率密度为

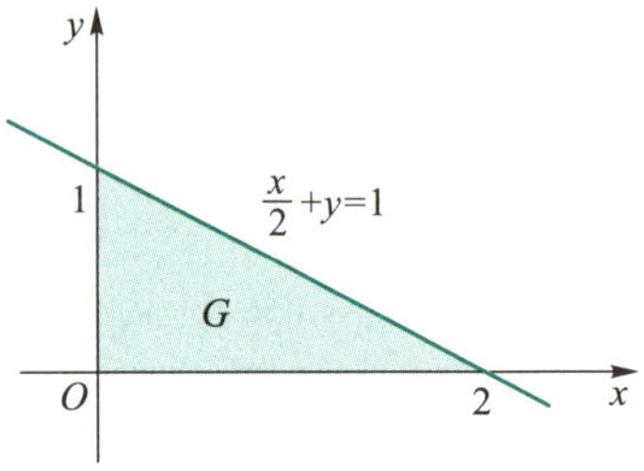

图 3-4

$$f(x,y)=\begin{cases}1, & (x,y)\in G,\\ 0, & \text{其他}\end{cases}$$

$$=\begin{cases}1, & 0\leqslant x\leqslant 2, 0\leqslant y\leqslant 1-\dfrac{x}{2},\\ 0, & \text{其他},\end{cases}$$

(X,Y)关于 X 的边缘概率密度为

$$f_X(x)=\int_{-\infty}^{+\infty}f(x,y)\,\mathrm{d}y=\begin{cases}\displaystyle\int_0^{1-\frac{x}{2}}\mathrm{d}y, & 0\leqslant x\leqslant 2,\\ 0, & \text{其他}\end{cases}=\begin{cases}1-\dfrac{x}{2}, & 0\leqslant x\leqslant 2,\\ 0, & \text{其他}.\end{cases}$$

(X,Y)关于 Y 的边缘概率密度为

$$f_Y(y)=\int_{-\infty}^{+\infty}f(x,y)\,\mathrm{d}x=\begin{cases}\displaystyle\int_0^{2(1-y)}\mathrm{d}x, & 0\leqslant y\leqslant 1,\\ 0, & \text{其他}\end{cases}=\begin{cases}2(1-y), & 0\leqslant y\leqslant 1,\\ 0, & \text{其他}.\end{cases}$$

显然 $f_X(x)f_Y(y)\neq f(x,y)$，故 X 与 Y 不相互独立.

由该例可见，虽然(X,Y)在 G 上服从均匀分布，但是 X,Y 却不服从均匀分布.

定义 3.3.3 若二维随机变量(X,Y)的联合概率密度为

$$f(x,y)=\frac{1}{2\pi\sigma_1\sigma_2\sqrt{1-\rho^2}}\mathrm{e}^{-\frac{1}{2(1-\rho^2)}\left[\left(\frac{x-\mu_1}{\sigma_1}\right)^2-2\rho\left(\frac{x-\mu_1}{\sigma_1}\right)\left(\frac{y-\mu_2}{\sigma_2}\right)+\left(\frac{y-\mu_2}{\sigma_2}\right)^2\right]},$$

其中 $\mu_1,\mu_2,\sigma_1,\sigma_2,\rho$ 均为常数，且 $\sigma_1>0,\sigma_2>0,|\rho|<1$，则称$(X,Y)$服从参数为 $\mu_1,\mu_2,\sigma_1,\sigma_2,\rho$ 的**二维正态分布**，记为$(X,Y)\sim N(\mu_1,\mu_2;\sigma_1^2,\sigma_2^2;\rho)$.

例 3.3.4 设二维随机变量$(X,Y)\sim N(\mu_1,\mu_2;\sigma_1^2,\sigma_2^2;\rho)$，求 X 和 Y 的边缘概率密度.

解 $$f_X(x)=\int_{-\infty}^{+\infty}f(x,y)\,\mathrm{d}y=\frac{1}{2\pi\sigma_1\sigma_2\sqrt{1-\rho^2}}\int_{-\infty}^{+\infty}\mathrm{e}^{-\frac{1}{2(1-\rho^2)}\left[\left(\frac{x-\mu_1}{\sigma_1}\right)^2-2\rho\frac{x-\mu_1}{\sigma_1}\frac{y-\mu_2}{\sigma_2}+\left(\frac{y-\mu_2}{\sigma_2}\right)^2\right]}\mathrm{d}y$$

$$=\frac{1}{2\pi\sigma_1\sigma_2\sqrt{1-\rho^2}}\mathrm{e}^{-\frac{(x-\mu_1)^2}{2\sigma_1^2}}\int_{-\infty}^{+\infty}\mathrm{e}^{-\frac{1}{2(1-\rho^2)}\left(\frac{y-\mu_2}{\sigma_2}-\rho\frac{x-\mu_1}{\sigma_1}\right)^2}\mathrm{d}y,$$

令 $t=\dfrac{1}{\sqrt{1-\rho^2}}\left(\dfrac{y-\mu_2}{\sigma_2}-\rho\dfrac{x-\mu_1}{\sigma_1}\right)$，则

$$f_X(x)=\frac{1}{2\pi\sigma_1}\mathrm{e}^{-\frac{(x-\mu_1)^2}{2\sigma_1^2}}\int_{-\infty}^{+\infty}\mathrm{e}^{-\frac{t^2}{2}}\mathrm{d}t=\frac{1}{\sqrt{2\pi}\sigma_1}\mathrm{e}^{-\frac{(x-\mu_1)^2}{2\sigma_1^2}},\quad -\infty<x<+\infty,$$

同理，

$$f_Y(y)=\frac{1}{\sqrt{2\pi}\sigma_2}e^{-\frac{(y-\mu_2)^2}{2\sigma_2^2}},\quad -\infty<y<+\infty,$$

即 $X\sim N(\mu_1,\sigma_1^2)$，$Y\sim N(\mu_2,\sigma_2^2)$.

由此可见，二维正态分布的两个边缘分布都是一维正态分布，且都不依赖于参数 ρ，即对于给定的 $\mu_1,\mu_2,\sigma_1,\sigma_2$，不同的 ρ 对应不同的二维正态分布，但它们的边缘分布都是相同的，因此仅由关于 X 和关于 Y 的边缘分布，一般来说不能确定二维随机变量 (X,Y) 的联合分布. 进一步可以证明，二维正态分布中 X 与 Y 相互独立的充分必要条件是 $\rho=0$.

例 3.3.5（2015 年考研真题（数学三）） 设二维随机变量 (X,Y) 服从正态分布 $N(1,0;1,1;0)$，则 $P\{XY-Y<0\}=$________.

解 因为 (X,Y) 服从正态分布 $N(1,0;1,1;0)$，所以 $X\sim N(1,1)$，$Y\sim N(0,1)$，且 $\rho=0$，从而 X 与 Y 相互独立，故

$$\begin{aligned}P\{XY-Y<0\}&=P\{(X-1)Y<0\}\\&=P\{X<1,Y>0\}+P\{X>1,Y<0\}\\&=P\{X<1\}P\{Y>0\}+P\{X>1\}P\{Y<0\}\\&=\frac{1}{2}\times\frac{1}{2}+\frac{1}{2}\times\frac{1}{2}=\frac{1}{2}.\end{aligned}$$

以上关于二维随机变量的一些概念，不难推广到 $n(n>2)$ 维随机变量的情况：

设 $X_1,X_2,\cdots,X_n$ 是定义在同一样本空间 Ω 上的 n 个随机变量，则 $(X_1,X_2,\cdots,X_n)$ 称为 n 维随机变量.

对于任意 n 个实数 $x_1,x_2,\cdots,x_n$，称

$$F(x_1,x_2,\cdots,x_n)=P\{X_1\leqslant x_1,X_2\leqslant x_2,\cdots,X_n\leqslant x_n\}$$

为 n 维随机变量 $(X_1,X_2,\cdots,X_n)$ 的联合分布函数.

设 $F(x_1,x_2,\cdots,x_n)$ 为 n 维随机变量 $(X_1,X_2,\cdots,X_n)$ 的联合分布函数，若存在非负可积函数 $f(x_1,x_2,\cdots,x_n)$，使得对于任意实数 $x_1,x_2,\cdots,x_n$，有

$$F(x_1,x_2,\cdots,x_n)=\int_{-\infty}^{x_n}\int_{-\infty}^{x_{n-1}}\cdots\int_{-\infty}^{x_1}f(x_1,x_2,\cdots,x_n)\,dx_1dx_2\cdots dx_n,$$

则称 $f(x_1,x_2,\cdots,x_n)$ 为 $(X_1,X_2,\cdots,X_n)$ 的联合概率密度.

$(X_1,X_2,\cdots,X_n)$ 关于 X_1 的边缘分布函数和边缘概率密度分别为

$$F_{X_1}(x_1)=F(x_1,+\infty,\cdots,+\infty),$$

$$f_{X_1}(x_1)=\int_{-\infty}^{+\infty}\int_{-\infty}^{+\infty}\cdots\int_{-\infty}^{+\infty}f(x_1,x_2,\cdots,x_n)\,dx_2dx_3\cdots dx_n,$$

若对于所有的 $x_1,x_2,\cdots,x_n$，有

$$F(x_1,x_2,\cdots,x_n)=F_{X_1}(x_1)F_{X_2}(x_2)\cdots F_{X_n}(x_n)\text{ 或 }f(x_1,x_2,\cdots,x_n)=f_{X_1}(x_1)f_{X_2}(x_2)\cdots f_{X_n}(x_n),$$

则称 $X_1,X_2,\cdots,X_n$ 是相互独立的.

$(X_1,X_2,\cdots,X_n)$ 关于 (X_1,X_2) 的边缘分布函数和边缘概率密度分别为

$$F_{X_1,X_2}(x_1,x_2)=F(x_1,x_2,+\infty,\cdots,+\infty),$$

$$f_{X_1,X_2}(x_1,x_2)=\int_{-\infty}^{+\infty}\int_{-\infty}^{+\infty}\cdots\int_{-\infty}^{+\infty}f(x_1,x_2,\cdots,x_n)\,dx_3dx_4\cdots dx_n.$$

类似还可以定义$(X_1,X_2,\cdots,X_n)$关于任意 $k(1\leqslant k<n)$ 个分量构成的 k 维随机变量的边缘分布函数和边缘概率密度.

若对所有的 $x_1,x_2,\cdots,x_m,y_1,y_2,\cdots,y_n$,有

$$F(x_1,x_2,\cdots,x_m,y_1,y_2,\cdots,y_n)=F_1(x_1,x_2,\cdots,x_m)F_2(y_1,y_2,\cdots,y_n)$$

或

$$f(x_1,x_2,\cdots,x_m,y_1,y_2,\cdots,y_n)=f_1(x_1,x_2,\cdots,x_m)f_2(y_1,y_2,\cdots,y_n),$$

其中 F_1,F_2,F 依次为随机变量$(X_1,X_2,\cdots,X_m)$,$(Y_1,Y_2,\cdots,Y_n)$和$(X_1,X_2,\cdots,X_m,Y_1,Y_2,\cdots,Y_n)$的联合分布函数,$f_1,f_2,f$ 依次为$(X_1,X_2,\cdots,X_m)$,$(Y_1,Y_2,\cdots,Y_n)$和$(X_1,X_2,\cdots,X_m,Y_1,Y_2,\cdots,Y_n)$的联合概率密度,则称随机变量$(X_1,X_2,\cdots,X_m)$和$(Y_1,Y_2,\cdots,Y_n)$是相互独立的.

定理 3.3.2 设$(X_1,X_2,\cdots,X_m)$和$(Y_1,Y_2,\cdots,Y_n)$相互独立,则 $X_i(i=1,2,\cdots,m)$ 和 $Y_j(j=1,2,\cdots,n)$相互独立. 若 g,h 是连续函数,则 $g(X_1,X_2,\cdots,X_m)$ 和 $h(Y_1,Y_2,\cdots,Y_n)$相互独立.

*3.4 条件分布

为了讨论多维随机变量各分量之间的关系,常需要了解一个分量的取值如何影响另一个分量的概率特性,为此要研究条件分布.

3.4.1 离散型随机变量的条件分布

设二维离散型随机变量(X,Y)的联合分布律为

$$P\{X=x_i,Y=y_j\}=p_{ij},\quad i=1,2,\cdots,j=1,2,\cdots,$$

(X,Y)关于 X 和关于 Y 的边缘分布律分别为

$$P\{X=x_i\}=\sum_{j=1}^{\infty}p_{ij}=p_{i\cdot},\quad i=1,2,\cdots,$$

$$P\{Y=y_j\}=\sum_{i=1}^{\infty}p_{ij}=p_{\cdot j},\quad j=1,2,\cdots.$$

定义 3.4.1 对于二维离散型随机变量(X,Y),对于固定的 j,当 $P\{Y=y_j\}=p_{\cdot j}>0$ 时,在已知$\{Y=y_j\}$发生的条件下,X 取各可能值的条件概率

$$P\{X=x_i\mid Y=y_j\}=\frac{P\{X=x_i,Y=y_j\}}{P\{Y=y_j\}}=\frac{p_{ij}}{p_{\cdot j}},\quad i=1,2,\cdots$$

称为**在$\{Y=y_j\}$发生的条件下 X 的条件分布律**.

类似地,对于固定的 i,当 $P\{X=x_i\}=p_{i\cdot}>0$ 时,在已知$\{X=x_i\}$发生的条件下,Y 取各可能值的条件概率

$$P\{Y=y_j\mid X=x_i\}=\frac{P\{X=x_i,Y=y_j\}}{P\{X=x_i\}}=\frac{p_{ij}}{p_{i\cdot}},\quad j=1,2,\cdots$$

称为**在$\{X=x_i\}$发生的条件下 Y 的条件分布律**.

注 对于固定的 j,条件分布律 $P\{X=x_i\mid Y=y_j\}$满足分布律的一切性质. 比如

(1) $P\{X=x_i\mid Y=y_j\}\geqslant 0,i=1,2,\cdots$;

(2) $\sum_{i=1}^{\infty} P\{X=x_i \mid Y=y_j\}=1$.

例 3.4.1 设随机变量 (X,Y) 的联合分布律为

X	Y		
	-1	0	2
0	0.1	0.2	0
1	0.3	0.05	0.1
2	0.15	0	0.1

(1) 求当 $Y=0$ 时, X 的条件分布律以及当 $X=0$ 时, Y 的条件分布律;

(2) 判断 X 与 Y 是否相互独立.

解 (1) $P\{Y=0\}=0.2+0.05+0=0.25$.

当 $Y=0$ 时, X 的条件分布律为

$$P\{X=0 \mid Y=0\}=\frac{P\{X=0,Y=0\}}{P\{Y=0\}}=\frac{0.2}{0.25}=0.8,$$

$$P\{X=1 \mid Y=0\}=\frac{P\{X=1,Y=0\}}{P\{Y=0\}}=\frac{0.05}{0.25}=0.2,$$

$$P\{X=2 \mid Y=0\}=\frac{P\{X=2,Y=0\}}{P\{Y=0\}}=\frac{0}{0.25}=0.$$

又 $P\{X=0\}=0.1+0.2+0=0.3$, 故当 $X=0$ 时, Y 的条件分布律可类似求得

$$P\{Y=-1 \mid X=0\}=\frac{0.1}{0.3}=\frac{1}{3},$$

$$P\{Y=0 \mid X=0\}=\frac{0.2}{0.3}=\frac{2}{3},$$

$$P\{Y=2 \mid X=0\}=0.$$

(2) 因为 $P\{X=0\}=0.3$, $P\{Y=-1\}=0.1+0.3+0.15=0.55$, 而 $P\{X=0,Y=-1\}=0.1$, 即

$$P\{X=0,Y=-1\} \neq P\{X=0\}P\{Y=-1\},$$

所以 X 与 Y 不相互独立.

例 3.4.2 一射手进行射击, 击中目标的概率为 $p(0<p<1)$, 射击到击中目标两次为止. 以 X 表示首次击中目标所进行的射击次数, 以 Y 表示总共进行的射击次数, 试求 X 和 Y 的联合分布律及条件分布律.

解 由题意可知 (X,Y) 的联合分布律为

$$P\{X=m,Y=n\}=p^2(1-p)^{n-2}, \quad n=2,3,\cdots,m=1,2,\cdots,n-1,$$

由 2.2.3 节内容可知 X 服从参数为 p 的几何分布, 其分布律为

$$P\{X=m\}=p(1-p)^{m-1}, \quad m=1,2,\cdots.$$

Y 的分布律为

$$P\{Y=n\}=(n-1)p^2(1-p)^{n-2}, \quad n=2,3,\cdots.$$

当然 X 及 Y 的分布律也可由联合分布律通过求和来得到.

当 $n=2,3,\cdots$ 时,

$$P\{X=m \mid Y=n\}=\frac{p^2(1-p)^{n-2}}{(n-1)p^2(1-p)^{n-2}}=\frac{1}{n-1}, \quad m=1,2,\cdots,n-1.$$

当 $m=1,2,\cdots$ 时,

$$P\{Y=n \mid X=m\}=\frac{p^2(1-p)^{n-2}}{p(1-p)^{m-1}}=p(1-p)^{n-m-1}, \quad n=m+1,m+2,\cdots.$$

由这个例子可以看到,在不同的条件下,随机变量可能的取值会发生变化,而且取得同一个可能值的概率也可以不同. 通过对条件分布律的讨论,我们看到随机变量的条件分布是如何随着条件的变化而发生变化的. 只有在两个随机变量相互独立的条件下,一个随机变量的条件分布律才会与条件无关,并且等于它的边缘分布律.

3.4.2 连续型随机变量的条件分布

对于连续型随机变量,由于取单点值的概率为零,故条件分布律的形式不适用于连续型随机变量的情形. 可考虑利用分布函数来讨论这个问题. 类似于用分布函数 $F_X(x)=P\{X\leqslant x\}$ 来研究连续型随机变量 X 的分布,我们也可以用 $P\{X\leqslant x \mid Y=y\}$ 来研究 $\{Y=y\}$ 发生的条件下 X 的条件分布,且称 $P\{X\leqslant x \mid Y=y\}$ 为已知 $\{Y=y\}$ 发生的条件下 X 的条件分布函数. 由条件概率的定义知

$$P\{X\leqslant x \mid Y=y\}=\frac{P\{X\leqslant x,Y=y\}}{P\{Y=y\}}.$$

对于连续型随机变量,上式的求解是一个"$\frac{0}{0}$"的问题. 为了解决这一问题,可以利用微积分的方法,将上式转化为有限增量比的极限形式:

$$\begin{aligned}P\{X\leqslant x \mid Y=y\}&=\lim_{\Delta y\to 0^+}P\{X\leqslant x \mid y\leqslant Y\leqslant y+\Delta y\}\\&=\lim_{\Delta y\to 0^+}\frac{P\{X\leqslant x,y\leqslant Y\leqslant y+\Delta y\}}{P\{y\leqslant Y\leqslant y+\Delta y\}},\end{aligned}$$

上式中的分子、分母所对应的(X,Y)的取值区域的图形分别如图 3-5 和图 3-6 所示,则有

$$\begin{aligned}P\{X\leqslant x \mid Y=y\}&=\lim_{\Delta y\to 0^+}\frac{F(x,y+\Delta y)-F(x,y)}{F(+\infty,y+\Delta y)-F(+\infty,y)}\\&=\lim_{\Delta y\to 0^+}\frac{\int_{-\infty}^{x}\int_{-\infty}^{y+\Delta y}f(u,v)\,\mathrm{d}u\mathrm{d}v-\int_{-\infty}^{x}\int_{-\infty}^{y}f(u,v)\,\mathrm{d}u\mathrm{d}v}{\int_{-\infty}^{+\infty}\int_{-\infty}^{y+\Delta y}f(u,v)\,\mathrm{d}u\mathrm{d}v-\int_{-\infty}^{+\infty}\int_{-\infty}^{y}f(u,v)\,\mathrm{d}u\mathrm{d}v}\\&=\lim_{\Delta y\to 0^+}\frac{\int_{-\infty}^{x}\int_{y}^{y+\Delta y}f(u,v)\,\mathrm{d}u\mathrm{d}v}{\int_{-\infty}^{+\infty}\int_{y}^{y+\Delta y}f(u,v)\,\mathrm{d}u\mathrm{d}v}=\lim_{\Delta y\to 0^+}\frac{\int_{-\infty}^{x}\int_{y}^{y+\Delta y}f(u,v)\,\mathrm{d}u\mathrm{d}v}{\int_{y}^{y+\Delta y}f_Y(v)\,\mathrm{d}v},\end{aligned}$$

其中 $f(x,y)$, $F(x,y)$ 分别为二维随机变量 (X,Y) 的联合概率密度及联合分布函数, $f_Y(y)$ 是

(X,Y)关于 Y 的边缘概率密度.

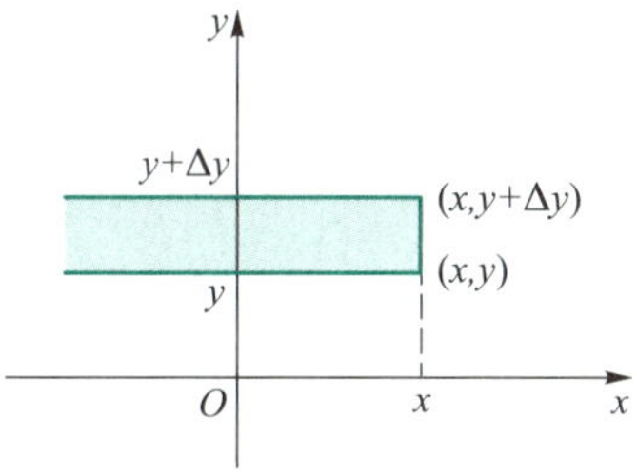

图 3-5

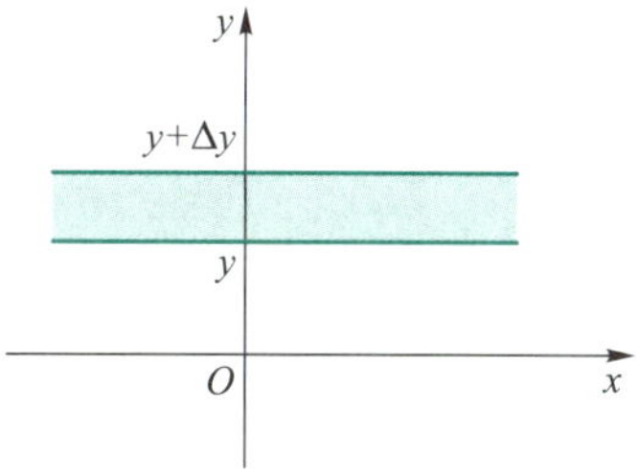

图 3-6

若 $f(x,y)$ 在点 (x,y) 处连续, $f_Y(y)$ 在点 y 处连续,且 $f_Y(y)>0$,则有

$$P\{X\leqslant x \mid Y=y\}=\frac{\lim\limits_{\Delta y\to 0^+}\left[\int_{-\infty}^{x}\int_{-\infty}^{y+\Delta y} f(u,v)\,\mathrm{d}u\mathrm{d}v/\Delta y\right]}{\lim\limits_{\Delta y\to 0^+}\left[\int_{y}^{y+\Delta y} f_Y(v)\,\mathrm{d}u/\Delta y\right]}$$

$$=\frac{\int_{-\infty}^{x} f(u,y)\,\mathrm{d}u}{f_Y(y)}=\int_{-\infty}^{x}\frac{f(u,y)}{f_Y(y)}\mathrm{d}u.$$

因此,有如下定义.

定义 3.4.2 设二维连续型随机变量 (X,Y) 的联合概率密度 $f(x,y)$ 在点 (x,y) 处连续,关于 Y 的边缘概率密度 $f_Y(y)$ 在点 y 处连续,且 $f_Y(y)>0$,则称

$$P\{X\leqslant x \mid Y=y\}=\int_{-\infty}^{x}\frac{f(u,y)}{f_Y(y)}\mathrm{d}u$$

为**在 $\{Y=y\}$ 发生的条件下 X 的条件分布函数**,记作 $F_{X|Y}(x \mid y)$,即

$$F_{X|Y}(x \mid y)=\int_{-\infty}^{x}\frac{f(u,y)}{f_Y(y)}\mathrm{d}u.$$

若记 $f_{X|Y}(x \mid y)$ 为**在 $\{Y=y\}$ 发生的条件下 X 的条件概率密度**,则由上式知

$$f_{X|Y}(x \mid y)=\frac{f(x,y)}{f_Y(y)}.$$

类似地,可以定义在 $\{X=x\}$ 发生的条件下 Y 的条件分布函数与条件概率密度,分别记作

$$F_{Y|X}(y \mid x)=\int_{-\infty}^{y}\frac{f(x,v)}{f_X(x)}\mathrm{d}v,\quad f_{Y|X}(y \mid x)=\frac{f(x,y)}{f_X(x)}.$$

容易验证条件概率密度具有一般概率密度的性质. 事实上,由 $f(x,y)$ 及 $f_Y(y)$ 的非负性,即得 $f_{X|Y}(x \mid y)$ 的非负性,且

$$\int_{-\infty}^{+\infty} f_{X|Y}(x \mid y)\,\mathrm{d}x=\int_{-\infty}^{+\infty}\frac{f(x,y)}{f_Y(y)}\mathrm{d}x=\frac{1}{f_Y(y)}\int_{-\infty}^{+\infty} f(x,y)\,\mathrm{d}x=\frac{1}{f_Y(y)}f_Y(y)=1.$$

注 (1) $f_{X|Y}(x \mid y)=\dfrac{f(x,y)}{f_Y(y)}$ 中 x 与 y 的含义不同,这里 x 是条件概率密度中的自变量,而 y 是给定参数,即给定一个 y 值就得到 X 的一个条件概率密度,因此 $f_{X|Y}(x \mid y)$ 是一个概率密度函数族, $f_{Y|X}(y \mid x)$ 的含义类似.

(2) 已知联合概率密度可求出条件概率密度;反之,已知边缘概率密度及条件概率密度,可求出联合概率密度.

例 3.4.3 已知随机变量(X,Y)的联合概率密度为

$$f(x,y)=\begin{cases}4xy, & 0<x<1,0<y<1,\\ 0, & \text{其他},\end{cases}$$

求条件概率密度$f_{X|Y}(x|y)$及$f_{Y|X}(y|x)$.

解 关于 X 的边缘概率密度为

$$f_X(x)=\int_{-\infty}^{+\infty}f(x,y)\,\mathrm{d}y=\begin{cases}\int_0^1 4xy\,\mathrm{d}y, & 0<x<1,\\ 0, & \text{其他}\end{cases}=\begin{cases}2x, & 0<x<1,\\ 0, & \text{其他}.\end{cases}$$

同理,关于 Y 的边缘概率密度为

$$f_Y(y)=\int_{-\infty}^{+\infty}f(x,y)\,\mathrm{d}x=\begin{cases}2y, & 0<y<1,\\ 0, & \text{其他}.\end{cases}$$

故当$0<y<1$时,$f_Y(y)>0$,且

$$f_{X|Y}(x|y)=\frac{f(x,y)}{f_Y(y)}=\begin{cases}\dfrac{4xy}{2y}, & 0<x<1,\\ 0, & \text{其他},\end{cases}$$

从而在$\{Y=y\}$发生的条件下 X 的条件概率密度为

$$f_{X|Y}(x|y)=\begin{cases}2x, & 0<x<1,0<y<1,\\ 0, & \text{其他}.\end{cases}$$

同理可得在$\{X=x\}$发生的条件下 Y 的条件概率密度为

$$f_{Y|X}(y|x)=\begin{cases}2y, & 0<y<1,0<x<1,\\ 0, & \text{其他}.\end{cases}$$

3.5 随机变量函数的分布

3.5.1 多维离散型随机变量函数的分布

设(X,Y)为二维离散型随机变量,$z=f(x,y)$是二元连续函数或分段连续函数,则 $Z=f(X,Y)$ 仍然是一个离散型随机变量,我们需要由(X,Y)的联合分布律直接求出 $Z=f(X,Y)$ 的分布律.

设(X,Y)的联合分布律为

$$P\{X=x_i,Y=y_j\}=p_{ij},\quad i=1,2,\cdots,j=1,2,\cdots,$$

则 $Z=f(X,Y)$ 的分布律为

$$P\{Z=z_k\}=P\{f(X,Y)=z_k\}=\sum_{f(x_i,y_j)=z_k}p_{ij},\quad k=1,2,\cdots,$$

其中 $\sum\limits_{f(x_i,y_j)=z_k}p_{ij}$ 是指对所有使得$f(x_i,y_j)=z_k$的(x_i,y_j)对应的概率求和.

例 3.5.1 设二维随机变量(X,Y)的联合分布律为

X	Y		
	0	1	2
0	0.25	0.1	0.3
1	0.15	0.15	0.05

求：(1) $X+Y$ 的分布律；(2) $\max\{X,Y\}$ 的分布律.

解　(X,Y) 的联合分布律可列出如下：

(X,Y)	(0,0)	(0,1)	(0,2)	(1,0)	(1,1)	(1,2)
p_k	0.25	0.1	0.3	0.15	0.15	0.05
$X+Y$	0	1	2	1	2	3
$\max\{X,Y\}$	0	1	2	1	1	2

从而可得

(1) $X+Y$ 的分布律为

$X+Y$	0	1	2	3
p_k	0.25	0.25	0.45	0.05

(2) $\max\{X,Y\}$ 的分布律为

$\max\{X,Y\}$	0	1	2
p_k	0.25	0.4	0.35

例 3.5.2　设随机变量 $X\sim P(\lambda_1)$，$Y\sim P(\lambda_2)$，且 X 与 Y 相互独立，求 $Z=X+Y$ 的分布律.

解　因为

$$P\{X=i\}=\frac{\lambda_1^i}{i!}e^{-\lambda_1},\quad i=0,1,2,\cdots;\quad P\{Y=j\}=\frac{\lambda_2^j}{j!}e^{-\lambda_2},\ j=0,1,2,\cdots,$$

所以

$$\begin{aligned}P\{X+Y=k\}&=P\{X=0,Y=k\}+P\{X=1,Y=k-1\}+\cdots+P\{X=k,Y=0\}\\&=\sum_{m=0}^{k}P\{X=m,Y=k-m\}\\&=\sum_{m=0}^{k}P\{X=m\}P\{Y=k-m\}\\&=\sum_{m=0}^{k}\frac{\lambda_1^m}{m!}e^{-\lambda_1}\cdot\frac{\lambda_2^{k-m}}{(k-m)!}e^{-\lambda_2}\\&=\frac{e^{-(\lambda_1+\lambda_2)}}{k!}\sum_{m=0}^{k}C_k^m\lambda_1^m\lambda_2^{k-m}\\&=\frac{(\lambda_1+\lambda_2)^k}{k!}e^{-(\lambda_1+\lambda_2)},\quad k=0,1,2,\cdots,\end{aligned}$$

所以 $Z=X+Y\sim P(\lambda_1+\lambda_2)$.

这个事实称为泊松分布的可加性,即两个服从泊松分布的独立的随机变量之和仍服从泊松分布,并且和的分布的参数等于两个参数之和. 二项分布也具有可加性:若随机变量 $X\sim B(n_1,p)$,$Y\sim B(n_2,p)$,且 X 与 Y 相互独立,则 $X+Y\sim B(n_1+n_2,p)$. 由此易得 0-1 分布与二项分布的关系:若 $X_i(i=1,2,\cdots,n)$服从 0-1 分布 $B(1,p)$,且 $X_1,X_2,\cdots,X_n$ 相互独立,则 $\sum\limits_{i=1}^{n}X_i\sim B(n,p)$. 这个结论留给读者自行证明.

3.5.2 多维连续型随机变量函数的分布

1. $Z=X+Y$ 的分布

设二维随机变量(X,Y)的联合概率密度为$f(x,y)$,那么 $Z=X+Y$ 的分布函数为

$$F_Z(z)=P\{X+Y\leqslant z\}=P\{(X,Y)\in G\}$$
$$=\iint\limits_{x+y\leqslant z}f(x,y)\,\mathrm{d}x\mathrm{d}y,$$

其中积分区域 G 是直线 $x+y=z$ 及其左下方的半平面,如图 3-7 所示. 将二重积分化成累次积分,得

$$F_Z(z)=\int_{-\infty}^{+\infty}\left[\int_{-\infty}^{z-x}f(x,y)\,\mathrm{d}y\right]\mathrm{d}x,$$

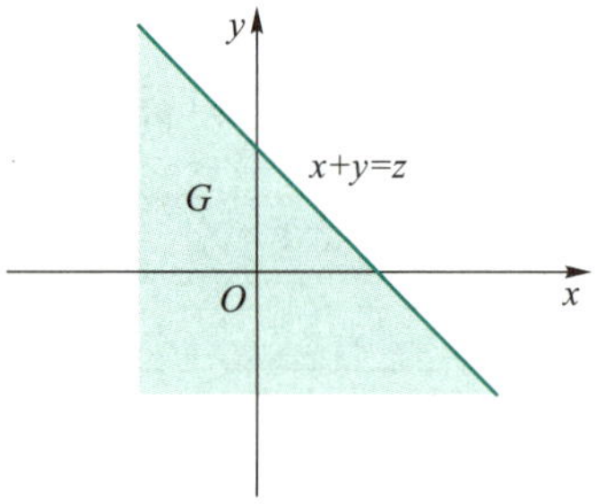

图 3-7

作变量代换,令 $y=t-x$,得

$$F_Z(z)=\int_{-\infty}^{+\infty}\left[\int_{-\infty}^{z}f(x,t-x)\,\mathrm{d}t\right]\mathrm{d}x=\int_{-\infty}^{z}\left[\int_{-\infty}^{+\infty}f(x,t-x)\,\mathrm{d}x\right]\mathrm{d}t,$$

因而 Z 的概率密度为

$$f_Z(z)=\int_{-\infty}^{+\infty}f(x,z-x)\,\mathrm{d}x.$$

由 X,Y 的对称性,易得

$$f_Z(z)=\int_{-\infty}^{+\infty}f(z-y,y)\,\mathrm{d}y.$$

上述两式是两个随机变量之和的概率密度的一般公式.

特别地,当 X 和 Y 相互独立时,设(X,Y)关于 X,Y 的边缘概率密度分别为$f_X(x)$, $f_Y(y)$,则

$$f_Z(z)=\int_{-\infty}^{+\infty}f_X(x)f_Y(z-x)\,\mathrm{d}x,$$

$$f_Z(z)=\int_{-\infty}^{+\infty}f_X(z-y)f_Y(y)\,\mathrm{d}y.$$

这两个公式称为**卷积公式**,记为f_X*f_Y,即

$$f_X*f_Y=\int_{-\infty}^{+\infty}f_X(x)f_Y(z-x)\,\mathrm{d}x=\int_{-\infty}^{+\infty}f_X(z-y)f_Y(y)\,\mathrm{d}y.$$

例 3.5.3 设 X 和 Y 是两个相互独立的随机变量,它们都服从 $N(0,1)$,求 $Z=X+Y$ 的概率密度.

解 由卷积公式,有

$$f_Z(z)=\int_{-\infty}^{+\infty}f_X(x)f_Y(z-x)\,\mathrm{d}x=\frac{1}{2\pi}\int_{-\infty}^{+\infty}\mathrm{e}^{-\frac{x^2}{2}}\mathrm{e}^{-\frac{(z-x)^2}{2}}\mathrm{d}x$$

$$=\frac{1}{2\pi}\mathrm{e}^{-\frac{z^2}{4}}\int_{-\infty}^{+\infty}\mathrm{e}^{-\left(x-\frac{z}{2}\right)^2}\mathrm{d}x.$$

令 $t=x-\frac{z}{2}$,则

$$f_Z(z)=\frac{1}{2\pi}\mathrm{e}^{-\frac{z^2}{4}}\int_{-\infty}^{+\infty}\mathrm{e}^{-t^2}\mathrm{d}t=\frac{1}{2\pi}\mathrm{e}^{-\frac{z^2}{4}}\cdot\sqrt{\pi}$$

$$=\frac{1}{\sqrt{2\pi}\cdot\sqrt{2}}\mathrm{e}^{-\frac{z^2}{2(\sqrt{2})^2}},\quad -\infty<z<+\infty,$$

即 $Z\sim N(0,2)$.

一般地,设 X,Y 相互独立且 $X\sim N(\mu_1,\sigma_1^2)$,$Y\sim N(\mu_2,\sigma_2^2)$,则 $Z=X+Y$ 仍然服从正态分布,且 $Z\sim N(\mu_1+\mu_2,\sigma_1^2+\sigma_2^2)$,这说明正态分布具有可加性. 进一步地,可以证明,若 X,Y 相互独立,则 X 与 Y 的线性组合 $aX+bY$(a,b 不全为零)也服从正态分布,且有 $aX+bY\sim N(a\mu_1+b\mu_2,a^2\sigma_1^2+b^2\sigma_2^2)$. 更一般地,可以证明:若 $X_i\sim N(\mu_i,\sigma_i^2)$,$i=1,2,\cdots,n$,且 $X_1,X_2,\cdots,X_n$ 相互独立,则有

$$\sum_{i=1}^{n}c_iX_i\sim N\left(\sum_{i=1}^{n}c_i\mu_i,\ \sum_{i=1}^{n}c_i^2\sigma_i^2\right),$$

其中 $c_1,c_2,\cdots,c_n$ 为 n 个不全为零的实数,即有限个相互独立的正态随机变量的线性组合仍然服从正态分布.

例 3.5.4(2024 年考研真题(数学一)) 设随机变量 X,Y 相互独立,且 X 服从正态分布 $N(0,2)$,Y 服从正态分布 $N(-2,2)$,若 $P\{2X+Y<a\}=P\{X>Y\}$,则 $a=$(　　).

(A) $-2-\sqrt{10}$　　(B) $-2+\sqrt{10}$　　(C) $-2-\sqrt{6}$　　(D) $-2+\sqrt{6}$

解 由正态分布的可加性,$2X+Y\sim N(-2,10)$,$Y-X\sim N(-2,4)$,则

$$P\{2X+Y<a\}=P\left\{\frac{2X+Y-(-2)}{\sqrt{10}}<\frac{a-(-2)}{\sqrt{10}}\right\}=P\left\{\frac{2X+Y-(-2)}{\sqrt{10}}<\frac{a+2}{\sqrt{10}}\right\}=\Phi\left(\frac{a+2}{\sqrt{10}}\right),$$

$$P\{X>Y\}=P\{Y-X<0\}=P\left\{\frac{Y-X-(-2)}{2}<\frac{0-(-2)}{2}\right\}=P\left\{\frac{Y-X-(-2)}{2}<1\right\}=\Phi(1),$$

由 $P\{2X+Y<a\}=P\{X>Y\}$ 可得,

$$\Phi\left(\frac{a+2}{\sqrt{10}}\right)=\Phi(1),\text{即}\frac{a+2}{\sqrt{10}}=1,a=-2+\sqrt{10}.$$

故选(B).

2. 极大值与极小值的分布

设随机变量 $X_1,X_2,\cdots,X_n$ 相互独立,分布函数分别为 $F_1(x),F_2(x),\cdots,F_n(x)$. 令

$$U=\max\{X_1,X_2,\cdots,X_n\},\quad V=\min\{X_1,X_2,\cdots,X_n\},$$

设 U 及 V 的分布函数分别为 $F_U(u)$ 和 $f_V(v)$.

$$
\begin{aligned}
F_U(u) &= P\{U \leqslant u\} = P\{\max\{X_1, X_2, \cdots, X_n\} \leqslant u\} \\
&= P\{X_1 \leqslant u, X_2 \leqslant u, \cdots, X_n \leqslant u\} \\
&= P\{X_1 \leqslant u\} P\{X_2 \leqslant u\} \cdots P\{X_n \leqslant u\} \\
&= F_1(u) F_2(u) \cdots F_n(u) \\
&= \prod_{i=1}^{n} F_i(u),
\end{aligned}
$$

$$
\begin{aligned}
F_V(v) &= P\{V \leqslant v\} = P\{\min\{X_1, X_2, \cdots, X_n\} \leqslant v\} \\
&= 1 - P\{\min\{X_1, X_2, \cdots, X_n\} > v\} \\
&= 1 - P\{X_1 > v, X_2 > v, \cdots, X_n > v\} \\
&= 1 - P\{X_1 > v\} P\{X_2 > v\} \cdots P\{X_n > v\} \\
&= 1 - [1 - F_1(v)][1 - F_2(v)] \cdots [1 - F_n(v)] \\
&= 1 - \prod_{i=1}^{n} [1 - F_i(v)].
\end{aligned}
$$

特别地,若 $X_1, X_2, \cdots, X_n$ 独立同分布(即相互独立,且具有相同的分布函数 $F(x)$),则

$$F_U(u) = [F(u)]^n,$$

$$F_V(v) = 1 - [1 - F(v)]^n.$$

进一步,若 $X_1, X_2, \cdots, X_n$ 独立同分布且为连续型随机变量,有相同的概率密度 $f(x)$,则

$$f_U(u) = n[F(u)]^{n-1} f(u),$$

$$f_V(v) = n[1 - F(v)]^{n-1} f(v).$$

极大值或极小值的分布在可靠性理论中有重要的应用.

例 3.5.5(系统可靠性) 设系统 L 由两个相互独立的子系统 L_1, L_2 连接而成,连接方式如图 3-8 所示,分别为(1) 串联;(2) 并联;(3) 备用(当系统 L_1 损坏时,系统 L_2 开始工作).设 L_1 的寿命 X 服从参数为 α 的指数分布,L_2 的寿命 Y 服从参数为 β 的指数分布,即它们的概率密度分别为

$$f_X(x) = \begin{cases} \alpha e^{-\alpha x}, & x > 0, \\ 0, & x \leqslant 0, \end{cases} \quad f_Y(y) = \begin{cases} \beta e^{-\beta y}, & y > 0, \\ 0, & y \leqslant 0, \end{cases}$$

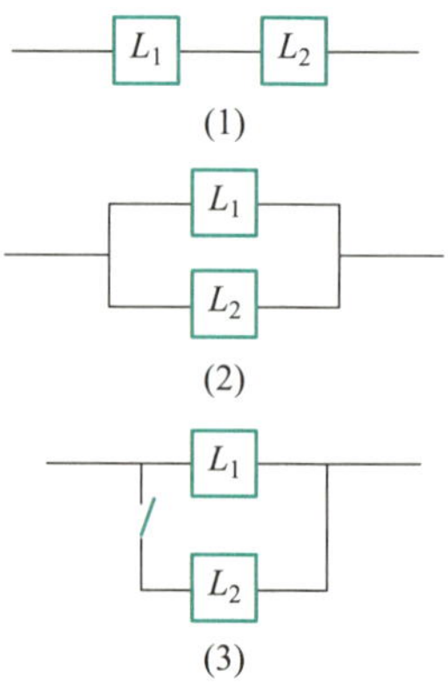

图 3-8

其中 $\alpha > 0, \beta > 0$,且 $\alpha \neq \beta$,试分别就以上三种连接方式求出 L 的寿命 Z 的概率密度.

解 (1) 对于串联的情况,此时 $Z = \min\{X, Y\}$,又 X, Y 的分布函数分别为

$$F_X(x) = \begin{cases} 1 - e^{-\alpha x}, & x > 0, \\ 0, & x \leqslant 0, \end{cases} \quad F_Y(y) = \begin{cases} 1 - e^{-\beta y}, & y > 0, \\ 0, & y \leqslant 0, \end{cases}$$

则

$$F_Z(z) = 1 - [1 - F_X(z)][1 - F_Y(z)] = \begin{cases} 1 - e^{-(\alpha+\beta) z}, & z > 0, \\ 0, & z \leqslant 0. \end{cases}$$

故 $Z=\min\{X,Y\}$ 的概率密度为

$$f_Z(z)=\begin{cases}(\alpha+\beta)\mathrm{e}^{-(\alpha+\beta)z}, & z>0,\\ 0, & z\leqslant 0,\end{cases}$$

表明 Z 服从参数为 $\alpha+\beta$ 的指数分布.

（2）对于并联的情况，此时 $Z=\max\{X,Y\}$，则

$$F_Z(z)=F_X(z)F_Y(z)=\begin{cases}(1-\mathrm{e}^{-\alpha z})(1-\mathrm{e}^{-\beta z}), & z>0,\\ 0, & z\leqslant 0.\end{cases}$$

故 $Z=\max\{X,Y\}$ 的概率密度为

$$f_Z(z)=\begin{cases}\alpha\mathrm{e}^{-\alpha z}+\beta\mathrm{e}^{-\beta z}-(\alpha+\beta)\mathrm{e}^{-(\alpha+\beta)z}, & z>0,\\ 0, & z\leqslant 0.\end{cases}$$

（3）对于备用的情况，此时 $Z=X+Y$. 由卷积公式可得当 $z>0$ 时，

$$\begin{aligned}f_Z(z)&=\int_{-\infty}^{+\infty}f_X(x)f_Y(z-x)\,\mathrm{d}x=\int_0^z\alpha\mathrm{e}^{-\alpha x}\beta\mathrm{e}^{-\beta(z-x)}\,\mathrm{d}x\\&=\alpha\beta\mathrm{e}^{-\beta z}\int_0^z\mathrm{e}^{-(\alpha-\beta)x}\,\mathrm{d}x=\frac{\alpha\beta}{\alpha-\beta}(\mathrm{e}^{-\beta z}-\mathrm{e}^{-\alpha z}).\end{aligned}$$

而当 $z\leqslant 0$ 时，显然有 $f_Z(z)=0$.

于是得到 $Z=X+Y$ 的概率密度为

$$f_Z(z)=\begin{cases}\dfrac{\alpha\beta}{\alpha-\beta}(\mathrm{e}^{-\beta z}-\mathrm{e}^{-\alpha z}), & z>0,\\ 0, & z\leqslant 0.\end{cases}$$

*3. $Z=\dfrac{X}{Y}$，$Z=XY$ 的分布

设二维连续型随机变量 (X,Y) 的联合概率密度为 $f(x,y)$，则 $Z=\dfrac{X}{Y}$，$Z=XY$ 仍为连续型随机变量，且其概率密度分别为

$$f_{X/Y}(z)=\int_{-\infty}^{+\infty}|y|f(yz,y)\,\mathrm{d}y,$$

$$f_{XY}(z)=\int_{-\infty}^{+\infty}\frac{1}{|y|}f\left(\frac{z}{y},y\right)\mathrm{d}y.$$

事实上，$Z=\dfrac{X}{Y}$ 的分布函数为

$$\begin{aligned}F_Z(z)&=P\{Z\leqslant z\}=P\left\{\frac{X}{Y}\leqslant z\right\}\\&=\iint\limits_{\frac{x}{y}\leqslant z}f(x,y)\,\mathrm{d}x\mathrm{d}y\\&=\iint\limits_{G_1}f(x,y)\,\mathrm{d}x\mathrm{d}y+\iint\limits_{G_2}f(x,y)\,\mathrm{d}x\mathrm{d}y,\end{aligned}$$

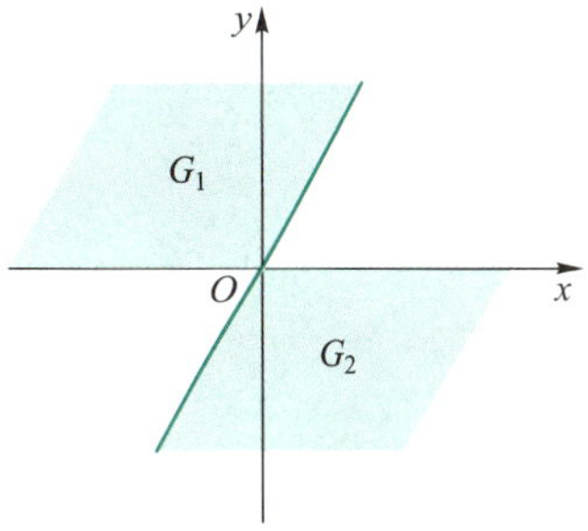

图 3-9

其中 G_1，G_2 为图 3-9 中阴影部分，而

$$\iint_{G_1} f(x,y)\,dx\,dy=\int_0^{+\infty}\left[\int_{-\infty}^{yz} f(x,y)\,dx\right]dy.$$

对积分$\int_{-\infty}^{yz} f(x,y)\,dx$作变量代换,令 $x=uy$(这里 $y>0$),得

$$\int_{-\infty}^{yz} f(x,y)\,dx=\int_{-\infty}^{z} yf(yu,y)\,du,$$

于是

$$\iint_{G_1} f(x,y)\,dx\,dy=\int_0^{+\infty}\left[\int_{-\infty}^{z} yf(yu,y)\,du\right]dy=\int_{-\infty}^{z}\left[\int_0^{+\infty} yf(yu,y)\,dy\right]du.$$

类似可得

$$\iint_{G_2} f(x,y)\,dx\,dy=\int_{-\infty}^{0}\int_{yz}^{+\infty} f(x,y)\,dx\,dy=\int_{-\infty}^{z}\left[\int_{-\infty}^{0}(-y)f(yu,y)\,dy\right]du.$$

从而

$$\begin{aligned}F_Z(z)&=\int_{-\infty}^{z}\left[\int_0^{+\infty} yf(yu,y)\,dy+\int_{-\infty}^{0}(-y)f(yu,y)\,dy\right]du\\&=\int_{-\infty}^{z}\left[\int_{-\infty}^{+\infty}|y|f(yu,y)\,dy\right]du,\end{aligned}$$

故有

$$f_Z(z)=\int_{-\infty}^{+\infty}|y|f(yz,y)\,dy.$$

当 X,Y 相互独立时,上式可化为

$$f_Z(z)=\int_{-\infty}^{+\infty}|y|f_X(yz)f_Y(y)\,dy,$$

其中 $f_X(x)$,$f_Y(y)$ 分别为 (X,Y) 关于 X 和关于 Y 的边缘概率密度.

类似地,可求出 $Z=XY$ 的概率密度 $f_{XY}(z)$.

例 3.5.6 设随机变量 X,Y 相互独立,且都服从指数分布,它们的概率密度分别为

$$f_X(x)=\begin{cases}\lambda e^{-\lambda x}, & x>0,\\ 0, & x\leqslant 0,\end{cases}\quad f_Y(y)=\begin{cases}\mu e^{-\mu y}, & y>0,\\ 0, & y\leqslant 0,\end{cases}$$

其中 $\lambda>0,\mu>0$ 为常数,求 $Z=\dfrac{X}{Y}$的概率密度.

解 因为当 $x>0,y>0$ 时,$z=\dfrac{x}{y}>0$,所以

当 $z\leqslant 0$ 时,$f_Z(z)=0$.

当 $z>0$ 时,

$$\begin{aligned}f_Z(z)&=\int_{-\infty}^{+\infty}|y|f_X(yz)f_Y(y)\,dy\\&=\int_0^{+\infty} y\lambda e^{-\lambda yz}\mu e^{-\mu y}\,dy\\&=\frac{\lambda\mu}{(\lambda z+\mu)^2}.\end{aligned}$$

则 Z 的概率密度为

$$f_Z(z)=\begin{cases}\dfrac{\lambda\mu}{(\lambda z+\mu)^2}, & z>0,\\ 0, & z\leqslant 0.\end{cases}$$

第三章思维导图

- 二维随机变量及其分布
  - 二维随机变量及分布函数
    - 二维随机变量
    - 联合分布函数
    - 边缘分布函数
    - 独立性
  - 二维离散型随机变量
    - 联合分布律
    - 联合分布函数
    - 边缘分布律
    - 边缘分布函数
    - 独立性
  - 二维连续型随机变量
    - 联合概率密度
    - 边缘概率密度
    - 独立性
    - 常用的二维连续型随机变量
      - 二维均匀分布
      - 二维正态分布
  - 条件分布
    - 离散型随机变量的条件分布
    - 连续型随机变量的条件分布
  - 随机变量函数的分布
    - 多维离散型随机变量函数的分布
    - 多维连续型随机变量函数的分布

习题三

拓展阅读
正态分布的来龙去脉

(A) 基础练习

1. 设 X 表示随机地在 1,2,3,4 四个数中取一个,Y 表示随机地在 1 至 X 中取一个数,求:
(1) (X,Y) 的联合分布律;
(2) (X,Y) 的边缘分布律.

2. 设二维随机变量(X,Y)的联合分布律为

X	Y		
	-2	0	1
-1	0.3	0.1	0.1
1	a	0.2	0
2	0.2	0	0.05

求:(1) 常数 a;

(2) $P\{X\leqslant 1, Y\geqslant 0\}$;

(3) $F(0,0)$.

3. 袋中装有标上号码为1,2,2,3的四个球,从中任取一个不放回再取下一个,记X,Y分别为两次取得球的号码,

(1) 求(X,Y)的联合分布律;

(2) 求(X,Y)的边缘分布律;

(3) 求 $P\{X+Y\geqslant 5\}$;

(4) 判断 X 与 Y 是否相互独立.

4. 设二维随机变量(X,Y)的联合分布律为

X	Y		
	1	2	3
1	$\frac{1}{15}$	b	$\frac{1}{5}$
2	a	$\frac{1}{5}$	$\frac{3}{10}$

问 a,b 取何值时,X 与 Y 相互独立?

5. 已知二维随机变量(X,Y)的联合概率密度为

$$f(x,y)=\begin{cases}k(1-x)y, & 0<x<1,0<y<2,\\0, & \text{其他}.\end{cases}$$

(1) 求常数 k;

(2) 求(X,Y)的边缘概率密度;

(3) 判断 X 与 Y 是否相互独立.

6. 设二维随机变量(X,Y)的联合概率密度为

$$f(x,y)=\begin{cases}x+y, & 0\leqslant x\leqslant 1,0\leqslant y\leqslant 1,\\0, & \text{其他}.\end{cases}$$

(1) 求 $P\{X+Y>1\}$;

(2) 求 $P\{X<Y\}$;

(3) 求(X,Y)的边缘概率密度;

(4) 判断 X 与 Y 是否相互独立.

7. 设二维随机变量(X,Y)的联合概率密度为

$$f(x,y)=\begin{cases}k\mathrm{e}^{-(2x+3y)}, & x>0,y>0,\\0, & \text{其他}.\end{cases}$$

求:(1) 系数 k;

(2) $P\{0<X<1,0<Y<2\}$.

8. 设二维随机变量(X,Y)的联合分布函数为

$$F(x,y)=\begin{cases}(1-\mathrm{e}^{-x})(1-\mathrm{e}^{-y}), & x>0,y>0,\\0, & \text{其他}.\end{cases}$$

(1) 求(X,Y)的边缘分布函数;

(2) 求(X,Y)的联合概率密度;

(3) 求(X,Y)的边缘概率密度;

(4) 判断 X 与 Y 是否相互独立.

9. 设二维随机变量(X,Y)的联合概率密度为

$$f(x,y)=\begin{cases}Axy, & 0<x<y<1,\\0, & \text{其他},\end{cases}$$

(1) 求常数 A;

(2) 求 $P\{X+Y<1\}$;

(3) 求(X,Y)的边缘概率密度;

(4) 判断 X 与 Y 是否相互独立.

10. 设二维连续型随机变量(X,Y)服从区域 $D=\{(x,y)\mid 0\leqslant y\leqslant 1-x^2\}$上的均匀分布.

(1) 写出(X,Y)的联合概率密度;

(2) 求 $P\{Y\geqslant X^2\}$.

11. 设二维随机变量(X,Y)的联合概率密度为

$$f(x,y)=\begin{cases}\mathrm{e}^{-y}, & 0<x<y,\\0, & \text{其他}.\end{cases}$$

(1) 求(X,Y)的边缘概率密度,并判断 X 与 Y 是否相互独立;

(2) 求 $P\{X<1\}$.

12. 设二维随机变量(X,Y)的联合分布律为

X	Y		
	1	2	3
1	$\frac{1}{9}$	0	0
2	$\frac{2}{9}$	$\frac{1}{9}$	0
3	$\frac{2}{9}$	$\frac{2}{9}$	$\frac{1}{9}$

求:(1) $Z=2X-Y$ 的分布律;

(2) $Z=\min\{X,Y\}$ 的分布律.

13. 设二维随机变量(X,Y)的联合分布律为

Y	X		
	0	1	2
0	$\frac{2}{25}$	a	$\frac{1}{25}$
1	b	$\frac{3}{25}$	$\frac{2}{25}$

且 $P\{Y=1 \mid X=0\}=\frac{3}{5}$.

(1) 求常数 a,b 的值;

(2) 判断 X 与 Y 是否相互独立.

14. 设随机变量 X 与 Y 相互独立,且 X,Y 的分布律分别为

X	0	1
p_k	$\frac{1}{4}$	$\frac{3}{4}$

Y	1	2
p_k	$\frac{2}{5}$	$\frac{3}{5}$

试求随机变量 $U=X+Y$ 及 $V=XY$ 的分布律.

15. 设 X 和 Y 是两个相互独立的随机变量,X 在$(0,0.2)$上服从均匀分布,Y 的概率密度为

$$f_Y(y)=\begin{cases}5e^{-5y}, & y>0,\\ 0, & \text{其他}.\end{cases}$$

求:(1) (X,Y)的联合概率密度;

(2) $P\{Y\leqslant X\}$.

(B) 复习巩固

一、选择题

1.(2024 年考研真题(数学三)) 设随机变量 X,Y 相互独立,其中 $X\sim N(0,2)$, $Y\sim N(-1,1)$,记 $p_1=P\{2X-Y>0\}$,$p_2=P\{X-2Y>1\}$,则(　　).

(A) $p_1>p_2>\frac{1}{2}$　　(B) $p_2>p_1>\frac{1}{2}$　　(C) $p_1<p_2<\frac{1}{2}$　　(D) $p_2<p_1<\frac{1}{2}$

2.(2024 年考研真题(数学一)) 设随机变量 X,Y 相互独立,且均服从参数为 λ 的指数分布,令 $Z=|X-Y|$,则下列随机变量中与 Z 同分布的是(　　).

(A) $X+Y$　　(B) $\frac{X+Y}{2}$　　(C) $2X$　　(D) X

二、解答题

3.(2009 年考研真题(数学一)) 袋中有 1 个红球,2 个黑球与 3 个白球,现有放回地从袋

中取两次,每次取一球,以 X,Y,Z 分别表示两次取球所取得的红球、黑球与白球的个数.

(1) 求 $P\{X=1|Z=0\}$;

(2) 求二维随机变量 (X,Y) 的概率分布.

4. 设随机变量 $Y\sim P(1)$,随机变量 X_1 和 X_2 的取值分别为

$$X_1=\begin{cases}0, & Y<1,\\ 1, & Y\geqslant 1,\end{cases}\qquad X_2=\begin{cases}0, & Y<2,\\ 1, & Y\geqslant 2,\end{cases}$$

试求 (X_1,X_2) 的联合分布律.

5. 设二维随机变量 (X,Y) 的联合分布律如下表所示:

X	Y	
	-1	0
1	$\frac{1}{4}$	$\frac{1}{4}$
2	$\frac{1}{6}$	a

求:(1) 常数 a 的值;

(2) (X,Y) 的联合分布函数 $F(x,y)$;

(3) (X,Y) 的边缘分布函数 $F_X(x)$ 和 $F_Y(y)$.

6. 设随机变量 X 和 Y 相互独立,二维随机变量 (X,Y) 的联合分布律及边缘分布律中的部分数值如下表所示,试将其余数值填入表中空白处.

X	Y			$p_{i\cdot}$
	y_1	y_2	y_3	
x_1		$\frac{1}{8}$		
x_2	$\frac{1}{8}$			
$p_{\cdot j}$	$\frac{1}{6}$			1

7. 设二维随机变量 (X,Y) 可能取的值为 $(1,0),(2,0),(2,1),(2,2),(3,1),(1,3)$,相应的概率为 $\frac{2}{27},\frac{6}{27},\frac{6}{27},\frac{6}{27},\frac{6}{27},\frac{1}{27}$.

(1) 求 (X,Y) 的联合分布律;

(2) 求 (X,Y) 的边缘分布律;

(3) 判断 X,Y 是否相互独立;

(4) 求在 $\{X=1\}$ 发生的条件下 Y 的条件分布律;

(5) 求 $P\{X=1|Y\geqslant 2\}$ 和 $P\{Y\geqslant 2|X=1\}$.

8. 已知对于随机变量 X 和 Y 有 $P\{X^2=Y^2\}=1$,且 X,Y 的分布律分别为

X	0	1
p_k	$\frac{1}{3}$	$\frac{2}{3}$

Y	-1	0	1
p_k	$\frac{1}{3}$	$\frac{1}{3}$	$\frac{1}{3}$

求:(1) (X,Y) 的联合分布律;

(2) $U=XY$ 的分布律;

(3) $V=\max\{X,Y\}$ 的分布律.

9. 设二维随机变量(X,Y)的联合概率密度为

$$f(x,y)=\begin{cases}C\sin(x+y), & 0<x<\frac{\pi}{2}, 0<y<\frac{\pi}{2},\\ 0, & 其他.\end{cases}$$

(1) 求常数 C 的值;

(2) 求(X,Y)的边缘概率密度;

(3) 判断 X,Y 是否相互独立;

(4) 求 $P\left\{X+Y<\frac{\pi}{4}\right\}$.

10. 设二维随机变量(X,Y)的联合概率密度为

$$f(x,y)=\begin{cases}2e^{-(2x+y)}, & x>0, y>0,\\ 0, & 其他,\end{cases}$$

求:(1) (X,Y) 的联合分布函数;

(2) $P\{Y\leqslant X\}$;

(3) 条件概率密度 $f_{Y|X}(y\mid x)$;

(4) $P\{X<2\mid Y<1\}$.

11. 设二维连续型随机变量(X,Y)的联合概率密度为

$$f(x,y)=\begin{cases}Ax^2y, & x^2<y<1,\\ 0, & 其他,\end{cases}$$

求:(1) 常数 A 的值;

(2) 条件概率密度 $f_{Y|X}(y\mid x)$;

(3) $P\left\{Y\geqslant\frac{3}{4}\middle|X=\frac{1}{2}\right\}$.

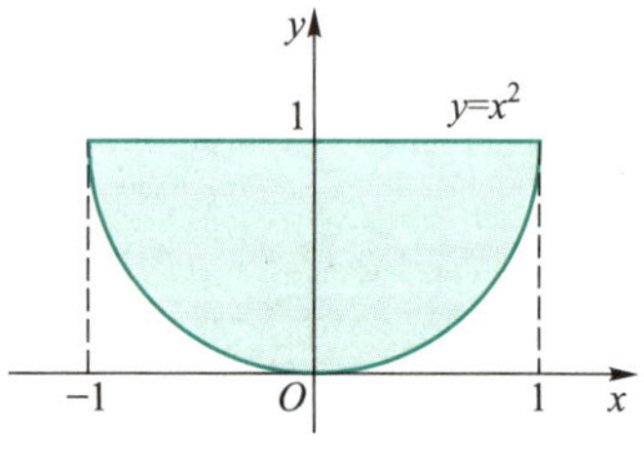

题 11 图

12. 设随机变量 X 在区间$(0,1)$内服从均匀分布,观察到当 $X=x(0<x<1)$时,Y 在区间$(x,1)$内等可能随机地取值,求 Y 的概率密度.

13. 设随机变量 X 与 Y 相互独立,它们的概率密度分别为

$$f_X(x)=\begin{cases}1, & 0\leqslant x\leqslant 1,\\ 0, & 其他,\end{cases}\quad f_Y(y)=\begin{cases}e^{-y}, & y>0,\\ 0, & y\leqslant 0,\end{cases}$$

求 $Z=X+Y$ 的概率密度.

14. 设二维随机变量(X,Y)的联合概率密度为

$$f(x,y)=\begin{cases} x+y, & 0<x<1,0<y<1, \\ 0, & \text{其他}, \end{cases}$$

求：(1) $Z=X+Y$ 的概率密度；

(2) $Z=XY$ 的概率密度.

15. 假设一电路中装有两个同种电气元件，其工作状态相互独立，且无故障工作时间都服从参数为 $\theta(>0)$ 的指数分布. 当两个元件都无故障时，电路正常工作，否则整个电路不能正常工作. 试求电路正常工作的时间 T 的概率密度.

16. 设随机变量 X 与 Y 相互独立，且 $X\sim E(1)$，$Y\sim E(2)$，求 $Z=\dfrac{X}{Y}$ 的概率密度.

习题三答案

第四章　随机变量的数字特征

概率分布能够完整地描述随机变量的统计规律性，但在许多实际问题中，一方面，有时求随机变量的分布并非易事；另一方面，有时不需要全面考察随机变量的分布情况，只要知道它的某些数字特征即可. 例如，如果要比较两个班级的学习情况，通常会比较两个班级成绩的平均值，平均值大就意味着这个班级的学习情况较好，这时如果不去比较它的平均值，而只看它的分布律，虽然"完整"，却难以迅速做出判断，在这个例子中"平均成绩"虽然不是对学生成绩这个随机变量的全部描述，但是反映了这个随机变量的某些特征. 在概率论中，把这种描述随机变量某些特征的常数称为随机变量的**数字特征**，它在理论研究和实际生活中都是非常重要的.

本章将介绍随机变量常用的数字特征：数学期望、方差、协方差和相关系数，这些数字特征统称为**矩**.

4.1　数学期望

4.1.1　离散型随机变量的数学期望

例 4.1.1　设甲、乙两射手在相同条件下进行打靶练习，各射 100 箭，他们命中的环数 X 及次数如下：

$X_{甲}$	8	9	10
次数 N_k	30	60	10

$X_{乙}$	8	9	10
次数 N_k	35	35	30

试问：如何评价两个射手射击技术的优劣？

解　我们可以从两射手命中环数的平均值来做出评判，甲、乙两射手命中环数的平均值分别为

$$甲：\frac{8\times30+9\times60+10\times10}{100}=8.8(环),$$

$$乙：\frac{8\times35+9\times35+10\times30}{100}=8.95(环).$$

因此，在"平均"意义下乙射手的射击技术比甲射手的射击技术更优.

上面第一个式子可以变形如下：

$$甲：8\times\frac{30}{100}+9\times\frac{60}{100}+10\times\frac{10}{100}=8\times0.3+9\times0.6+10\times0.1=8.8(环).$$

若用 X 表示甲命中的环数，显然它是一个随机变量. 平均环数等于随机变量 X 的可能取值

与对应频率乘积的总和,但这个平均数是通过 100 次打靶得来的,故它具有随机性. 但是由概率的统计定义,当试验次数很大时,频率接近概率,如果用概率代替频率,不仅能消除这种随机性,而且能给出随机变量真正意义上的平均值的精确定义,即随机变量的数学期望或均值.

一般地,有如下定义.

定义 4.1.1(离散型随机变量的数学期望) 设离散型随机变量 X 的分布律为

$$P\{X=x_k\}=p_k,\quad k=1,2,\cdots,$$

若级数 $\sum_{k=1}^{\infty} x_k p_k$ 绝对收敛,则称该级数的和为随机变量 X 的**数学期望**(或**均值**),简称**期望**,记为 EX,即

$$EX=\sum_{k=1}^{\infty} x_k p_k.$$

若级数 $\sum_{k=1}^{\infty} |x_k| p_k$ 发散,则称随机变量 X 的数学期望不存在.

注 (1) 数学期望是反映随机变量取值的平均水平(集中程度)的数量指标.

(2) 上述定义要求级数绝对收敛,目的是保证数学期望的唯一性,即级数的和与各项的排列次序无关,因为数学期望应与随机变量取值的次序无关.

例 4.1.2 设一个盒子中有 8 个球,其中有 2 个红球,6 个白球,从中任取 2 个球,问平均取到的红球数是多少?

解 设 X 为任取 2 个球中的红球数,X 的所有可能取值为 0,1,2,则

$$P\{X=0\}=\frac{C_6^2}{C_8^2}=\frac{15}{28},\quad P\{X=1\}=\frac{C_6^1C_2^1}{C_8^2}=\frac{12}{28},\quad P\{X=2\}=\frac{C_2^2}{C_8^2}=\frac{1}{28},$$

于是 X 的分布律为

X	0	1	2
p_k	$\frac{15}{28}$	$\frac{12}{28}$	$\frac{1}{28}$

则 $EX=0\times\frac{15}{28}+1\times\frac{12}{28}+2\times\frac{1}{28}=\frac{1}{2}$,即平均取到的红球数是 0.5 个.

从上面的例子可以发现,求离散型随机变量数学期望的关键是求它的分布律.

例 4.1.3 设 X 为离散型随机变量,其分布律为

$$P\left\{X=\frac{2^k}{k}\right\}=\frac{1}{2^k},\quad k=1,2,\cdots,$$

试问 X 的数学期望是否存在?

解 因为 $\sum_{k=1}^{\infty}|x_k|p_k=\sum_{k=1}^{\infty}\frac{2^k}{k}\cdot\frac{1}{2^k}=\sum_{k=1}^{\infty}\frac{1}{k}$ 发散,所以 X 的数学期望不存在.

由上例可见,并非所有的随机变量都存在数学期望.

下面给出几个常见的离散型随机变量的数学期望.

(1) 设随机变量 X 服从 0-1 分布,即 $X\sim B(1,p)$,其分布律为

X	0	1
p_k	$1-p$	p

则
$$EX=0\times(1-p)+1\times p=p.$$

(2) 设随机变量 X 服从二项分布,即 $X\sim B(n,p)$,其分布律为
$$p_k=P\{X=k\}=\mathrm{C}_n^k p^k(1-p)^{n-k},\quad k=0,1,\cdots,n,$$
则
$$\begin{aligned}EX&=\sum_{k=0}^{n}kp_k\\&=\sum_{k=0}^{n}k\mathrm{C}_n^k p^k(1-p)^{n-k}\\&=\sum_{k=0}^{n}\frac{n!}{(k-1)!\ (n-k)!}p^k(1-p)^{n-k}\\&=np\sum_{k=1}^{n}\mathrm{C}_{n-1}^{k-1}p^{k-1}(1-p)^{(n-1)-(k-1)}\\&=np(p+1-p)^{n-1}=np.\end{aligned}$$

(3) 设随机变量 X 服从泊松分布,即 $X\sim P(\lambda)$,其分布律为
$$p_k=P\{X=k\}=\frac{\lambda^k}{k!}\mathrm{e}^{-\lambda},\quad k=0,1,2,\cdots,$$
则
$$EX=\sum_{k=0}^{\infty}kp_k=\sum_{k=0}^{\infty}k\frac{\lambda^k}{k!}\mathrm{e}^{-\lambda}=\lambda\mathrm{e}^{-\lambda}\sum_{k=1}^{\infty}\frac{\lambda^{k-1}}{(k-1)!}=\lambda\mathrm{e}^{-\lambda}\cdot\mathrm{e}^{\lambda}=\lambda.$$

例 4.1.4 设有这样一种博彩游戏,下注者将本金 1 元压注在 1 到 6 的某个数字上,然后掷三颗骰子,若所压注的数字出现 i 次($i=1,2,3$),则下注者赢 i 元,否则没收 1 元本金. 试问这样的游戏规则对下注者是否公平?

解 设 X 为一次下注的赢利,则
$$P\{X=-1\}=\frac{5^3}{6^3}=\frac{125}{216},\quad P\{X=1\}=\frac{\mathrm{C}_3^1\times5^2}{6^3}=\frac{75}{216},$$
$$P\{X=2\}=\frac{\mathrm{C}_3^2\times5}{6^3}=\frac{15}{216},\quad P\{X=3\}=\frac{1}{6^3}=\frac{1}{216}.$$
于是得 X 的分布律为

X	-1	1	2	3
p_k	$\frac{125}{216}$	$\frac{75}{216}$	$\frac{15}{216}$	$\frac{1}{216}$

则
$$EX=(-1)\times\frac{125}{216}+1\times\frac{75}{216}+2\times\frac{15}{216}+3\times\frac{1}{216}=-\frac{17}{216}.$$

因而大致可说:平均每玩 216 次,下注者将必输 17 元. 故这一游戏规则对下注者来说是不

公平的.

例 4.1.5 在人数为 N 的人群中普查某种疾病,为此要抽查 N 个人的血,如果逐个检验,那么必须进行 N 次检验,为了减少工作量,一位统计学家给出另一种方法:以 k 个人为一组,把 k 个人的血样合在一起进行检验,若检验结果为阴性,说明这 k 个人没患该疾病,则对这 k 个人只要做一次检验;若检验结果为阳性,说明 k 个人中至少有一个人患该疾病,再对这 k 个人的血逐个检验,这样共需检验 $k+1$ 次. 设每个人的检验结果为阳性的概率是 p,且这些人的检验结果是相互独立的,试问此方法能否减少检验次数?

解 设 X 是在分组检验的方法下进行检验的次数,X_i 是第 i 组的检验次数,X_i 所有可能的取值为 1 和 $k+1$,则

$$X=X_1+X_2+\cdots+X_{\frac{N}{k}}.$$

由

$$P\{X_i=1\}=(1-p)^k,$$
$$P\{X_i=k+1\}=1-(1-p)^k,$$

得

$$EX_i=1\times(1-p)^k+(k+1)[1-(1-p)^k]=k+1-k(1-p)^k,$$

故

$$\begin{aligned}EX&=EX_1+EX_2+\cdots+EX_{\frac{N}{k}}=\frac{N}{k}[k+1-k(1-p)^k]\\&=N\left[1+\frac{1}{k}-(1-p)^k\right].\end{aligned}$$

当 $N\left[1+\frac{1}{k}-(1-p)^k\right]<N$,即 $\frac{1}{k}-(1-p)^k<0$ 时,可以减少检验次数,这时可根据 N 选取适当的 k,使 EX 最小.

当 $N=10\ 000, k=10, p=0.001$ 时,

$$EX=10\ 000\left(1+\frac{1}{10}-0.999^{10}\right)\approx 1\ 100.$$

该结果说明,如果逐个检验,10 000 个人需要检验 10 000 次,而按照分组检验的方法,只需要检验约 1 100 次,大大减少了检验次数. 这是概率统计在第二次世界大战中的一个成功应用案例.

4.1.2 连续型随机变量的数学期望

连续型随机变量数学期望的定义和含义与离散型完全类似,只需将分布律换成概率密度,将求和改为求积分即可.

设 X 是连续型随机变量,其概率密度为 $f(x)$,首先将连续型随机变量 X 的取值“离散化”,将 X 的值域分割成若干个小区间,第 i 个小区间记为 $[x_i, x_i+\Delta x_i)$, $i=0,1,\cdots$,当 Δx_i 很小时,相应的概率为

$$P\{x_i\leqslant X<x_i+\Delta x_i\}=\int_{x_i}^{x_i+\Delta x_i}f(x)\,\mathrm{d}x\approx f(x_i)\Delta x_i.$$

此时

X	$\cdots$	x_0	x_1	$\cdots$	x_i	$\cdots$
p_i	$\cdots$	$f(x_0)\Delta x_0$	$f(x_1)\Delta x_1$	$\cdots$	$f(x_i)\Delta x_i$	$\cdots$

可看作 X 的离散近似,服从上述分布的离散型随机变量的数学期望为 $\sum_i x_i f(x_i)\Delta x_i$. 令各区间长度的最大值 $\lambda\to 0$,对上述和式取极限,则得到的极限值 $\int_{-\infty}^{+\infty} xf(x)\,\mathrm{d}x$ 就是连续型随机变量 X 的数学期望.

定义 4.1.2(连续型随机变量的数学期望) 设连续型随机变量 X 的概率密度为 $f(x)$,若 $\int_{-\infty}^{+\infty} xf(x)\,\mathrm{d}x$ 绝对收敛,则称 $\int_{-\infty}^{+\infty} xf(x)\,\mathrm{d}x$ 为随机变量 X 的**数学期望**(或**均值**),记为 EX,即

$$EX=\int_{-\infty}^{+\infty} xf(x)\,\mathrm{d}x.$$

若 $\int_{-\infty}^{+\infty} xf(x)\,\mathrm{d}x$ 不绝对收敛,则称随机变量 X 的数学期望不存在.

例 4.1.6 已知随机变量 X 的概率密度为

$$f(x)=\begin{cases}x, & 0<x<1,\\ 2-x, & 1\leqslant x<2,\\ 0, & \text{其他},\end{cases}$$

求 EX.

解 $$EX=\int_{-\infty}^{+\infty} xf(x)\,\mathrm{d}x=\int_0^1 x\cdot x\,\mathrm{d}x+\int_1^2 x\cdot(2-x)\,\mathrm{d}x=1.$$

例 4.1.7 设随机变量 X 服从柯西分布,记作 $X\sim C(0,1)$①,即 X 的概率密度为

$$f(x)=\frac{1}{\pi}\cdot\frac{1}{1+x^2},\quad -\infty<x<+\infty,$$

试问 X 的数学期望是否存在?

解 由于

$$\begin{aligned}\int_{-\infty}^{+\infty}|x|\cdot f(x)\,\mathrm{d}x&=\frac{1}{\pi}\int_{-\infty}^{+\infty}\frac{|x|}{1+x^2}\mathrm{d}x\\&=\frac{2}{\pi}\int_0^{+\infty}\frac{x}{1+x^2}\mathrm{d}x=\lim_{x\to+\infty}\frac{1}{\pi}\ln(1+x^2)=+\infty,\end{aligned}$$

所以 X 的数学期望不存在.

下面讨论几个常见的连续型随机变量的数学期望.

(1) 设随机变量 X 服从区间 (a,b) 上的均匀分布,即 $X\sim U(a,b)$,其概率密度为

$$f(x)=\begin{cases}\dfrac{1}{b-a}, & a<x<b,\\ 0, & \text{其他},\end{cases}$$

① 柯西分布可见附表 1.

则

$$EX=\int_{-\infty}^{+\infty}xf(x)\,\mathrm{d}x=\int_a^b x\frac{1}{b-a}\mathrm{d}x=\frac{1}{2(b-a)}x^2\Big|_a^b=\frac{a+b}{2}.$$

(2) 设随机变量 X 服从参数为 λ 的指数分布,即 $X\sim E(\lambda)$,其概率密度为

$$f(x)=\begin{cases}\lambda \mathrm{e}^{-\lambda x}, & x>0,\\ 0, & x\leqslant 0,\end{cases}$$

则

$$EX=\int_{-\infty}^{+\infty}xf(x)\,\mathrm{d}x=\int_0^{+\infty}x\lambda \mathrm{e}^{-\lambda x}\mathrm{d}x=-\int_0^{+\infty}x\mathrm{d}\mathrm{e}^{-\lambda x}=-(x\mathrm{e}^{-\lambda x})\Big|_0^{+\infty}+\int_0^{+\infty}\mathrm{e}^{-\lambda x}\mathrm{d}x=\frac{1}{\lambda}.$$

(3) 设随机变量 X 服从正态分布 $N(\mu,\sigma^2)$,即 $X\sim N(\mu,\sigma^2)$,其概率密度为

$$f(x)=\frac{1}{\sqrt{2\pi}\sigma}\mathrm{e}^{-\frac{(x-\mu)^2}{2\sigma^2}},-\infty<x<+\infty,$$

则

$$\begin{aligned}EX&=\int_{-\infty}^{+\infty}xf(x)\,\mathrm{d}x=\frac{1}{\sqrt{2\pi}\sigma}\int_{-\infty}^{+\infty}x\mathrm{e}^{-\frac{(x-\mu)^2}{2\sigma^2}}\mathrm{d}x\\ &\xlongequal{令\ y=\frac{x-\mu}{\sigma}}\frac{1}{\sqrt{2\pi}}\int_{-\infty}^{+\infty}(\mu+\sigma y)\mathrm{e}^{-\frac{y^2}{2}}\mathrm{d}y\\ &=\frac{\mu}{\sqrt{2\pi}}\int_{-\infty}^{+\infty}\mathrm{e}^{-\frac{y^2}{2}}\mathrm{d}y+\frac{\sigma}{\sqrt{2\pi}}\int_{-\infty}^{+\infty}y\mathrm{e}^{-\frac{y^2}{2}}\mathrm{d}y\\ &=\mu.\end{aligned}$$

例 4.1.8 设随机变量 X 的概率密度为

$$f(x)=\begin{cases}ax+b, & 0\leqslant x\leqslant 1,\\ 0, & 其他,\end{cases}$$

且 $EX=\frac{7}{12}$,求 a 与 b 的值.

解 由题意得

$$\int_{-\infty}^{+\infty}f(x)\,\mathrm{d}x=\int_0^1(ax+b)\,\mathrm{d}x=\frac{a}{2}+b=1,$$

$$EX=\int_{-\infty}^{+\infty}xf(x)\,\mathrm{d}x=\int_0^1 x(ax+b)\,\mathrm{d}x=\frac{a}{3}+\frac{b}{2}=\frac{7}{12},$$

解方程组得 $a=1,b=\frac{1}{2}$.

4.1.3 随机变量函数的数学期望

设 X 为随机变量,它的函数 $Y=h(X)$ 也是随机变量．要求 Y 的数学期望,我们可以先求 $Y=h(X)$ 的分布,再根据数学期望的定义求 $Y=h(X)$ 的期望,但这种方法比较烦琐.下面不加证明地介绍直接利用随机变量 X 的分布求 Y 的数学期望公式.

定理 4.1.1 设 $Y=h(X)$ 是随机变量 X 的连续函数.

(1) 设 X 为离散型随机变量,其分布律为 $P\{X=x_k\}=p_k, k=1,2,\cdots$,若 $\sum\limits_{k=1}^{\infty} h(x_k)p_k$ 绝对收敛,则

$$EY=E[h(X)]=\sum_{k=1}^{\infty} h(x_k)p_k.$$

(2) 设 X 是连续型随机变量,其概率密度为 $f(x)$,若 $\int_{-\infty}^{+\infty} h(x)f(x)\mathrm{d}x$ 绝对收敛,则

$$EY=E[h(X)]=\int_{-\infty}^{+\infty} h(x)f(x)\mathrm{d}x.$$

在求随机变量 X 的函数 $Y=h(X)$ 的数学期望时,该定理简化了运算,不必求出随机变量 Y 的分布,直接利用 X 的分布就可以解决问题.

例 4.1.9 设随机变量 X 的分布律为

X	-1	0	2
p_k	0.4	0.3	0.3

求 $E(3X^2+5)$.

解 $E(3X^2+5)=[3\times(-1)^2+5]\times 0.4+(3\times 0^2+5)\times 0.3+(3\times 2^2+5)\times 0.3=9.8.$

例 4.1.10 已知随机变量 X 的概率密度为

$$f(x)=\begin{cases} x, & 0<x<1, \\ 2-x, & 1\leqslant x<2 \\ 0, & \text{其他}, \end{cases}$$

求 $E(X^2)$.

解
$$E(X^2)=\int_{-\infty}^{+\infty} x^2 f(x)\mathrm{d}x=\int_0^1 x^2\cdot x\mathrm{d}x+\int_1^2 x^2\cdot(2-x)\mathrm{d}x=\frac{7}{6}.$$

例 4.1.11 游客乘电梯从底层到电视塔顶层观光. 电梯在每个整点的第 10 分钟、30 分钟、50 分钟从底层起运行,假设一游客在早上 8 点的第 X 分钟到达底层等候处,且 X 在 $[0,60]$ 上服从均匀分布,求该游客等候时间的数学期望.

解 由已知可得,X 的概率密度为

$$f(x)=\begin{cases} \dfrac{1}{60}, & 0\leqslant x\leqslant 60, \\ 0, & \text{其他}. \end{cases}$$

假设 Y 为游客等候电梯的时间,则

$$Y=g(X)=\begin{cases} 10-X, & 0<X\leqslant 10, \\ 30-X, & 10<X\leqslant 30, \\ 50-X, & 30<X\leqslant 50, \\ 70-X, & 50<X\leqslant 60, \end{cases}$$

因此,

$$EY=E[g(X)]=\int_{-\infty}^{+\infty}g(x)f(x)\,dx=\int_{0}^{60}\frac{1}{60}g(x)\,dx$$

$$=\frac{1}{60}\int_{0}^{10}(10-x)\,dx+\frac{1}{60}\int_{10}^{30}(30-x)\,dx+\frac{1}{60}\int_{30}^{50}(50-x)\,dx+\frac{1}{60}\int_{50}^{60}(70-x)\,dx$$

$$=10.$$

对于二维随机变量(X,Y)的函数,有如下定理.

定理 4.1.2 设 $Z=h(X,Y)$是二维随机变量(X,Y)的连续函数.

(1) 设(X,Y)为离散型随机变量,其联合分布律为

$$P\{X=x_i,Y=y_j\}=p_{ij},\quad i,j=1,2,\cdots,$$

若 $\sum\limits_{i=1}^{\infty}\sum\limits_{j=1}^{\infty}h(x_i,y_j)p_{ij}$ 绝对收敛,则

$$EZ=E[h(X,Y)]=\sum_{i=1}^{\infty}\sum_{j=1}^{\infty}h(x_i,y_j)p_{ij}.$$

(2) 设(X,Y)是连续型随机变量,其联合概率密度为 $f(x,y)$,若 $\int_{-\infty}^{+\infty}\int_{-\infty}^{+\infty}h(x,y)\cdot f(x,y)\,dx\,dy$ 绝对收敛,则

$$EZ=E[h(X,Y)]=\int_{-\infty}^{+\infty}\int_{-\infty}^{+\infty}h(x,y)f(x,y)\,dx\,dy.$$

例 4.1.12 设二维随机变量(X,Y)的联合分布律为

X	Y			
	0	1	2	3
1	0	$\frac{3}{8}$	$\frac{3}{8}$	0
3	$\frac{1}{8}$	0	0	$\frac{1}{8}$

求 $EX,E(XY),E(\max\{X,Y\})$.

解 求 EX 需要先求出 X 的边缘分布律. 由已知可得 X 的边缘分布律为

X	1	3
p_k	$\frac{3}{4}$	$\frac{1}{4}$

则

$$EX=1\times\frac{3}{4}+3\times\frac{1}{4}=\frac{3}{2}.$$

为了计算方便,可将联合分布律的二维表转化为一维表:

(X,Y)	(1,0)	(1,1)	(1,2)	(1,3)	(3,0)	(3,1)	(3,2)	(3,3)
p_k	0	$\frac{3}{8}$	$\frac{3}{8}$	0	$\frac{1}{8}$	0	0	$\frac{1}{8}$

此一维表可简化为

(X,Y)	$(1,1)$	$(1,2)$	$(3,0)$	$(3,3)$
p_k	$\frac{3}{8}$	$\frac{3}{8}$	$\frac{1}{8}$	$\frac{1}{8}$

则
$$E(XY)=(1\times1)\times\frac{3}{8}+(1\times2)\times\frac{3}{8}+(3\times0)\times\frac{1}{8}+(3\times3)\times\frac{1}{8}=\frac{9}{4}.$$
$$E(\max\{X,Y\})=1\times\frac{3}{8}+2\times\frac{3}{8}+3\times\frac{1}{8}+3\times\frac{1}{8}=\frac{15}{8}.$$

例 4.1.13 设二维随机变量(X,Y)的联合概率密度为
$$f(x,y)=\begin{cases}x+y, & 0\leqslant x\leqslant 1,0\leqslant y\leqslant 1,\\ 0, & 其他,\end{cases}$$
求 $EX,E(XY)$.

解
$$EX=\int_{-\infty}^{+\infty}\int_{-\infty}^{+\infty}xf(x,y)\,\mathrm{d}x\mathrm{d}y=\int_0^1\int_0^1 x(x+y)\,\mathrm{d}x\mathrm{d}y=\frac{7}{12},$$
$$E(XY)=\int_{-\infty}^{+\infty}\int_{-\infty}^{+\infty}xyf(x,y)\,\mathrm{d}x\mathrm{d}y=\int_0^1\int_0^1 xy(x+y)\,\mathrm{d}x\mathrm{d}y=\frac{1}{3}.$$

4.1.4 数学期望的性质

性质 1 设 C 是一个常数,则 $EC=C$.

事实上,严格意义上的常数 C 不具有随机性,从而不是随机变量,这里为了讨论方便,把常数 C 看作以概率 1 取值 C 的特殊的随机变量,其分布律是 $P\{X=C\}=1$,称它是服从**参数为 C 的退化分布**,于是 $EC=C\cdot 1=C$.

设 X,Y 是随机变量,且其数学期望存在,则

性质 2 对任意实数 a,b,有 $E(aX+bY)=aEX+bEY$.

证明 仅证明连续型随机变量的情况,离散型随机变量可自行证明.

设二维随机变量(X,Y)的联合概率密度为 $f(x,y)$,边缘概率密度分别为 $f_X(x)$ 和 $f_Y(y)$,则有
$$\begin{aligned}E(aX+bY)&=\int_{-\infty}^{+\infty}\int_{-\infty}^{+\infty}(ax+by)f(x,y)\,\mathrm{d}x\mathrm{d}y\\&=a\int_{-\infty}^{+\infty}\mathrm{d}x\int_{-\infty}^{+\infty}xf(x,y)\,\mathrm{d}y+b\int_{-\infty}^{+\infty}\mathrm{d}y\int_{-\infty}^{+\infty}yf(x,y)\,\mathrm{d}x\\&=a\int_{-\infty}^{+\infty}xf_X(x)\,\mathrm{d}x+b\int_{-\infty}^{+\infty}yf_Y(y)\,\mathrm{d}y\\&=aEX+bEY.\end{aligned}$$

性质 3 如果 X,Y 是相互独立的随机变量,那么 $E(XY)=EX\cdot EY$.

证明 仅证明连续型随机变量的情况,离散型随机变量可自行证明.

设二维随机变量(X,Y)的概率密度为 $f(x,y)$,边缘概率密度分别为 $f_X(x)$ 和 $f_Y(y)$,由 X,Y 相互独立得 $f(x,y)=f_X(x)f_Y(y)$,则
$$E(XY)=\int_{-\infty}^{+\infty}\int_{-\infty}^{+\infty}xyf(x,y)\,\mathrm{d}x\mathrm{d}y$$

$$=\int_{-\infty}^{+\infty}\int_{-\infty}^{+\infty}xyf_X(x)f_Y(y)\,\mathrm{d}x\mathrm{d}y$$

$$=\int_{-\infty}^{+\infty}xf_X(x)\,\mathrm{d}x\cdot\int_{-\infty}^{+\infty}yf_Y(y)\,\mathrm{d}y$$

$$=EX\cdot EY.$$

性质 3 的逆命题不成立,若 $E(XY)=EX\cdot EY$,则 X,Y 不一定相互独立.

性质 2 和性质 3 可以推广到多个随机变量的情形.

例 4.1.14 若随机变量 $X\sim P(2)$,$Y\sim B(30,0.1)$,求 $E(3X-1)$,$E(2X+4Y)$.

解 由 $X\sim P(2)$ 知 $EX=2$,由 $Y\sim B(30,0.1)$ 知 $EY=30\times0.1=3$,则

$$E(3X-1)=3EX-1=3\times2-1=5,$$

$$E(2X+4Y)=2EX+4EY=2\times2+4\times3=16.$$

例 4.1.15 设随机变量 X 是 n 重伯努利试验中事件 A 发生的次数,求 X 的数学期望.

解 容易看出 $X\sim B(n,p)$,若令

$$X_i=\begin{cases}1, & \text{在第 } i \text{ 次试验中 } A \text{ 发生},\\ 0, & \text{在第 } i \text{ 次试验中 } A \text{ 不发生},\end{cases}\quad i=1,2,\cdots,n,$$

显然 $X_i(i=1,2,\cdots,n)$ 相互独立,且均服从 0-1 分布 $B(1,p)$,则 $EX_i=p(1\leqslant i\leqslant n)$. 由于 $X=X_1+X_2+\cdots+X_n$,故由数学期望的性质即得

$$EX=E(X_1+X_2+\cdots+X_n)=EX_1+EX_2+\cdots+EX_n=np.$$

由此看出,用数学期望的性质求二项分布的数学期望比直接用定义来求简单得多.

例 4.1.16 某机场大巴载有 30 名乘客自机场开出,沿途有 12 个车站,若到达一个车站没有乘客下车,就不停车. 以 X 表示停车的次数,求 EX.

解 X 的可能取值为 $1,2,\cdots,12$,若先求 X 的分布律再求 EX,则解答较复杂. 注意经过每一站时是否停车只有两种可能,因此可设

$$X_i=\begin{cases}0, & \text{在第 } i \text{ 站没有乘客下车},\\ 1, & \text{在第 } i \text{ 站有乘客下车},\end{cases}\quad i=1,2,\cdots,12,$$

则

$$X=X_1+X_2+\cdots+X_{12}.$$

而

$$P\{X_i=0\}=\left(\frac{11}{12}\right)^{30},$$

$$P\{X_i=1\}=1-\left(\frac{11}{12}\right)^{30},\quad i=1,2,\cdots,12,$$

得

$$EX_i=1-\left(\frac{11}{12}\right)^{30},\quad i=1,2,\cdots,12,$$

故

$$EX=E(X_1+X_2+\cdots+X_{12})=12\left[1-\left(\frac{11}{12}\right)^{30}\right]\approx11.12(\text{次}).$$

在上面两个例子中,都是将随机变量 X 分解成若干个随机变量之和,然后利用数学期望的

性质求 X 的数学期望,这也是求数学期望的一种常用方法.

4.2 方　差

数学期望是随机变量一个重要数字特征,它反映了随机变量取值的平均水平. 但数学期望往往不能很好地反映随机变量的全部特点,特别是随机变量取值的离散程度. 例如考察两个平行班级的学习情况,即使两个班级的平均成绩相同,也不能说明这两个班级的学习情况是一样的,还要考虑两个班级学生的两极分化情况(学生的个人成绩与全班平均成绩的偏离程度). 若某班的平均成绩较高,偏离程度较小,则说明该班的教学质量比较好. 由此可见,了解随机变量取值与数学期望的偏离程度是必要的,那么如何度量偏离程度呢? 为此引入随机变量的另一个重要数字特征——方差.

4.2.1 方差的定义

例 4.2.1 甲、乙两射手各打了 6 发子弹,每发子弹击中的环数分别为

甲	10	7	9	8	10	6
乙	8	7	10	9	8	8

问哪一个射手的技术较好?

解 首先想到比较甲、乙射手的平均击中环数,经计算可得,甲、乙击中的平均环数均为 8.3. 此时仅用数学期望分不清甲、乙的技术差异,于是考虑甲、乙射手的技术稳定性,即考虑每次击中环数与平均环数的偏离情况:

甲:$2\times(10-8.3)^2+(9-8.3)^2+(8-8.3)^2+(7-8.3)^2+(6-8.3)^2=13.34$,

乙:$(10-8.3)^2+(9-8.3)^2+3\times(8-8.3)^2+(7-8.3)^2=5.34$.

由此可以看出乙的偏离程度较小,所以乙更稳定,技术更好.

若进一步考虑平均偏差,则可抽象出随机变量的方差的概念.

定义 4.2.1 对于随机变量 X,若 $E[(X-EX)^2]$ 存在,则称其为 X 的方差,记为 DX 或 $\mathrm{Var}(X)$,即

$$DX=\mathrm{Var}(X)=E[(X-EX)^2].$$

称 $\sqrt{DX}$ 为 X 的**标准差**或**均方差**,记为 $\sigma(X)$.

由定义可知,方差是反映随机变量取值与均值 EX 偏离程度的数量指标. 若 DX 较小,则意味着 X 的取值相对集中在 EX 的附近;反之,若 DX 较大,则 X 的取值比较分散.

方差实际上是随机变量 X 的函数 $g(X)=(X-EX)^2$ 的数学期望. 若 X 是离散型随机变量,其分布律为 $p_k=P\{X=x_k\},k=1,2,\cdots$,则

$$DX=\sum_{k=1}^{\infty}(x_k-EX)^2p_k.$$

若 X 是连续型随机变量,其概率密度为 $f(x)$,则

$$DX=\int_{-\infty}^{+\infty}(x-EX)^2f(x)\,\mathrm{d}x.$$

此外，DX 的非负性是显然的.

定理 4.2.1 设 X 是随机变量，则

$$DX=E(X^2)-(EX)^2.$$

证明

$$\begin{aligned}DX&=E[(X-EX)^2]=E[X^2-2X\cdot EX+(EX)^2]\\&=E(X^2)-2EX\cdot EX+(EX)^2=E(X^2)-(EX)^2.\end{aligned}$$

在很多情况下，利用该定理计算方差比用定义计算更简单.

例 4.2.2(续例 4.1.2) 设一个盒子中有 8 个球，其中有 2 个红球，6 个白球，从中任取两个球，问取出的红球数的方差是多少？

解 设 X 为任取两个球中的红球数，由例 4.1.2 知 X 的分布律为

X	0	1	2
p_k	$\frac{15}{28}$	$\frac{12}{28}$	$\frac{1}{28}$

且 $EX=\frac{1}{2}$，则

$$E(X^2)=0\times\frac{15}{28}+1^2\times\frac{12}{28}+2^2\times\frac{1}{28}=\frac{16}{28}=\frac{4}{7},$$

$$DX=E(X^2)-(EX)^2=\frac{4}{7}-\left(\frac{1}{2}\right)^2=\frac{9}{28}.$$

例 4.2.3 (续例 4.1.6) 已知随机变量 X 的概率密度为

$$f(x)=\begin{cases}x, & 0<x<1,\\ 2-x, & 1\leqslant x<2,\\ 0, & \text{其他},\end{cases}$$

求 DX.

解 由例 4.1.6 知

$$EX=1,$$

$$E(X^2)=\int_{-\infty}^{+\infty}x^2f(x)\,\mathrm{d}x=\int_0^1 x^2\cdot x\,\mathrm{d}x+\int_1^2 x^2\cdot(2-x)\,\mathrm{d}x=\frac{7}{6},$$

从而

$$DX=E(X^2)-(EX)^2=\frac{1}{6}.$$

4.2.2 方差的性质

在下列性质中，假设随机变量的方差总存在.

性质 1 若 C 为常数，则 $DC=0$.

证明 若 $P\{X=C\}=1$，C 为常数，则

$$EX=C,E(X^2)=C^2\times1=C^2,$$

从而 $DX=E(X^2)-(EX)^2=0$，即常数的方差为 0.

性质 2 若 C 为常数，X 是随机变量，则 $D(CX)=C^2DX, D(X+C)=DX$.

证明 $D(CX)=E[CX-E(CX)]^2=E[C^2(X-EX)^2]=C^2E[(X-EX)^2]=C^2DX.$

$D(X+C)=E[(X+C)-E(X+C)]^2=E[(X-EX)^2]=DX.$

性质 3 若 X, Y 是两个相互独立的随机变量，则

$$D(X\pm Y)=DX+DY.$$

证明

$$\begin{aligned}D(X\pm Y)&=E[(X\pm Y)-E(X\pm Y)]^2\\&=E[(X-EX)\pm(Y-EY)]^2\\&=E[(X-EX)^2+(Y-EY)^2\pm2(X-EX)(Y-EY)]\\&=DX+DY\pm2E[(X-EX)(Y-EY)],\end{aligned}$$

其中

$$\begin{aligned}E[(X-EX)(Y-EY)]&=E(XY-Y\cdot EX-X\cdot EY+EX\cdot EY)\\&=E(XY)-EY\cdot EX-EX\cdot EY+EX\cdot EY\\&=E(XY)-EX\cdot EY.\end{aligned}$$

当 X 与 Y 相互独立时，$E(XY)=EX\cdot EY$，则

$$E[(X-EX)(Y-EY)]=0.$$

于是

$$D(X\pm Y)=DX+DY.$$

推论 若 X, Y 相互独立，C_1, C_2 为常数，则

$$D(C_1X\pm C_2Y)=C_1^2DX+C_2^2DY.$$

上述性质可推广到有限多个相互独立的随机变量之和的情况.

4.2.3 几种常用分布的方差

1. 0-1 分布

设 X 服从 0-1 分布，其分布律为

X	0	1
p_k	$1-p$	p

则

$$EX=p, EX^2=1^2\cdot p=p, DX=E(X^2)-(EX)^2=p-p^2=p(1-p).$$

2. 二项分布

设 $X\sim B(n,p)$，由例 4.1.15 知，令 $X_i=\begin{cases}1, & \text{在第 } i \text{ 次试验中 } A \text{ 发生},\\0, & \text{在第 } i \text{ 次试验中 } A \text{ 不发生},\end{cases}$ $i=1,2,\cdots,n$，则 $X=X_1+X_2+\cdots+X_n$，$X_i(i=1,2,\cdots,n)$ 相互独立，且 $DX_i=p(1-p)$. 由方差的性质得

$$DX=DX_1+DX_2+\cdots+DX_n=np(1-p).$$

3. 泊松分布

设 $X\sim P(\lambda)$，其分布律为 $P\{X=k\}=\dfrac{\lambda^k}{k!}\mathrm{e}^{-\lambda}, k=0,1,2,\cdots,\lambda>0, EX=\lambda$. 因为

$$E(X^2)=\sum_{k=0}^{\infty}k^2\left(\frac{\lambda^k}{k!}e^{-\lambda}\right)=\sum_{k=1}^{\infty}k\left[\frac{\lambda^{k-1}}{(k-1)!}\lambda e^{-\lambda}\right]$$

$$\xlongequal{\text{令 } r=k-1}\lambda\sum_{r=0}^{\infty}(r+1)\frac{\lambda^r}{r!}e^{-\lambda}$$

$$=\lambda\sum_{r=0}^{\infty}r\frac{\lambda^r}{r!}e^{-\lambda}+\lambda\sum_{r=0}^{\infty}\frac{\lambda^r}{r!}e^{-\lambda}$$

$$=\lambda^2\sum_{r=1}^{\infty}\frac{\lambda^{r-1}}{(r-1)!}e^{-\lambda}+\lambda=\lambda^2+\lambda,$$

故

$$DX=E(X^2)-(EX)^2=\lambda^2+\lambda-\lambda^2=\lambda.$$

从而,对服从泊松分布的随机变量来说,它的数学期望与方差相等,都等于 λ.

4. 均匀分布

设 $X\sim U(a,b)$,其概率密度为

$$f(x)=\begin{cases}\frac{1}{b-a}, & a<x<b,\\ 0, & \text{其他},\end{cases}$$

$EX=\frac{a+b}{2}$. 因为

$$E(X^2)=\int_a^b x^2f(x)\,dx=\frac{x^3}{3(b-a)}\bigg|_a^b=\frac{a^2+ab+b^2}{3},$$

所以

$$DX=E(X^2)-(EX)^2=\frac{a^2+ab+b^2}{3}-\left(\frac{a+b}{2}\right)^2=\frac{(b-a)^2}{12}.$$

5. 指数分布

设 $X\sim E(\lambda)$,其概率密度为

$$f(x)=\begin{cases}\lambda e^{-\lambda x}, & x>0,\\ 0, & x\leqslant 0,\end{cases}$$

$EX=\frac{1}{\lambda}$. 因为

$$E(X^2)=\int_{-\infty}^{+\infty}x^2f(x)\,dx=\int_0^{+\infty}x^2\lambda e^{-\lambda x}dx=-\int_0^{+\infty}x^2d(e^{-\lambda x})$$

$$=-\left(x^2e^{-\lambda x}\bigg|_0^{+\infty}-\int_0^{+\infty}e^{-\lambda x}dx^2\right)=\frac{2}{\lambda^2},$$

所以

$$DX=E(X^2)-(EX)^2=\frac{2}{\lambda^2}-\left(\frac{1}{\lambda}\right)^2=\frac{1}{\lambda^2}.$$

6. 正态分布

设 $X\sim N(\mu,\sigma^2)$,其概率密度为

$$f(x)=\frac{1}{\sqrt{2\pi}\,\sigma}e^{-\frac{(x-\mu)^2}{2\sigma^2}},\quad -\infty<x<+\infty,\ \sigma>0,$$

$EX=\mu$. 对正态分布，我们直接采用定义来计算 DX.

$$DX=\int_{-\infty}^{+\infty}(x-\mu)^2\frac{1}{\sqrt{2\pi}\sigma}e^{-\frac{(x-\mu)^2}{2\sigma^2}}dx$$

$$\xlongequal{令\ y=\frac{x-\mu}{\sigma}}\int_{-\infty}^{+\infty}y^2\frac{\sigma^2}{\sqrt{2\pi}}e^{-\frac{y^2}{2}}dy$$

$$=\frac{\sigma^2}{\sqrt{2\pi}}\left(-ye^{-\frac{y^2}{2}}\Big|_{-\infty}^{+\infty}+\int_{-\infty}^{+\infty}e^{-\frac{y^2}{2}}dy\right)$$

$$=\sigma^2\int_{-\infty}^{+\infty}\frac{1}{\sqrt{2\pi}}e^{-\frac{y^2}{2}}dy=\sigma^2.$$

由此可知，正态分布的第二个参数 σ 的概率意义就是正态分布的标准差．因此，正态分布完全由其数学期望 μ 和标准差 σ（或方差 σ^2）唯一确定.

在理论研究和实践应用中，为了简化证明或方便计算，往往对随机变量进行所谓的标准化，即对随机变量 X，若存在 EX 和 DX，则令 $X^*=\frac{X-EX}{\sqrt{DX}}$，称 X^* 为 X 的标准化随机变量，由数学期望和方差的性质易验证 $EX^*=0, DX^*=1$.

归纳常见随机变量的数学期望和方差，见表 4-1.

表 4-1　常见随机变量的数学期望和方差

分布	参数	符号	分布律或概率密度	数学期望	方差
0-1 分布	$0<p<1$	$B(1,p)$	$P\{X=k\}=p^k(1-p)^{1-k}, k=0,1$	p	$p(1-p)$
二项分布	$n\geqslant 1$ $0<p<1$	$B(n,p)$	$P\{X=k\}=C_n^k p^k(1-p)^{n-k}, k=0,1,\cdots,n$	np	$np(1-p)$
泊松分布	$\lambda>0$	$P(\lambda)$	$P\{X=k\}=\frac{\lambda^k}{k!}e^{-\lambda}, k=0,1,2,\cdots.$	λ	λ
均匀分布	$a<b$	$U(a,b)$	$f(x)=\begin{cases}\frac{1}{b-a}, & a<x<b\\ 0, & 其他\end{cases}$	$\frac{a+b}{2}$	$\frac{(b-a)^2}{12}$
指数分布	$\lambda>0$	$E(\lambda)$	$f(x)=\begin{cases}\lambda e^{-\lambda x}, & x>0\\ 0, & x\leqslant 0.\end{cases}$	$\frac{1}{\lambda}$	$\frac{1}{\lambda^2}$
正态分布	$-\infty<\mu<+\infty$ $\sigma>0$	$N(\mu,\sigma^2)$	$f(x)=\frac{1}{\sqrt{2\pi}\sigma}e^{-\frac{(x-\mu)^2}{2\sigma^2}}, -\infty<x<+\infty$	μ	σ^2

例 4.2.4　设随机变量 X,Y 相互独立，$X\sim U(1,7)$，$Y\sim B(50,0.1)$，记 $Z=3X-2Y+4$，求 EZ,DZ.

解　由前面的结论可知 $EX=4, DX=3, EY=5, DY=4.5$，则

$$EZ=E(3X-2Y+4)=3EX-2EY+4=6,$$

$$DZ=D(3X-2Y+4)=9DX+4DY=45.$$

例 4.2.5　设随机变量 X,Y 相互独立，$X\sim N(2,4^2)$，$Y\sim N(1,3^2)$，记 $Z=X+2Y+2$，求 Z 的分布.

解　由正态分布的可加性得 Z 服从正态分布，又由数学期望和方差的性质可得

$$EZ=E(X+2Y+2)=EX+2EY+2=6,$$
$$DZ=D(X+2Y+2)=DX+4DY=52,$$
所以
$$Z\sim N(6,52).$$

一般地,对于相互独立的正态随机变量的线性组合,有如下结论.

定理 4.2.2 设 $X_1,X_2,\cdots,X_n$ 是相互独立的随机变量,且 $X_i\sim N(\mu_i,\sigma_i^2)$,$C_i\in\mathbf{R}$,$i=1,2,\cdots,n$,则随机变量
$$X=\sum_{i=1}^{n}C_iX_i\sim N\left(\sum_{i=1}^{n}C_i\mu_i,\sum_{i=1}^{n}C_i^2\sigma_i^2\right).$$

例 4.2.6 用卡车装运大米,设每袋大米质量(单位:kg)服从 $N(25,1.5^2)$,现有 25 袋大米,问总质量超过 630 kg 的概率为多少?

解 设大米总质量为 X,共有 25 袋大米,其中第 i 袋大米质量为 X_i,$i=1,2,\cdots,25$,由题意知 $X=\sum\limits_{i=1}^{25}X_i$,$X_i\sim N(25,1.5^2)$,且 $X_i(i=1,2,\cdots,25)$ 相互独立,则 $X\sim N(625,7.5^2)$,于是
$$P\{X>630\}=1-P\{X\leqslant 630\}=1-\Phi\left(\frac{630-625}{7.5}\right)=1-\Phi(0.67)=1-0.7486=0.2514.$$
则总质量超过 630 kg 的概率为 0.251 4.

4.3 协方差与相关系数

对二维随机变量 (X,Y) 来说,若已知 (X,Y) 的联合分布,就可以唯一确定关于 X 和 Y 的边缘分布;反之,由边缘分布不能确定联合分布.这说明对于二维随机变量,除了 X 和 Y 各自的概率性质,X 和 Y 之间还有某种联系,那么如何描述 X 和 Y 之间的相互关系呢?本节将主要介绍描述这种相互关系的两个特征数——协方差和相关系数.

4.3.1 协方差与相关系数的定义

定义 4.3.1 设 (X,Y) 为二维随机变量,若 $E[(X-EX)(Y-EY)]$ 存在,则称它是 X 与 Y 的**协方差**,记作 $\mathrm{Cov}(X,Y)$,即
$$\mathrm{Cov}(X,Y)=E[(X-EX)(Y-EY)].$$
当 $DX>0,DY>0$ 时,称
$$\rho_{XY}=\frac{\mathrm{Cov}(X,Y)}{\sqrt{DX}\sqrt{DY}}$$
为 X 与 Y 的**相关系数**(或**标准协方差**).

若 $\rho_{XY}=0$,则称随机变量 X 与 Y **不相关**.

4.3.2 协方差与相关系数的计算

对于二维离散型随机变量 (X,Y),其联合分布律为 $P\{X=x_i,Y=y_j\}=p_{ij}$,$i,j=1,2,\cdots$,则
$$\mathrm{Cov}(X,Y)=\sum_{i=1}^{\infty}\sum_{j=1}^{\infty}(x_i-EX)(y_j-EY)p_{ij}.$$

对于二维连续型随机变量 (X,Y)，其联合概率密度为 $f(x,y)$，则

$$\mathrm{Cov}(X,Y)=\int_{-\infty}^{+\infty}\int_{-\infty}^{+\infty}(x-EX)(y-EY)f(x,y)\,\mathrm{d}x\mathrm{d}y.$$

由方差性质 3 的证明可得协方差的计算公式

$$\begin{aligned}\mathrm{Cov}(X,Y)&=E[(X-EX)(Y-EY)]\\&=E(XY)-EX\cdot EY.\end{aligned}$$

例 4.3.1（2021 年考研真题（数学一）） 甲、乙两个盒子中各装有 2 个红球和 2 个白球，先从甲盒中任取一球，观察颜色后放入乙盒中，再从乙盒中任取一球. 令 X,Y 分别表示从甲盒和乙盒中取到的红球个数，则 X 与 Y 的相关系数为________.

解 由题设可得，(X,Y) 的可能取值为 $(0,0),(0,1),(1,0),(1,1)$.

$$P\{X=0,Y=0\}=P\{Y=0\mid X=0\}P\{X=0\}=\frac{3}{5}\times\frac{2}{4}=\frac{3}{10},$$

$$P\{X=0,Y=1\}=P\{Y=1\mid X=0\}P\{X=0\}=\frac{2}{5}\times\frac{2}{4}=\frac{1}{5},$$

$$P\{X=1,Y=0\}=P\{Y=0\mid X=1\}P\{X=1\}=\frac{2}{5}\times\frac{2}{4}=\frac{1}{5},$$

$$P\{X=1,Y=1\}=P\{Y=1\mid X=1\}P\{X=1\}=\frac{3}{5}\times\frac{2}{4}=\frac{3}{10},$$

故 (X,Y) 的联合分布律为

Y	X	
	0	1
0	$\frac{3}{10}$	$\frac{1}{5}$
1	$\frac{1}{5}$	$\frac{3}{10}$

则关于 X 与关于 Y 的边缘分布律分别为

X	0	1
p_k	$\frac{1}{2}$	$\frac{1}{2}$

Y	0	1
p_k	$\frac{1}{2}$	$\frac{1}{2}$

所以

$$E(XY)=\frac{3}{10},EX=EY=\frac{1}{2},E(X^2)=E(Y^2)=\frac{1}{2},$$

$$DX=E(X^2)-(EX)^2=\frac{1}{4},DY=E(Y^2)-(EY)^2=\frac{1}{4},$$

从而

$$\mathrm{Cov}(X,Y)=E(XY)-EX\cdot EY=\frac{1}{20},$$

故

$$\rho_{XY}=\frac{\mathrm{Cov}(X,Y)}{\sqrt{DX}\sqrt{DY}}=\frac{1}{5}.$$

例 4.3.2 设二维随机变量(X,Y)的联合概率密度为

$$f(x,y)=\begin{cases}6x, & 0\leqslant x\leqslant y\leqslant 1,\\ 0, & \text{其他},\end{cases}$$

求 $\mathrm{Cov}(X,Y)$,ρ_{XY}.

解

$$EX=\int_0^1\mathrm{d}y\int_0^y x\cdot 6x\mathrm{d}x=\frac{1}{2},\quad EY=\int_0^1\mathrm{d}y\int_0^y y\cdot 6x\mathrm{d}x=\frac{3}{4},$$

$$E(X^2)=\int_0^1\mathrm{d}y\int_0^y x^2\cdot 6x\mathrm{d}x=\frac{3}{10},\quad E(Y^2)=\int_0^1\mathrm{d}y\int_0^y y^2\cdot 6x\mathrm{d}x=\frac{3}{5},$$

$$DX=E(X^2)-(EX)^2=\frac{3}{10}-\left(\frac{1}{2}\right)^2=\frac{1}{20},$$

$$DY=E(Y^2)-(EY)^2=\frac{3}{5}-\left(\frac{3}{4}\right)^2=\frac{3}{80},$$

$$E(XY)=\int_0^1\mathrm{d}y\int_0^y xy\cdot 6x\mathrm{d}x=\frac{2}{5},$$

从而

$$\mathrm{Cov}(X,Y)=E(XY)-EX\cdot EY=\frac{2}{5}-\frac{1}{2}\times\frac{3}{4}=\frac{1}{40},$$

$$\rho_{XY}=\frac{\mathrm{Cov}(X,Y)}{\sqrt{DX}\sqrt{DY}}=\frac{\frac{1}{40}}{\sqrt{\frac{1}{20}}\cdot\sqrt{\frac{3}{80}}}=\frac{1}{\sqrt{3}}=\frac{\sqrt{3}}{3}.$$

4.3.3 协方差的性质

从协方差的定义可知,协方差是 $X-EX$ 与 $Y-EY$ 乘积的数学期望,故协方差可正可负,也可为零.

性质 1 $\mathrm{Cov}(X,Y)=\mathrm{Cov}(Y,X)$.

性质 2 $\mathrm{Cov}(X,X)=DX$.

性质 3 $\mathrm{Cov}(X,C)=0$,其中 C 是常数.

性质 4 若 a,b 为常数,则 $\mathrm{Cov}(aX,bY)=ab\mathrm{Cov}(X,Y)$.

性质 5 $\mathrm{Cov}(X_1+X_2,Y)=\mathrm{Cov}(X_1,Y)+\mathrm{Cov}(X_2,Y)$.

性质 6 若 X,Y 相互独立,则 $\mathrm{Cov}(X,Y)=0$.

该性质的逆命题不成立,例如,设随机变量 $X\sim N(0,1)$,令 $Y=X^2$,则 X 与 Y 的协方差为

$$\mathrm{Cov}(X,Y)=\mathrm{Cov}(X,X^2)=E(X\cdot X^2)-EX\cdot E(X^2)=E(X^3)-EX\cdot E(X^2).$$

因为 $X\sim N(0,1)$,概率密度 $\varphi(x)=\frac{1}{\sqrt{2\pi}}\mathrm{e}^{-\frac{x^2}{2}}$ 为偶函数,所以 $EX=E(X^3)=0$,从而

$\mathrm{Cov}(X,Y)=0$,这说明 X 与 Y 是不相关的,但 $Y=X^2$,Y 的值完全由 X 的值决定,故 X 与 Y 是不相互独立的.

这个例子说明,相互独立必导致不相关,而不相关不一定导致相互独立. 由此说明不相关是比相互独立更弱的一个概念.

性质 7 $D(X\pm Y)=DX+DY\pm 2\mathrm{Cov}(X,Y)=DX+DY\pm 2\rho_{XY}\sqrt{DX}\sqrt{DY}$.

证明 由方差的定义知

$$\begin{aligned}D(X\pm Y)&=E[(X\pm Y)-E(X\pm Y)]^2=E[(X-EX)\pm(Y-EY)]^2\\&=E[(X-EX)^2+(Y-EY)^2\pm 2(X-EX)(Y-EY)]\\&=DX+DY\pm 2\mathrm{Cov}(X,Y).\end{aligned}$$

推论 若 a,b 为常数,则

$$D(aX\pm bY)=a^2DX+b^2DY\pm 2ab\mathrm{Cov}(X,Y)=a^2DX+b^2DY\pm 2ab\rho_{XY}\sqrt{DX}\sqrt{DY}.$$

例 4.3.3 已知 $DX=1$,$DY=4$,$\rho_{XY}=0.8$,求 $\mathrm{Cov}(X,Y)$,$D(2X-Y)$.

解 因为 $\rho_{XY}=\dfrac{\mathrm{Cov}(X,Y)}{\sqrt{DX}\sqrt{DY}}$,故

$$\mathrm{Cov}(X,Y)=\rho_{XY}\sqrt{DX}\sqrt{DY}=0.8\times 1\times 2=1.6,$$

$$D(2X-Y)=4DX+DY-4\mathrm{Cov}(X,Y)=4\times 1+4-4\times 1.6=1.6.$$

例 4.3.4(2022 年考研真题(数学三)) 设随机变量 $X\sim N(0,4)$,随机变量 $Y\sim B\left(3,\dfrac{1}{3}\right)$,且 X 与 Y 不相关,则 $D(X-3Y+1)=($ $)$.

(A) 2 (B) 4 (C) 6 (D) 10

解 由已知可得 $DX=4$,$DY=3\times\dfrac{1}{3}\times\dfrac{2}{3}=\dfrac{2}{3}$. 又 X 与 Y 不相关,故 $\rho_{XY}=0$,从而 $\mathrm{Cov}(X,Y)=0$,则

$$D(X-3Y+1)=DX+9DY-6\mathrm{Cov}(X,Y)=10,$$

故选(D).

***性质 8(施瓦茨不等式)** $[\mathrm{Cov}(X,Y)]^2\leqslant DX\cdot DY$.

证明 对任意 $t\in\mathbf{R}$,由数学期望的性质,有

$$\begin{aligned}0&\leqslant E[(X-EX)-t(Y-EY)]^2\\&=E(X-EX)^2-2tE[(X-EX)(Y-EY)]+t^2E(Y-EY)^2\\&=DX-2t\mathrm{Cov}(X,Y)+t^2DY.\end{aligned}$$

上面关于 t 的二次三项式大于等于零的充分必要条件是

$$\Delta=4[\mathrm{Cov}(X,Y)]^2-4DX\cdot DY\leqslant 0,$$

即

$$[\mathrm{Cov}(X,Y)]^2\leqslant DX\cdot DY.$$

4.3.4 相关系数的性质

由施瓦茨不等式易得

性质 1　$|\rho_{XY}|\leqslant 1$.

性质 2　$|\rho_{XY}|=1$ 的充分必要条件是存在常数 a,b 且 $a\neq 0$,使得 $P\{Y=aX+b\}=1$.

证明略.

由上述两个性质可以看出,相关系数 ρ_{XY} 描述了随机变量 X 与 Y 之间"线性相关"的程度.

当 $|\rho_{XY}|$ 的值越接近 1 时,说明 X 与 Y 的线性相关程度越高;当 $|\rho_{XY}|$ 的值越接近 0 时,说明 X 与 Y 的线性相关程度越弱.

当 $|\rho_{XY}|=1$ 时,说明 X 与 Y 之间以概率 1 存在线性关系,称 X 与 Y **完全线性相关**. 若 $\rho_{XY}=1$,则称 X 与 Y **完全正线性相关**;若 $\rho_{XY}=-1$,则称 X 与 Y **完全负线性相关**.

当 $\rho_{XY}>0$ 时,称 X 与 Y **正线性相关**;当 $\rho_{XY}<0$ 时,称 X 与 Y **负线性相关**.

当 $\rho_{XY}=0$ 时,称 X 与 Y **不相关**. 若 X 与 Y 不相关,则只能说明 X 与 Y 之间没有线性关系,并不能说明 X 与 Y 之间没有其他函数关系,从而不能推出 X 与 Y 相互独立.

特别地,当 (X,Y) 服从二维正态分布 $N(\mu_1,\mu_2;\sigma_1^2,\sigma_2^2;\rho)$ 时,其中 ρ 就是 X 和 Y 的相关系数,在第三章讲过,X,Y 相互独立的充要条件是 $\rho=0$. 故对于服从二维正态分布的随机变量 (X,Y),X 和 Y 相互独立与 X 和 Y 不相关是等价的.

4.3.5　矩

矩是随机变量最广泛的数字特征. 数学期望、方差、协方差实际上都是某种矩,下面向大家介绍最常用的几种矩——原点矩、中心矩及混合矩.

定义 4.3.2　设 X 和 Y 为随机变量.

若 $EX^k(k=1,2,\cdots)$ 存在,则称它为 X 的 **k 阶原点矩**. EX(数学期望)就是**一阶原点矩**.

若 $E[(X-EX)^k](k=1,2,\cdots)$ 存在,则称它为 X 的 **k 阶中心矩**. DX(方差)为**二阶中心矩**.

若 $E(X^kY^l)(k,l=1,2,\cdots)$ 存在,则称它为 X 和 Y 的 **$k+l$ 阶混合原点矩**.

若 $E[(X-EX)^k(Y-EY)^l](k,l=1,2,\cdots)$ 存在,则称它为 X 和 Y 的 **$k+l$ 阶混合中心矩**. $\mathrm{Cov}(X,Y)$(协方差)为**二阶混合中心矩**.

例 4.3.5 (2024 年考研真题(数学三))　设随机变量 X 的概率密度为 $f(x)=\begin{cases}6x(1-x), & 0<x<1,\\ 0, & \text{其他},\end{cases}$ 则 X 的三阶中心矩 $E(X-EX)^3=(\quad)$.

(A) $-\dfrac{1}{32}$　　(B) 0　　(C) $\dfrac{1}{10}$　　(D) $\dfrac{1}{2}$

解

$$EX=\int_{-\infty}^{+\infty}xf(x)\,\mathrm{d}x=\int_0^1 x6x(1-x)\,\mathrm{d}x=\frac{1}{2},$$

$$\begin{aligned}E(X-EX)^3&=E\left(X-\frac{1}{2}\right)^3\\&=\int_{-\infty}^{+\infty}\left(x-\frac{1}{2}\right)^3 f(x)\,\mathrm{d}x\\&=\int_0^1\left(x-\frac{1}{2}\right)^3 6x(1-x)\,\mathrm{d}x=0,\end{aligned}$$

故选(B).

*4.3.6 协方差矩阵

二维随机变量(X,Y)有四个二阶中心矩(设它们都存在),分别记为

$$C_{11}=E[(X-EX)^2],\quad C_{12}=E[(X-EX)(Y-EY)],$$
$$C_{21}=E[(Y-EY)(X-EX)],\quad C_{22}=E[(Y-EY)^2],$$

将它们排成矩阵的形式

$$\boldsymbol{C}=\begin{pmatrix}C_{11} & C_{12}\\ C_{21} & C_{22}\end{pmatrix},$$

这个矩阵称为二维随机变量(X,Y)的**协方差矩阵**.

设 n 维随机变量$(X_1,X_2,\cdots,X_n)$的二阶混合中心矩

$$C_{ij}=\mathrm{Cov}(X_i,X_j)=E[(X_i-EX_i)(X_j-EX_j)],\quad i,j=1,2,\cdots,n$$

都存在,称矩阵

$$\boldsymbol{C}=\begin{pmatrix}C_{11} & C_{12} & \cdots & C_{1n}\\ C_{21} & C_{22} & \cdots & C_{2n}\\ \vdots & \vdots & & \vdots\\ C_{n1} & C_{n2} & \cdots & C_{nn}\end{pmatrix}$$

为 n 维随机变量$(X_1,X_2,\cdots,X_n)$的**协方差矩阵**. 显然,这是一个对称矩阵.

第四章思维导图

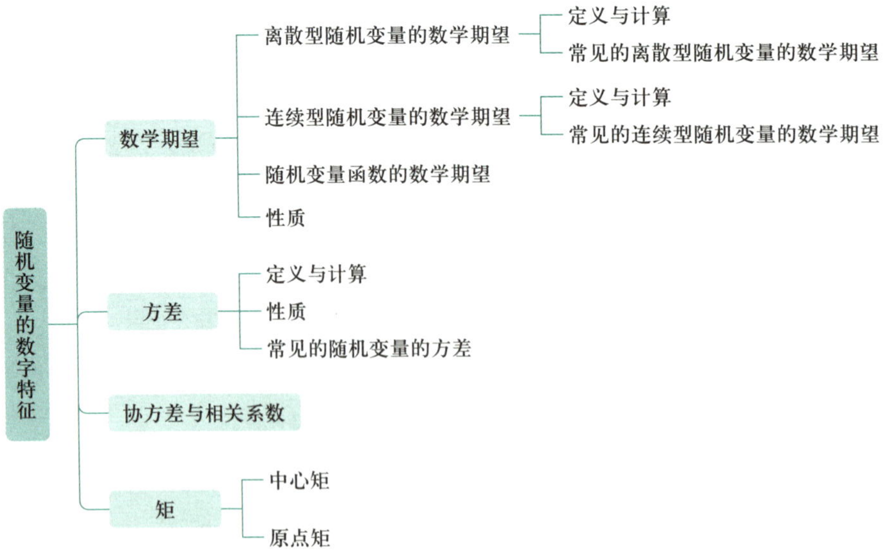

习题四

拓展阅读
“分赌本问题”
与数字特征

(A) 基础练习

1. 设随机变量 X 的分布律为

X	-1	0	1	2
p_k	$\frac{1}{8}$	$\frac{1}{2}$	$\frac{1}{8}$	$\frac{1}{4}$

求 $EX,E(2X+3),DX,D(2X+3)$.

2. 一批零件中有 10 个合格品与 2 个废品，从中任取一个，每次取出不放回，求在取得合格品前已取出的废品数的方差.

3. 设随机变量 X 的分布律为

X	-1	0	1
p_k	p_1	p_2	p_3

且已知 $EX=0.1,E(X^2)=0.9$，求 p_1,p_2,p_3.

4. 设随机变量 X 的概率密度为

$$f(x)=\begin{cases}\frac{3}{2}-x, & 0<x<1,\\ 0, & \text{其他},\end{cases}$$

求 EX,DX.

5. 设随机变量 X 的概率密度为

$$f(x)=\begin{cases}ax^2+b, & 0<x<1,\\ 0, & \text{其他},\end{cases}$$

且 $EX=\frac{3}{5}$. 求：

(1) a 与 b 的值；

(2) DX.

6. 设随机变量 X 的概率密度为

$$f(x)=\begin{cases}ax^2+bx+c, & 0<x<1,\\ 0, & \text{其他},\end{cases}$$

且 $EX=0.5,DX=0.15$，求 a,b 和 c 的值.

7. 设随机变量 X,Y 相互独立，且 $X\sim N(1,4),Y\sim N(-2,9)$. 令 $Z=X-2Y+3$，求 Z 的分布.

8. 已知二维随机变量 (X,Y) 的联合分布律为

Y	X	
	0	1
1	0.3	0.4
2	0.2	0.1

求 $E(2X-Y)$, $D(2X-Y)$, $E(XY)$.

9. 设二维随机变量 (X,Y) 的联合概率密度为

$$f(x,y)=\begin{cases}2-x-y, & 0<x<1,0<y<1.\\ 0, & \text{其他}.\end{cases}$$

求 DX 和 EY.

10. 设二维随机变量 (X,Y) 的联合概率密度为

$$f(x,y)=\begin{cases}k, & 0<x<1,0<y<x,\\ 0, & \text{其他},\end{cases}$$

试确定常数 k，并求 $E(XY)$.

11. 一商店售卖某种商品，该商品每周的进货量 X 和顾客对该商品的需求量 Y 是相互独立的随机变量，且都服从区间[20,30]上的均匀分布. 商店每售出一件商品可获利 100 元；若需求量超过了进货量，商店可从其他商店调货供应，这时每售出一件商品可获利 50 元. 试计算此商店经销这种商品每周所得利润的期望值.

12. 对随机变量 X 和 Y，已知 $DX=9$, $DY=4$.

(1) 若 X 和 Y 相互独立，求 $D(X-2Y+3)$；

(2) 若 $\rho_{XY}=0.1$，求 $D(X-2Y+3)$.

13. 设随机变量 X, Y 相互独立，且 $EX=EY=0$, $DX=DY=1$，求 $E[(X+Y)^2]$.

14. 设 $EX=2$, $EY=4$, $DX=4$, $DY=9$, $\rho_{XY}=-0.5$，求：

(1) $Z=3X^2-2XY+Y^2-3$ 的数学期望；

(2) $W=3X-Y+5$ 的方差.

15. 设二维随机变量 (X,Y) 的联合分布律为

Y	X		
	1	2	3
-1	a	0.1	0
0	0.1	0	b
1	0.1	0.1	c

且满足 $EX=2$, $EY=0$，求：

(1) a, b, c 的值；

(2) $E[(X-Y)^2]$；

(3) $E(X^2Y)$.

(B) 复习巩固

一、选择题

1.(2023 年考研真题(数学一)) 设随机变量 X 服从参数为 1 的泊松分布,则 $E(|X-EX|)=$ ( ).

(A) $\frac{1}{e}$ (B) $\frac{1}{2}$ (C) $\frac{2}{e}$ (D) 1

2.(2022 年考研真题(数学一)) 设 $X\sim U(0,3)$,$Y\sim P(2)$,$\mathrm{Cov}(X,Y)=-1$,求 $D(2X-Y+1)=$ ( ).

(A) 10 (B) 9 (C) 1 (D) 0

3.(2025 年考研真题(数学三)) 设随机变量 X 服从正态分布 $N(-1,1)$,Y 服从正态分布 $N(1,2)$,若 X 与 $X+2Y$ 不相关,则 X 与 $X-Y$ 的相关系数为( ).

(A) $\frac{1}{3}$ (B) $\frac{1}{2}$ (C) $\frac{2}{3}$ (D) $\frac{3}{4}$

二、选择题

4.(2023 年考研真题(数学三)) 设随机变量 X 与 Y 相互独立,且 $X\sim B(1,p)$,$Y\sim B(2,p)$,$p\in(0,1)$,则 $X+Y$ 与 $X-Y$ 的相关系数为________.

三、解答题

5. 按规定,某车站每天 8:00~9:00,9:00~10:00 都恰有一辆客车到站,但到站时刻是随机的,且两者到站的时刻相互独立,其规律为

到站时刻	8:15	8:35	8:55
	9:15	9:35	9:55
概率	0.2	0.5	0.3

一位乘客于 8:20 到车站,求他候车时刻的数学期望.

6. 设一台机器在一天内发生故障的概率为 0.2,发生故障时全天停止工作.若该机器在一周 5 个工作日内均无故障,可获利润 10 万元,发生 1 次故障仍可获利润 5 万元,发生 2 次故障则无获利,发生 3 次或 3 次以上故障就要亏损 2 万元,问一周内期望利润是多少?

7. 设连续型随机变量 X 的分布函数为

$$F(x)=\begin{cases}0, & x<-1,\\ \dfrac{2}{\pi}\arctan x+\dfrac{1}{2}, & -1\leqslant x<1,\\ 1, & x\geqslant 1,\end{cases}$$

求:(1) X 的概率密度;

(2) EX 和 DX.

8. 设随机变量 X 的概率密度为

$$f(x)=\begin{cases}e^{-x}, & x\geqslant 0,\\ 0, & x<0,\end{cases}$$

试求下列随机变量的数学期望：

(1) $Y_1=e^{-2X}$；

(2) $Y_2=\max\{X,2\}$；

(3) $Y_3=\min\{X,2\}$.

9. 设随机变量 X 的概率密度为

$$f(x)=\begin{cases}\frac{1}{3}x^2, & -1<x<2,\\ 0, & \text{其他}.\end{cases}$$

令 $Y=\begin{cases}1, & X\geqslant 0,\\ -1, & \text{其他}.\end{cases}$ 求 EX 和 EY.

10. 设随机变量 X 的概率密度为

$$f(x)=\begin{cases}\frac{1}{2}\cos\frac{x}{2}, & 0\leqslant x\leqslant \pi,\\ 0, & \text{其他}.\end{cases}$$

对 X 独立重复地观察 4 次，用 Y 表示观察值大于 $\frac{\pi}{3}$ 的次数，求 EX 和 EY.

11. 工厂生产某种设备的寿命 X(以年计)服从指数分布，其概率密度为

$$f(x)=\begin{cases}\frac{1}{4}e^{-\frac{x}{4}}, & x>0,\\ 0, & x\leqslant 0.\end{cases}$$

为确保消费者的利益，工厂规定出售的设备若在一年内损坏可以调换. 若售出一台设备，工厂获利 100 元，而调换一台则损失 200 元. 试求工厂出售一台设备赢利的数学期望.

12. 设二维随机变量 (X,Y) 的联合分布律如下：

Y	X		
	-1	0	2
-1	$\frac{1}{6}$	$\frac{1}{12}$	0
0	$\frac{1}{4}$	0	0
1	$\frac{1}{12}$	$\frac{1}{4}$	$\frac{1}{6}$

求：(1) $E(X-Y)$，$E(XY)$；

(2) $\mathrm{Cov}(X,Y)$；

(3) ρ_{XY}.

13. 设二维随机变量 (X,Y) 的联合概率密度为

$$f(x,y)=\begin{cases}\dfrac{1}{8}(x+y), & 0\leqslant x\leqslant 2,0\leqslant y\leqslant 2,\\ 0, & \text{其他},\end{cases}$$

求 $EX,EY,DX,DY,\mathrm{Cov}(X,Y),\rho_{XY}$ 及协方差矩阵.

14. 已知随机变量 $X\sim N(1,3^2)$，$Y\sim N(0,4^2)$，且 X 与 Y 的相关系数 $\rho_{XY}=-\dfrac{1}{2}$. 设 $Z=\dfrac{X}{3}-\dfrac{Y}{2}$，求 DZ 及 ρ_{XZ}.

15.（2021 年考研真题（数学一）） 在区间 $(0,2)$ 上随机取一点，将该区间分成两段，较短的一段长度记为 X，较长的一段长度记为 Y，令 $Z=\dfrac{Y}{X}$.

（1）求 X 的概率密度；

（2）求 Z 的概率密度；

（3）求 $E\left(\dfrac{X}{Y}\right)$.

16. 设二维随机变量 (X,Y) 的联合分布律为

Y	X		
	-1	0	1
-1	0. 125	0. 125	0. 125
0	0. 125	0	0. 125
1	0. 125	0. 125	0. 125

验证：X 和 Y 是不相关的，但 X 和 Y 不是相互独立的.

习题四答案

第五章 大数定律与中心极限定理

概率论与数理统计是研究随机事件统计规律性的学科,而统计规律性通常是在相同的条件下进行重复试验才呈现出来的.本章所介绍的大数定律和中心极限定理就是用极限方法来研究大量随机现象统计规律性的理论.

5.1 大数定律

大数定律是描述当试验次数很大时所呈现的概率性质的定理.在第一章学习概率的统计定义时,我们知道随着重复试验次数的增加,事件发生的频率将“稳定”在一个常数附近.同时,人们通过实践发现大量观测数据的算术平均值也具有稳定性,这里的“稳定”即为收敛.这些稳定性如何从理论上证明,本节内容将给出答案.

在引入大数定律之前,先介绍一个重要的不等式——切比雪夫不等式.

5.1.1 切比雪夫不等式

定理 5.1.1(切比雪夫不等式) 设随机变量 X 的数学期望 EX 和方差 DX 存在,则对任意给定的 $\varepsilon>0$,恒有

$$P\{|X-EX|\geqslant\varepsilon\}\leqslant\frac{DX}{\varepsilon^2},$$

它也可表示为

$$P\{|X-EX|<\varepsilon\}\geqslant1-\frac{DX}{\varepsilon^2}.$$

证明 仅就 X 为连续型随机变量的情形给予证明.设 X 的概率密度为 $f(x)$,则

$$P\{|X-EX|\geqslant\varepsilon\}=\int_{|x-E(X)|\geqslant\varepsilon}f(x)\,\mathrm{d}x\leqslant\int_{|x-E(X)|\geqslant\varepsilon}\frac{(x-EX)^2}{\varepsilon^2}f(x)\,\mathrm{d}x$$

$$\leqslant\frac{1}{\varepsilon^2}\int_{-\infty}^{+\infty}(x-EX)^2f(x)\,\mathrm{d}x=\frac{DX}{\varepsilon^2}.$$

注 切比雪夫不等式说明,随机变量 X 的方差 DX 越小,事件 $\{|X-EX|\geqslant\varepsilon\}$ 发生的概率越小,即事件 $\{|X-EX|<\varepsilon\}$ 发生的概率越大,所以方差是刻画随机变量取值离散程度的一个数量指标.

推论 随机变量 X 的方差 $DX=0$ 当且仅当 $P\{X=EX\}=1$.

*证明　（充分性）　当 $P\{X=EX\}=1$ 时，由方差的定义知 $DX=0$.

（必要性）　如果 $DX=0$，那么对任意的 $n=1,2,\cdots$，由切比雪夫不等式得

$$P\left\{|X-EX|\geqslant\frac{1}{n}\right\}\leqslant\frac{DX}{1/n^2}=0.$$

又因为

$$\{|X-EX|\neq 0\}=\bigcup_{n=1}^{\infty}\left\{|X-EX|\geqslant\frac{1}{n}\right\},$$

所以

$$P\{|X-EX|\neq 0\}\leqslant\sum_{n=1}^{\infty}P\left\{|X-EX|\geqslant\frac{1}{n}\right\}=0.$$

于是 $P\{X=EX\}=1-P\{|X-EX|\neq 0\}=1$.

切比雪夫不等式给出了在随机变量分布未知，只知道数学期望和方差的情况下，X 与它的数学期望的偏差小于 ε 的概率的估计式. 例如：令 $DX=\sigma^2$，取 $\varepsilon=3\sigma$，则有

$$P\{|X-EX|<3\sigma\}\geqslant 1-\frac{\sigma^2}{9\sigma^2}\approx 0.889.$$

故对服从任意分布的随机变量 X，只要期望和方差 σ^2 存在，则 X 的取值偏离 EX 的绝对值小于 3σ 的概率大于 0.889. 由切比雪夫不等式估计的概率精确度不高，如果已知随机变量的分布，那么所需要的概率可以确切地计算出来，也就没有必要利用切比雪夫不等式来估计了. 切比雪夫不等式更重要的意义在于理论上的应用，尤其是在大数定律的证明中.

例 5.1.1　利用切比雪夫不等式估计 200 个刚出生的婴儿中的男孩数在 80 到 120 之间的概率（设生男生女概率一样）.

解　设 X 为 200 个刚出生的婴儿中的男孩数，则 $X\sim B(200,0.5)$，所以 $EX=200\times0.5=100$，$DX=200\times0.5\times0.5=50$. 取 $\varepsilon=20$，代入切比雪夫不等式，得

$$P\{|X-100|<20\}\geqslant 1-\frac{50}{20^2}=\frac{7}{8},$$

即在 200 个刚出生的婴儿中男孩数在 80 到 120 之间的概率大于等于 $\frac{7}{8}$.

5.1.2　依概率收敛

定义 5.1.1　设 $X_1,X_2,\cdots,X_n,\cdots$ 是一个随机变量序列，若存在一个常数 a，对任意 $\varepsilon>0$，有

$$\lim_{n\to\infty}P\{|X_n-a|\geqslant\varepsilon\}=0,$$

或等价地，有

$$\lim_{n\to\infty}P\{|X_n-a|<\varepsilon\}=1,$$

则称随机变量序列 $\{X_n\}$ **依概率收敛**于 a，简记为 $X_n\xrightarrow{P}a\ (n\to\infty)$.

随机变量序列极限的定义方式和数列极限的定义方式不同，随机变量序列依概率收敛的直观解释是当 n 充分大时，“X_n 与 a 有较大偏差”这一事件的可能性几乎为零.

5.1.3 大数定律

历史上第一个大数定律是由瑞士数学家伯努利提出并给予证明的,这使得以往建立在经验之上的频率稳定性的推测理论化,也意味着概率从对特殊问题的求解发展到一般的理论概括.

定理 5.1.2(伯努利大数定律) 设 μ_n 是 n 重伯努利试验中事件 A 发生的次数,$P(A)=p$,则对任意的 $\varepsilon>0$,有

$$\lim_{n\to\infty}P\left\{\left|\frac{\mu_n}{n}-p\right|\geqslant\varepsilon\right\}=0$$

或

$$\lim_{n\to\infty}P\left\{\left|\frac{\mu_n}{n}-p\right|<\varepsilon\right\}=1.$$

证明 设 μ_n 是 n 重伯努利试验中事件 A 发生的次数,若记

$$X_i=\begin{cases}1, & \text{在第 } i \text{ 次试验中事件 } A \text{ 发生},\\ 0, & \text{在第 } i \text{ 次试验中事件 } A \text{ 不发生},\end{cases}\quad i=1,2,\cdots,n,$$

则 $X_1,X_2,\cdots,X_n$ 相互独立,且 $X_i(i=1,2,\cdots,n)$ 服从 0-1 分布,显然 $\mu_n=X_1+X_2+\cdots+X_n$ 是 n 个独立同分布的随机变量之和,它服从二项分布 $B(n,p)$,故 $E(\mu_n)=np,D(\mu_n)=np(1-p)$. 于是

$$E\left(\frac{\mu_n}{n}\right)=p,\quad D\left(\frac{\mu_n}{n}\right)=\frac{p(1-p)}{n}.$$

由切比雪夫不等式,有

$$0\leqslant P\left\{\left|\frac{\mu_n}{n}-p\right|\geqslant\varepsilon\right\}\leqslant\frac{D\left(\frac{\mu_n}{n}\right)}{\varepsilon^2}=\frac{p(1-p)}{n\varepsilon^2}\xrightarrow{n\to\infty}0.$$

于是

$$\lim_{n\to\infty}P\left\{\left|\frac{\mu_n}{n}-p\right|\geqslant\varepsilon\right\}=0.$$

由 ε 的任意性,这个定理告诉我们,当 n 充分大时,n 重伯努利试验中事件 A 发生的频率 $\frac{\mu_n}{n}$ 依概率收敛于事件 A 在一次试验中发生的概率 p,这就是概率的统计定义的理论依据. 在大量相互独立的重复试验中可以用事件发生的频率来近似代替事件的概率,这是伯努利大数定律的直观意义. 因此,在实际应用中,只要试验次数足够多,就可以用频率作为概率的估计.

定理 5.1.3(切比雪夫大数定律) 设 $X_1,X_2,\cdots,X_n,\cdots$ 是相互独立的随机变量序列,它们的数学期望和方差均存在,且方差有上界,即存在常数 C,使得 $DX_i\leqslant C,i=1,2,\cdots$,则对任意 $\varepsilon>0$,有

$$\lim_{n\to\infty}P\left\{\left|\frac{1}{n}\sum_{i=1}^{n}X_i-\frac{1}{n}\sum_{i=1}^{n}EX_i\right|<\varepsilon\right\}=1.$$

切比雪夫大数定律说明：在定理的条件下，当 n 充分大时，随机变量序列 $\{X_n\}$ 的算术平均值 $\frac{1}{n}\sum_{i=1}^{n}X_i$ 依概率收敛于其数学期望的算术平均值 $\frac{1}{n}\sum_{i=1}^{n}E(X_i)$，即 n 个独立随机变量的平均数的离散程度是很小的.

作为这一定理的特殊情况，若 $X_1,X_2,\cdots,X_n,\cdots$ 有相同的分布，则有如下定理.

定理 5.1.4（独立同分布大数定律） 设随机变量 $X_1,X_2,\cdots,X_n,\cdots$ 是独立同分布的随机变量序列，若数学期望 $EX_i=\mu$，方差 $DX_i=\sigma^2$，$i=1,2,\cdots$，则对任意 $\varepsilon>0$，有

$$\lim_{n\to\infty}P\left\{\left|\frac{1}{n}\sum_{i=1}^{n}X_i-\mu\right|<\varepsilon\right\}=1.$$

在许多实际问题中，方差不一定存在，苏联数学家辛钦证明了在独立同分布情形下，数学期望存在、方差不存在时结论依然成立.

定理 5.1.5（辛钦大数定律） 设 $X_1,X_2,\cdots,X_n,\cdots$ 是独立同分布的随机变量序列，且具有数学期望 $EX_i=\mu$，$i=1,2,\cdots$，则对任意 $\varepsilon>0$，有

$$\lim_{n\to\infty}P\left\{\left|\frac{1}{n}\sum_{i=1}^{n}X_i-\mu\right|<\varepsilon\right\}=1.$$

辛钦大数定律表明，当 n 充分大时，独立同分布的随机变量的算术平均值接近它的数学期望值，该定理为寻找随机变量的期望值提供了一条实际可行的途径. 例如，要估计某地区的平均亩产量，可收割 n 块有代表性的地块，计算平均亩产量，则当 n 较大时，可用它作为整个地区平均亩产量的一个估计. 此类做法在实际应用中具有重要意义，此外，该定理也是第六章矩估计方法的理论基础.

例 5.1.2（2022 年考研真题（数学三）） 设随机变量序列 $X_1,X_2,\cdots,X_n,\cdots$ 独立同分布，且 X_1 的概率密度为 $f(x)=\begin{cases}1-|x|, & |x|<1,\\ 0, & \text{其他},\end{cases}$ 则当 $n\to\infty$ 时，$\frac{1}{n}\sum_{i=1}^{n}X_i^2$ 依概率收敛于（ ）.

(A) $\frac{1}{8}$ (B) $\frac{1}{6}$ (C) $\frac{1}{3}$ (D) $\frac{1}{2}$

解 由已知，随机变量序列 $X_1,X_2,\cdots,X_n,\cdots$ 独立同分布，则 $X_1^2,X_2^2,\cdots,X_n^2,\cdots$ 亦独立同分布. 根据辛钦大数定律，当 $n\to\infty$ 时，$\frac{1}{n}\sum_{i=1}^{n}X_i^2$ 依概率收敛于 $E(X_i^2)=E(X^2)$，而

$$E(X^2)=\int_{-\infty}^{+\infty}x^2f(x)\,\mathrm{d}x=\int_{-1}^{1}x^2(1-|x|)\,\mathrm{d}x=2\int_{0}^{1}x^2(1-x)\,\mathrm{d}x=\frac{1}{6}.$$

故选（B）.

三条大数定律的适用范围是不同的，切比雪夫大数定律只要求随机变量序列相互独立、方差一致有界即可，不要求同分布；辛钦大数定律和伯努利大数定律都要求随机变量序列独立同分布，但辛钦大数定律仅要求期望存在，不要求方差存在；伯努利大数定律是辛钦大数定律的特殊情况，将分布限定为 0-1 分布.

5.2 中心极限定理

大家已经知道正态分布是一个非常重要的常用分布. 在自然现象和社会现象中,许多随机现象是由大量相互独立的随机因素综合影响所形成的,而每一个因素对该现象的影响都很小,如果把这些因素看成是随机变量,描述该现象的随机变量就是这些相互独立的随机变量之和,这类随机变量一般都服从或近似服从正态分布. 中心极限定理是关于"大量独立随机变量和的极限分布是正态分布"的一系列定理. 不同的中心极限定理的区别在于对随机变量序列做出的假设不同.

设 $X_1, X_2, \cdots, X_n, \cdots$ 为相互独立的随机变量序列,且 $EX_i, DX_i, i=1,2,\cdots$ 均存在,记 $Y_n = \sum_{i=1}^{n} X_i$. 中心极限定理是研究当 n 充分大时 $Y_n = \sum_{i=1}^{n} X_i$ 近似服从什么分布的问题. 显然,有 $EY_n = \sum_{i=1}^{n} EX_i, DY_n = \sum_{i=1}^{n} DX_i$. 为了便于研究,记

$$Z_n = \frac{\sum_{i=1}^{n} X_i - \sum_{i=1}^{n} EX_i}{\sqrt{\sum_{i=1}^{n} DX_i}}$$

为 Y_n 的标准化随机变量,则所有关于随机变量序列和的标准化随机变量的极限分布是标准正态分布的定理统称为中心极限定理.

定理 5.2.1(独立同分布的中心极限定理) 设 $X_1, X_2, \cdots, X_n, \cdots$ 是独立同分布的随机变量序列,且数学期望 $EX_i = \mu$,方差 $DX_i = \sigma^2 > 0, i=1,2,\cdots$,则对任意实数 x,有

$$\lim_{n \to \infty} P\left(\frac{\sum_{i=1}^{n} X_i - n\mu}{\sigma\sqrt{n}} \leqslant x \right) = \frac{1}{\sqrt{2\pi}} \int_{-\infty}^{x} e^{-\frac{t^2}{2}} dt = \Phi(x).$$

我们知道,n 个相互独立的正态随机变量之和仍服从正态分布. 中心极限定理则告诉我们,不论相互独立的随机变量 $X_1, X_2, \cdots, X_n, \cdots$ 服从什么分布,当 n 充分大时,其和 $Y_n = \sum_{i=1}^{n} X_i$ 总是近似服从正态分布的.

注 1 设 $X_1, X_2, \cdots, X_n, \cdots$ 是独立同分布的随机变量序列,数学期望 μ 和方差 $\sigma^2 \neq 0$ 有限,当 n 充分大时,独立同分布的随机变量之和 $Y_n = \sum_{i=1}^{n} X_i$ 近似服从正态分布 $N(n\mu, n\sigma^2)$.

注 2 设 $X_1, X_2, \cdots, X_n, \cdots$ 是独立同分布的随机变量序列,数学期望 μ 和方差 $\sigma^2 \neq 0$ 有限,记 $\overline{X} = \frac{1}{n} \sum_{i=1}^{n} X_i$,则当 n 充分大时,$\overline{X}$ 近似服从正态分布 $N\left(\mu, \frac{\sigma^2}{n}\right)$.

由注知,假设 $X_1, X_2, \cdots, X_n$ 独立同分布,且期望、方差存在,不论原来的分布是什么,只要 n 充分大,它的算术平均值总是近似服从正态分布的. 这一结论不仅是数理统计中大样本理论的基

础，而且有着重要的应用价值.

特别地，若独立同分布的中心极限定理中 $X_1, X_2, \cdots, X_n, \cdots$ 服从参数为 p 的 0-1 分布，则 $Y_n = \sum_{i=1}^{n} X_i \sim B(n,p)$，于是得到如下定理.

定理 5.2.2(棣莫弗-拉普拉斯中心极限定理) 设随机变量 $Y_n \sim B(n,p)$，则对任意实数 x，有

$$\lim_{n\to\infty} P\left\{\frac{Y_n - np}{\sqrt{np(1-p)}} \leqslant x\right\} = \frac{1}{\sqrt{2\pi}}\int_{-\infty}^{x} e^{-\frac{t^2}{2}} dt = \Phi(x).$$

该定理表明，当 n 充分大时，二项分布标准化后近似服从标准正态分布，于是可以利用棣莫弗-拉普拉斯中心极限定理对二项分布的概率进行近似计算.

例 5.2.1 某保险公司提供一项保险服务，该服务在过去一年中，每笔赔付金额(单位：万元)的平均值为 10 万元，标准差为 5 万元. 假设每笔赔付金额是独立的. 现在，该保险公司想要评估在未来一年中，如果它承保了 900 笔这样的保险业务，那么总的赔付金额超过 9 150 万元的概率是多少?

解 设 X_i 为第 i 个保单的赔付金额，$i=1,2,\cdots,900$，它们独立同分布，于是总的赔付金额为 $X = \sum_{i=1}^{900} X_i$. 由已知，$\mu = E(X_i) = 10$，$\sigma = \sqrt{D(X_i)} = 5$，$n = 900$，由中心极限定理得

$$\begin{aligned} P\{X>9\ 150\} &= P\left\{\frac{\sum_{i=1}^{n} X_i - n\mu}{\sigma\sqrt{n}} > \frac{9\ 150 - n\mu}{\sigma\sqrt{n}}\right\} = P\left\{\frac{X-9\ 000}{150} > \frac{9\ 150-9\ 000}{150}\right\} \\ &= P\left\{\frac{X-9\ 000}{100} > 1\right\} = 1 - P\left\{\frac{X-9\ 000}{100} \leqslant 1\right\} \\ &\approx 1 - \Phi(1) = 1 - 0.841\ 3 = 0.158\ 7. \end{aligned}$$

例 5.2.2 某车间有 100 台车床，在生产期间由于需要检修及调换工作等常常需停工. 设开工率为 0.7，且在开工时需电力 1 kW，假设每台车床是否工作是相互独立的，问至少应供应多少电力才能以 99.9%的概率保证该车间不会因供电不足而影响生产?

解 设 X 表示在某时刻工作的车床数，依题意有

$$X \sim B(100, 0.7),$$

则问题转化为求满足 $P\{X \leqslant N\} \geqslant 0.999$ 的最小的 N.

因为 $np = 70$，$np(1-p) = 21$，由中心极限定理得

$$P\{X \leqslant N\} = P\left\{\frac{X-70}{\sqrt{21}} \leqslant \frac{N-70}{\sqrt{21}}\right\} \approx \Phi\left(\frac{N-70}{\sqrt{21}}\right).$$

由 $\Phi\left(\frac{N-70}{\sqrt{21}}\right) \geqslant 0.999$，查标准正态分布表得 $\Phi(3.1) = 0.999$，故 $\frac{N-70}{\sqrt{21}} \geqslant 3.1$，解得 $N \geqslant 84.2$，即 $N = 85$. 从而至少应供应 85 kW 电力才能以 99.9%的概率保证该车间不会因供电不足而影响生产.

第五章思维导图

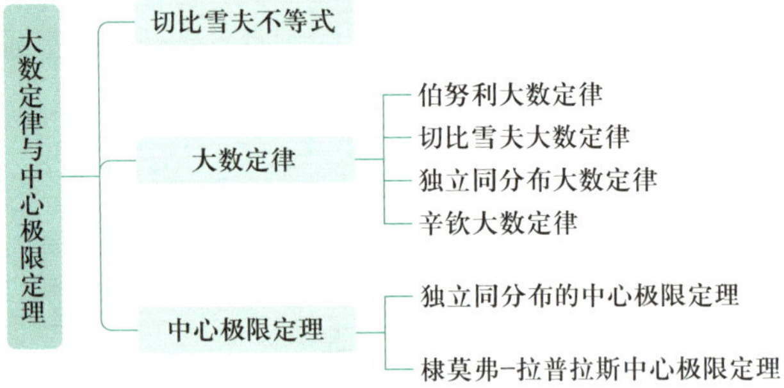

拓展阅读
极限理论在保险业中的应用

习题五

（A）基础练习

1. 随机变量 X 的数学期望 $EX=\mu$，方差 $DX=\sigma^2$，利用切比雪夫不等式估计 $P\{|X-\mu|\geqslant 2\sigma\}$.

2. 随机变量 X 的数学期望 $EX=3$，方差 $DX=\dfrac{1}{25}$，利用切比雪夫不等式估计 $P\{|X-3|<3\}$.

3. 设随机变量序列 $X_1,X_2,\cdots,X_n,\cdots$ 独立同分布，其中 $EX_i=1,DX_i=8$. 试用切比雪夫不等式估计 $P\left\{\left|\dfrac{1}{n}\sum\limits_{k=1}^{n}X_k-1\right|<4\right\}$.

4. 独立射击 500 次，若每次击中目标的概率为 0.2.

（1）用切比雪夫不等式估计击中目标的次数在区间(90,110)内的概率；

（2）用中心极限定理估计击中目标的次数在区间(90,110)内的概率.

5. 某保险公司多年的统计资料表明，在索赔户中被盗索赔户占 20%，以 X 表示在随意抽查的 100 个索赔户中因被盗向保险公司索赔的户数.

（1）写出 X 的概率分布；

（2）用中心极限定理估计被盗索赔户数不少于 14 且不多于 30 的概率.

6. 设各零件的质量是独立同分布的随机变量，其数学期望为 0.5 kg，均方差为 0.1 kg，问 5 000 个零件的总质量超过 2 510 kg 的概率是多少？

（B）复习巩固

1. 设随机变量 X 和 Y 的数学期望分别为 -2 和 2，方差分别为 1 和 4，而相关系数为 -0.5，利用切比雪夫不等式估计 $P\{|X+Y|\geqslant 6\}$.

2. 将一颗骰子连续掷 4 次，点数总和记为 X，利用切比雪夫不等式估计 $P\{10<X<18\}$.

3. 某药厂断言，该厂生产的某种药品对于某种疑难的血液病的治愈率为 0.8，医院检验员任意抽查 100 个服用此药品的患者,如果其中多于 75 人治愈,就接受这一断言,否则就拒绝这一断言. 若实际上此药品对这种疾病的治愈率是 0.8,问接受这一断言的概率是多少?

4. 计算机在进行加法时,对每个加数取整(取最接近它的整数),设所有的取整误差是相互独立的,且它们都服从(-0.5,0.5)内的均匀分布. 若将 1 500 个数相加,问误差总和的绝对值超过 15 的概率是多少?

5. 假设一条生产线生产的产品合格率是 0.8. 要使一批产品的合格率在 76%到 84%之间的概率不小于 90%,问这批产品至少要生产多少件?

6. 便利店有三种矿泉水出售,价格分别为 1 元,1.2 元,1.5 元,其售出概率分别为 0.3,0.2,0.5. 若某天售出 300 瓶矿泉水,

(1) 求收入至少有 350 元的概率;

(2) 求售出价格为 1.5 元的矿泉水多于 160 瓶的概率.

习题五答案

第六章　数理统计的基本概念

数理统计是以概率论为理论基础，研究如何用有效的方式收集、整理和分析受到随机性影响的数据，推断和预测研究对象的统计规律，直至为决策和行动提供依据和建议. 由于随机性影响无处不在，因而统计可以应用在自然科学、社会科学、工程技术、医疗卫生和工农业生产等各个领域.

本章介绍统计的基本概念，该内容是连接概率和统计的桥梁，也是学习统计推断的基础.

6.1　总体与样本

6.1.1　总体与样本

在统计中，把研究对象的全体构成的集合称为**总体**（或**母体**），组成总体的每一个元素称为**个体**. 例如，一批灯泡的全体组成一个总体，其中每一个灯泡都是一个个体. 总体中所含的个体的总数称为总体的**容量**，含有限个元素的总体称为**有限总体**，含无限个元素的总体称为**无限总体**.

在实际问题中，人们关心的并不是组成总体的个体本身，而是研究对象的某个数量指标及其概率分布，这些特性称为**统计特性**. 例如，在研究一批灯泡组成的总体时，可能关心的是灯泡的使用寿命. 由于任何一个灯泡的寿命事先是不能确定的，而每一个灯泡都确实对应着一个寿命值，所以可认为灯泡寿命是一个随机变量. 因此，应该将总体理解为研究对象的某一数量指标值的全体构成的集合，并且将总体看作一个随机变量. 本书用 $X,Y,Z,\cdots$ 表示总体.

为了研究总体的情况，一般需要从该总体中按一定的规则抽取一定数量的个体进行观测——此过程称为**抽样**. 所谓从总体抽取一个个体，就是对总体 X 进行一次观测（即进行一次试验），并记录其结果. 我们在相同的条件下对总体 X 进行 n 次重复独立的观测，把 n 次抽样所得结果依次记为 $X_1,X_2,\cdots,X_n$，由于 $X_1,X_2,\cdots,X_n$ 是对随机变量 X 观测的结果，且各次观测在相同的条件下独立进行，所以有理由认为 $X_1,X_2,\cdots,X_n$ 是相互独立且与 X 有相同分布的随机变量，这样得到的 $X_1,X_2,\cdots,X_n$ 称为来自总体 X 的一个**简单随机样本**. 抽样次数 n 称为**样本容量**，简称为**容量**. 当 n 次观测完成时，我们就得到一组实数 $x_1,x_2,\cdots,x_n$，它们依次是随机变量 $X_1,X_2,\cdots,X_n$ 的观测值，称为**样本值**.

统计推断的基本任务是要通过样本来推断总体的统计规律，因此希望样本尽可能多地反映总体特征，故对抽样方法要提出一些要求. 如果总体中每个个体被抽到的机会是均等的，并且在抽取一个个体后总体的成分不变，那么，抽得的这些个体就能很好地反映总体的情况. 基于这种想法去抽取个体的方法称为**简单随机抽样**.

综上所述,给出如下定义:

定义 6.1.1 设 $X_1,X_2,\cdots,X_n$ 是来自总体 X 的一个样本,若

(1) $X_1,X_2,\cdots,X_n$ 相互独立;

(2) $X_i(i=1,2,\cdots,n)$ 与 X 具有相同的分布,

则称 $X_1,X_2,\cdots,X_n$ 为来自总体 X 的容量为 n 的**简单随机样本**,简称为**样本**.

有限总体的有放回抽样所得的样本为简单随机样本;无限总体或虽为有限总体但样本容量 n 相对于个体的总数 N 来讲比较小$\left(\text{如}\dfrac{n}{N}<0.05\right)$的无放回抽样所得的样本,亦可近似地当作简单随机样本使用.今后如无特别说明,我们用到的样本都指简单随机样本.

若总体 X 是具有分布函数 $F(x)$ 的随机变量,$X_1,X_2,\cdots,X_n$ 为来自总体 X 的一个样本,则 $(X_1,X_2,\cdots,X_n)$ 的联合分布函数为

$$F(x_1,x_2,\cdots,x_n)=P\{X_1\leqslant x_1,X_2\leqslant x_2,\cdots,X_n\leqslant x_n\}=\prod_{i=1}^{n}P\{X_i\leqslant x_i\}=\prod_{i=1}^{n}F(x_i).$$

特别地,若总体 X 为离散型随机变量,其分布律为 $p(x_i)=P\{X=x_i\}$,则样本 $(X_1,X_2,\cdots,X_n)$ 的联合分布律为

$$p(x_1,x_2,\cdots,x_n)=P\{X=x_1,X=x_2,\cdots,X=x_n\}=\prod_{i=1}^{n}p(x_i),\tag{6.1.1}$$

若总体 X 为连续型随机变量,其概率密度为 $f(x)$,则样本 $(X_1,X_2,\cdots,X_n)$ 的联合概率密度为

$$f(x_1,x_2,\cdots,x_n)=\prod_{i=1}^{n}f(x_i).\tag{6.1.2}$$

例 6.1.1 设总体 $X\sim B(m,p)$,$X_1,X_2,\cdots,X_n$ 为来自总体 X 的一个样本,$x_1,x_2,\cdots,x_n$ 是一组样本值,求 $(X_1,X_2,\cdots,X_n)$ 的联合分布律.

解 因为 $X\sim B(m,p)$,所以

$$p(x_i)=\mathrm{C}_m^{x_i}p^{x_i}(1-p)^{m-x_i},\quad x_i=0,1,\cdots,m,i=1,2,\cdots,n.$$

由公式(6.1.1),有

$$\begin{aligned}p(x_1,x_2,\cdots,x_n)&=\prod_{i=1}^{n}p(x_i)=\prod_{i=1}^{n}\mathrm{C}_m^{x_i}p^{x_i}(1-p)^{m-x_i}\\&=\left(\prod_{i=1}^{n}\mathrm{C}_m^{x_i}\right)p^{\sum\limits_{i=1}^{n}x_i}(1-p)^{mn-\sum\limits_{i=1}^{n}x_i},x_i=0,1,\cdots,m,i=1,2,\cdots,n.\end{aligned}$$

例 6.1.2 设总体 $X\sim E(\lambda)$,$X_1,X_2,\cdots,X_n$ 为来自总体 X 的一个样本,$x_1,x_2,\cdots,x_n$ 是一组样本值,求 $(X_1,X_2,\cdots,X_n)$ 的联合概率密度.

解 因为 $X\sim E(\lambda)$,所以

$$f(x_i)=\begin{cases}\lambda\mathrm{e}^{-\lambda x_i}, & x_i>0,\\0, & x_i\leqslant 0,\end{cases}$$

由公式(6.1.2),有

$$f(x_1,x_2,\cdots,x_n)=\prod_{i=1}^{n}f(x_i)=\begin{cases}\prod_{i=1}^{n}\lambda e^{-\lambda x_i}, & x_i>0,\\ 0, & x_i\leqslant 0\end{cases}$$

$$=\begin{cases}\lambda^n e^{-\lambda\sum_{i=1}^{n}x_i}, & x_i>0, \quad i=1,2,\cdots,n.\\ 0, & x_i\leqslant 0,\end{cases}$$

6.1.2 经验分布函数

在数理统计中，当我们要研究某个随机现象时，描述其统计特性的随机变量的分布通常是未知的，那么如何根据样本的观测值对总体的分布进行估计呢？为此，引进经验分布函数.

定义 6.1.2 设 $X_1,X_2,\cdots,X_n$ 是来自总体 X 的样本，将样本值 $x_1,x_2,\cdots,x_n$ 按由小到大的次序排列，并重新编号，设为 $x_{(1)}\leqslant x_{(2)}\leqslant\cdots\leqslant x_{(n)}$，称函数

$$F_n(x)=\begin{cases}0, & x<x_{(1)},\\ \dfrac{k}{n}, & x_{(k)}\leqslant x<x_{(k+1)}, \quad k=1,2,\cdots,n-1,\\ 1, & x\geqslant x_{(n)}\end{cases}$$

为总体 X 的**经验分布函数**.

实际上 $F_n(x)$ 是一个阶梯函数. 它可以看成是一个离散型随机变量的分布函数，跳跃点是 $x_1,x_2,\cdots,x_n$. 对于不同的观测值，将得到不同的经验分布函数，因此样本的观测值实际上是总体取值的一个缩影，由观测值定义的经验分布函数其实是总体 X 的分布函数的一种近似. 苏联数学家格里汶科于 1933 年从理论上严格证明了总体 X 的经验分布函数和理论分布函数之间的关系.

定理 6.1.1（格里汶科定理） 设总体 X 的分布函数为 $F(x)$，其经验分布函数为 $F_n(x)$，则有

$$P\{\lim_{n\to\infty}\sup_{-\infty<x<+\infty}|F_n(x)-F(x)|=0\}=1.$$

因此，对于任一实数 x，当 n 充分大时，经验分布函数的任一观测值 $F_n(x)$ 与总体分布函数 $F(x)$ 只有微小的差别，而且 n 越大，近似程度越好，这就是用样本推断总体的依据. 所以在总体 X 的分布未知的情况下，可以用样本值来估计总体 X 的分布函数.

例 6.1.3 设总体有一组样本值：$-1,0,2,0,1,2,-1,1,1,1$，求经验分布函数.

解 由定义 6.1.2，有

$$F_{10}(x)=\begin{cases}\dfrac{0}{10}, & x<-1,\\ \dfrac{2}{10}, & -1\leqslant x<0,\\ \dfrac{4}{10}, & 0\leqslant x<1,\\ \dfrac{8}{10}, & 1\leqslant x<2,\\ \dfrac{10}{10}, & x\geqslant 2\end{cases}=\begin{cases}0, & x<-1,\\ 0.2, & -1\leqslant x<0,\\ 0.4, & 0\leqslant x<1,\\ 0.8, & 1\leqslant x<2,\\ 1, & x\geqslant 2.\end{cases}$$

6.2 统计量及其分布

样本是对总体进行统计分析和推断的依据,但在处理具体的理论和应用问题时,很少直接利用样本本身,而是针对不同的问题构造样本的适当函数,并利用这些样本的函数进行统计推断.

6.2.1 统计量

定义 6.2.1 设 $X_1,X_2,\cdots,X_n$ 是来自总体 X 的一个样本,$g(X_1,X_2,\cdots,X_n)$ 为 $X_1,X_2,\cdots,X_n$ 的实值连续函数,且不包含任何未知参数,则称 $g(X_1,X_2,\cdots,X_n)$ 是一个**统计量**. 若 $x_1,x_2,\cdots,x_n$ 是相应于 $X_1,X_2,\cdots,X_n$ 的观测值,则称 $g(x_1,x_2,\cdots,x_n)$ 是统计量 $g(X_1,X_2,\cdots,X_n)$ 的观测值.

例如,设 $X\sim N(\mu,\sigma^2)$,此时 μ 未知,σ 已知,$X_1,X_2,\cdots,X_n$ 是来自总体 X 的一个样本,则 X_1+X_2,$\frac{1}{\sigma^2}\sum\limits_{i=1}^{n}X_i$ 是统计量,而 $\sum\limits_{i=1}^{n}(X_i-\mu)^2$ 不是统计量.

统计量不依赖于任何未知参数,这一点从统计量的定义看是显然的,因为统计量的主要作用在于对未知参数进行推断. 至于要选用什么统计量,当然要视问题的具体性质而定,所提出的统计量应当集中反映与研究问题有关的信息.

6.2.2 常用统计量

设 $X_1,X_2,\cdots,X_n$ 是来自总体 X 的一个样本,下面是几种常用的重要统计量.

1. 样本均值

$$\overline{X}=\frac{1}{n}\sum_{i=1}^{n}X_i. \tag{6.2.1}$$

2. 样本方差

$$S^2=\frac{1}{n-1}\sum_{i=1}^{n}(X_i-\overline{X})^2 \text{①}. \tag{6.2.2}$$

3. 样本标准差

$$S=\sqrt{S^2}=\sqrt{\frac{1}{n-1}\sum_{i=1}^{n}(X_i-\overline{X})^2} \tag{6.2.3}$$

4. 样本 k 阶原点矩

$$A_k=\frac{1}{n}\sum_{i=1}^{n}X_i^k,\quad k=1,2,\cdots. \tag{6.2.4}$$

5. 样本 k 阶中心矩

$$B_k=\frac{1}{n}\sum_{i=1}^{n}(X_i-\overline{X})^k,\quad k=2,3,\cdots. \tag{6.2.5}$$

---

① 有些教材上将 $\frac{1}{n}\sum\limits_{i=1}^{n}(X_i-\overline{X})^2$ 定义为**样本方差**,并将 $\frac{1}{n-1}\sum\limits_{i=1}^{n}(X_i-\overline{X})^2$ 作为**修正的样本方差**.

显然，$A_1=\overline{X}, B_2=\frac{n-1}{n}S^2$.

若 $x_1, x_2, \cdots, x_n$ 是样本 $X_1, X_2, \cdots, X_n$ 的观测值，则 $\overline{x}=\frac{1}{n}\sum_{i=1}^{n} x_i$ 和 $s^2=\frac{1}{n-1}\sum_{i=1}^{n}(x_i-\overline{x})^2$ 分别为样本均值 $\overline{X}$ 和样本方差 S^2 的观测值.

样本均值常用于估计总体分布的均值. 样本方差可用于估计总体分布的方差.

定理 6.2.1 设 $X_1, X_2, \cdots, X_n$ 是来自总体 X 的一个样本，S^2 为样本方差，则

$$S^2=\frac{1}{n-1}\left(\sum_{i=1}^{n} X_i^2-n\overline{X}^2\right). \tag{6.2.6}$$

证明 由定义，

$$\begin{aligned} S^2 &=\frac{1}{n-1}\sum_{i=1}^{n}(X_i-\overline{X})^2=\frac{1}{n-1}\left[\sum_{i=1}^{n}(X_i^2-2\overline{X}X_i+\overline{X}^2)\right] \\ &=\frac{1}{n-1}\left(\sum_{i=1}^{n} X_i^2-2\overline{X}\sum_{i=1}^{n} X_i+n\overline{X}^2\right). \end{aligned}$$

根据样本均值的定义，可以用 $n\overline{X}$ 代换 $\sum_{i=1}^{n} X_i$，得

$$S^2=\frac{1}{n-1}\left(\sum_{i=1}^{n} X_i^2-2\overline{X}\cdot n\overline{X}+n\overline{X}^2\right)=\frac{1}{n-1}\left(\sum_{i=1}^{n} X_i^2-n\overline{X}^2\right).$$

这是样本方差的另一种公式形式，在计算方差时，有时它比直接利用定义简单.

例 6.2.1 假设用 10 种不同算法处理某类数据的运行时间（单位：s）分别为

$$14, 15, 18, 20, 22, 23, 25, 26, 28, 29.$$

计算样本均值、样本方差和样本标准差.

解 $\overline{x}=\frac{1}{10}(14+15+18+20+22+23+25+26+28+29)=22.$

计算样本方差有两种方法.

方法一：

$$\begin{aligned} s^2 &=\frac{1}{n-1}\sum_{i=1}^{n}(x_i-\overline{x})^2 \\ &=\frac{1}{9}(64+49+16+4+0+1+9+16+36+49)=27.11. \end{aligned}$$

方法二：

$$s^2=\frac{1}{n-1}\left(\sum_{i=1}^{n} x_i^{2}-n\overline{x}^2\right)=\frac{1}{9}(5\,084-10\times 484)=27.11;$$

$$s=\sqrt{s^2}=\sqrt{27.11}=5.21.$$

定理 6.2.2 设 $X_1, X_2, \cdots, X_n$ 是来自总体 X 的一个样本，$\overline{X}$ 和 S^2 是样本均值和样本方差，则

(1) $E(\overline{X})=EX$； (2) $D(\overline{X})=\frac{1}{n}DX$； (3) $E(S^2)=DX$.

证明 因为 $X_1,X_2,\cdots,X_n$ 相互独立,且与 X 同分布,所以 $EX_i=EX,DX_i=DX$,则

(1) $E(\overline{X})=E\left(\frac{1}{n}\sum_{i=1}^{n}X_i\right)=\frac{1}{n}\sum_{i=1}^{n}E(X_i)=EX.$

(2) $D(\overline{X})=D\left(\frac{1}{n}\sum_{i=1}^{n}X_i\right)=\frac{1}{n^2}\sum_{i=1}^{n}D(X_i)=\frac{1}{n}DX.$

(3) $$E(S^2)=E\left[\frac{1}{n-1}\sum_{i=1}^{n}(X_i-\overline{X})^2\right]=\frac{1}{n-1}E\left(\sum_{i=1}^{n}X_i^2-n\overline{X}^2\right)$$

$$=\frac{1}{n-1}\left[\sum_{i=1}^{n}E(X_i^2)-nE(\overline{X}^2)\right]$$

$$=\frac{1}{n-1}\{nE(X^2)-n[D(\overline{X})+(E(\overline{X}))^2]\}$$

$$=\frac{1}{n-1}\left\{n[DX+(EX)^2]-n\left[\frac{DX}{n}+(EX)^2\right]\right\}=DX.$$

*6.2.3 顺序统计量

定义 6.2.2 设 $X_1,X_2,\cdots,X_n$ 是来自总体 X 的样本,将样本值 $x_1,x_2,\cdots,x_n$ 按由小到大的次序排列成 $x_{(1)}\leqslant x_{(2)}\leqslant\cdots\leqslant x_{(n)}$,此时定义一组新的随机变量 $X_{(1)},X_{(2)},\cdots,X_{(n)}$,则称 $X_{(1)}\leqslant X_{(2)}\leqslant\cdots\leqslant X_{(n)}$ 为**顺序统计量**,$X_{(i)}$ 称为样本的第 i 个顺序统计量. 特别地,称 $X_{(1)}=\min\{X_1,X_2,\cdots,X_n\}$ 与 $X_{(n)}=\max\{X_1,X_2,\cdots,X_n\}$ 分别为**最小顺序统计量**与**最大顺序统计量**,称 $X_{(n)}-X_{(1)}$ 为样本的**极差**.

定理 6.2.3 设 $X_{(1)},X_{(2)},\cdots,X_{(n)}$ 是与总体 X 的一个样本 $X_1,X_2,\cdots,X_n$ 相对应的顺序统计量,总体 X 的分布函数为 $F(x)$,密度函数为 $f(x)$,则

(1) $X_{(1)}$ 的分布函数为 $F_{X_{(1)}}(x)=1-[1-F(x)]^n$,$X_{(1)}$ 的密度函数为 $f_{X_{(1)}}(x)=n[1-F(x)]^{n-1}f(x)$;

(2) $X_{(n)}$ 的分布函数为 $F_{X_{(n)}}(x)=[F(x)]^n$,$X_{(n)}$ 的密度函数为 $f_{X_{(n)}}(x)=n[F(x)]^{n-1}f(x)$.

证明 (1) $$F_{X_{(1)}}(x)=P\{X_{(1)}\leqslant x\}=1-P\{X_{(1)}>x\}$$
$$=1-P\{X_1>x,X_2>x,\cdots,X_n>x\}$$
$$=1-P\{X_1>x\}P\{X_2>x\}\cdots P\{X_n>x\}$$
$$=1-[1-F(x)]^n,$$
$$f_{X_{(1)}}(x)=[F_{X_{(1)}}(x)]'=\{1-[1-F(x)]^n\}'=n[1-F(x)]^{n-1}f(x).$$

(2) $$F_{X_{(n)}}(x)=P\{X_{(n)}\leqslant x\}=P\{X_1\leqslant x,X_2\leqslant x,\cdots,X_n\leqslant x\}$$
$$=P\{X_1\leqslant x\}P\{X_2\leqslant x\}\cdots P\{X_n\leqslant x\}=[F(x)]^n,$$
$$f_{X_{(n)}}(x)=[F_{X_{(n)}}(x)]'=\{[F(x)]^n\}'=n[F(x)]^{n-1}f(x).$$

6.3 描述性统计

统计学有两个分支,第一个是描述统计学,它研究如何取得反映客观现象的数据,并通过图

表形式对数据进行加工处理，进而进一步综合概括与分析，得到反映客观现象规律性的数字特征；第二个是推断统计学，它研究如何根据样本数据去推断总体的数字特征，是在对样本数据进行描述的基础上，对总体的未知数字特征做出以概率形式表述的推断. 本节主要介绍描述性统计的若干方法.

描述性统计是指运用制表和分类、图形以及计算等概括性数据来描述数据特征的各项活动. 描述性统计分析方法可以分为两类：一类是指标描述法，通过计算一些具体的数字来描述数据的集中趋势、离散趋势、分布形状，如均值、众数、中位数、方差等；另一类是图表描述法，利用图形的直观性对数据特征进行展示，如散点图、茎叶图、直方图、箱线图等.

6.3.1 指标描述法

数据分布的特征可以从三个方面进行描述：一是分布的集中趋势，是指用一个统计量描述数据分布的中心位置，又称为“位置统计量”. 常用的统计量有均值、众数、中位数等；二是分布的离散程度，是指用一个统计量描述各数据远离中心值的趋势，常用的统计量包括方差、极差、分位数等；三是分布的形状，常用的统计量有偏度和峰度.

假设有 n 个样本数据 $x_1, x_2, \cdots, x_n$.

1. 均值

均值为一组数据的算术平均值，即

$$\bar{x}=\frac{x_1+x_2+\cdots+x_n}{n}=\frac{1}{n}\sum_{i=1}^{n}x_i.$$

2. 众数

众数为一组数据中出现次数最多的数值，适合数据量较多时使用，一组数据可以有多个众数，也可以没有众数.

3. 中位数

将一组数据从小到大排序后，得 $x_{(1)} \leqslant x_{(2)} \leqslant \cdots \leqslant x_{(n)}$，中位数为居于中间位置的数据值，记为

$$\tilde{x}=\begin{cases} x_{\left(\frac{n+1}{2}\right)}, & n\text{ 为奇数}, \\ \dfrac{x_{\left(\frac{n}{2}\right)}+x_{\left(\frac{n}{2}+1\right)}}{2}, & n\text{ 为偶数}. \end{cases}$$

中位数只是考虑了中间位置的数据值，所以仅用中位数描述数据会损失很多信息，但它受极端值的影响较小，因此对偏度较大的数据（如收入），中位数比均值更能代表数据的中心位置.

4. 方差

方差为各数据与其均值离差平方的平均值，能较好地反映数据的离散趋势. 虽然可以用绝对值来度量偏离程度，但不便于运算. 因此，通常用方差来描述一组数据的离散性，记为

$$s^2=\frac{1}{n-1}\sum_{i=1}^{n}(x_i-\bar{x})^2.$$

方差的平方根称为标准差. 当标准差越小时，代表一组数据越集中于均值附近.

$$s=\sqrt{\frac{1}{n-1}\sum_{i=1}^{n}(x_i-\bar{x})^2}.$$

5. 极差

极差为最大值与最小值之差,通常用 R 表示,即 $R=x_{(n)}-x_{(1)}$.

6. 四分位数

将一组样本数据从小到大排序后,得 $x_{(1)}\leqslant x_{(2)}\leqslant\cdots\leqslant x_{(n)}$,则样本 p 分位数定义为

$$m_p=\begin{cases}x_{([np]+1)}, & np\text{ 不是整数},\\ \dfrac{x_{(np)}+x_{(np+1)}}{2}, & np\text{ 是整数}.\end{cases}$$

所谓下四分位数是指 0.25 分位数 $m_{0.25}$,也记为 Q_1,中位数是指 0.5 分位数 $m_{0.5}$,也记为 Q_2,上四分位数是指 0.75 分位数 $m_{0.75}$,也记为 Q_3.

四分位距定义为 $IQR=Q_3-Q_1$,它测量了中间 50%的数据的范围,即反映了中间 50%数据的离散程度. IQR 不易受极端值的影响,所以当分布偏度很大或者有少数极端值时,适合用 IQR 描述离散程度.

7. 偏度

偏度用于衡量样本数据的对称性,如果一组数据的分布是对称的,那么偏度为 0;如果偏度显示不为 0,那么表明分布是不对称的.

一般用 SK 来表示偏度,其计算公式为

$$SK=\frac{n\sum_{i=1}^{n}(x_i-\bar{x})^3}{(n-1)(n-2)s^3}.$$

当 SK 为正值时,数据均值右侧的离散性比左侧强,可以判断分布为右偏分布;当 SK 为负值时,数据均值左侧的离散性比右侧强,可以判断分布为左偏分布. 若偏度大于 1 或小于-1,则分布为高度偏态分布;若偏度的范围为 0.5~1 或-1~-0.5,则分布被认为中等度偏态分布;偏度越接近于 0,说明分布的偏斜程度越低.

8. 峰度

峰度说明分布的扁平或尖峰程度,是通过与标准正态分布进行比较得来的.

一般用 K 来表示峰度,其计算公式为

$$K=\frac{n(n+1)\sum_{i=1}^{n}(x_i-\bar{x})^4-3(n-1)\left[\sum_{i=1}^{n}(x_i-\bar{x})^2\right]^2}{(n-1)(n-2)(n-3)s^4}.$$

正态分布的峰度为 0;当 $K>0$ 时,分布为尖峰分布,说明数据的分布更加集中;当 $K<0$ 时,分布为扁平分布,说明数据的分布更加分散.

6.3.2 图表描述法

在统计学中,不论什么样的数据,只要图表使用正确,它就可以描述诸如收入水平、股票市场指数等日常生活中的许多现象. 统计的主要目的是总结数据并提炼出简要的信息,图形化是一种

最直观的方法. 常用的图表法有散点图、茎叶图、直方图和箱线图等.

1. 散点图

将每一个数据在坐标系上用相应的点表示所得到的图称为散点图. 通过散点图,可以直观地展示数据的分布特征和变化趋势.

2. 茎叶图

茎叶图由“茎”和“叶”两部分组成,其图形是由数字构成的:以该组数据的高位数值作树茎,低位数值为树叶. 对于未整理的原始数据,可以利用茎叶图来直观展示数据的分布特征. 下面结合实例来解释说明.

例 6.3.1 某班 30 名同学的概率考试成绩是

85	80	95	85	49	62
71	60	73	81	66	41
94	74	63	67	72	90
62	62	64	50	47	54
76	72	64	57	73	81

作茎叶图的具体步骤如下:

(1) 把每个数值分为茎和叶,个位数为“叶”,十位数为“茎”;

(2) 把茎的值从小到大按竖行排列;

(3) 在每个茎的右侧,把叶的值从小到大排列.

从而这 30 名同学考试成绩的茎叶图如下所示:

茎	叶
4	1 7 9
5	0 4 7
6	0 2 2 2 3 4 4 6 7
7	1 2 2 3 3 4 6
8	0 1 1 5 5
9	0 4 5

茎:十位
叶:个位

由茎叶图可以看出:不及格的有 6 人,最低分是 41,最高分是 95,分数主要集中在 60~69 和 70~79 两个分数段.

3. 直方图

直方图是用矩形的宽度和高度来表示频数分布的图形,可以用于观测数据的分布情况. 具体来讲,就是在平面直角坐标系中,横轴表示数据分组,纵轴表示频率,在横轴上以分组区间为底,以频率/组距为高依次画出矩形,这样形成的图形就称为直方图.

作直方图的具体步骤如下:

(1) 根据数据的最大值、最小值,取一个区间$[a,b]$,其下限比最小的数据稍小,其上限比最大的数据稍大;

(2) 将这一区间分为 k 个小区间,小区间的长度称为组距(各组距的大小可以不相等),小区间的端点称为组限,通常当 n 较大时,k 在 10~20 取值,当 $n<50$ 时,则 k 取 5 或 6,尽量避免小

区间内频数为零的情况；

(3) 计算出落在每个小区间内的数据的频数(即出现次数)和频率；

(4) 自左至右依次在各个小区间上作以该区间对应频率/组距为高的小矩形，这样得到的图形就是直方图.

显然，直方图中小矩形的面积就等于数据落在该小区间上的频率. 由于当 n 很大时，频率接近于概率，因而一般来说，每个小区间上的小矩形面积接近概率密度曲线之下该小区间之上的曲边梯形的面积. 所以，通常直方图的外轮廓曲线接近总体 X 的概率密度曲线.

以例 6.3.1 中的数据为例，作出相应的直方图，如图 6-1 所示.

组数	区间	频数	频率	累积频率/%
1	[40,50)	3	0.1	10
2	[50,60)	3	0.1	20
3	[60,70)	9	0.3	50
4	[70,80)	7	0.23	73
5	[80,90)	5	0.17	90
6	[90,100]	3	0.1	100

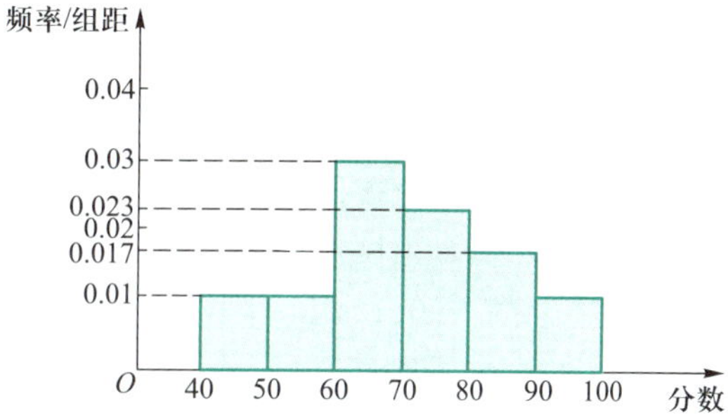

图 6-1

4. 箱线图

箱线图能够描述的特征包括：中心、数据分布范围和对称性，以及异常数据(即离群值和极值)的诊断. 箱线图能显示出一组数据的最小值(Min)、下四分位数(Q_1)、中位数(Q_2)、上四分位数(Q_3)、最大值(Max)这 5 个特征值，对所有观测数据的分布特征用图形的形式进行展示，如图 6-2 所示.

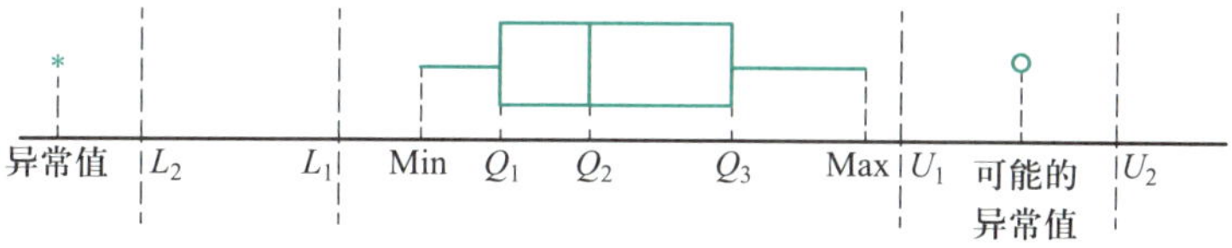

图 6-2

(1) 将观测数据从小到大排序，找出一组数据的 5 个特征值；

(2) 画一个水平数轴并标注 5 个特征值，在数轴上方画一个上下侧平行于数轴的矩形箱子，箱子的左右两侧分别位于 Q_1 和 Q_3 的上方，在 Q_2 上方画一条铅直线段，线段位于箱子内部；

(3) 计算内限和外限：

内限　下边界 $L_1 = Q_1 - 1.5 \times IQR$，　上边界 $U_1 = Q_3 + 1.5 \times IQR$，

外限　下边界 $L_2 = Q_1 - 3 \times IQR$，　上边界 $U_2 = Q_3 + 3 \times IQR$；

(4) 自箱子左侧引一条平行线直至大于 L_1 的最小观测值，在同一水平高度自箱子右侧引一条水平线直至小于 U_1 的最大观测值. 小于 L_1 或大于 U_1 的观测值为“可能的异常值”，用“○”表示，小于 L_2 或大于 U_2 的观测值为“异常值”，用“ * ”表示. 统计软件绘制的箱线图一般没有标出内限和外限.

6.4 三个重要的分布

除正态分布外,统计推断中还经常用到三个与正态分布有关的重要分布,本节分别对这三个分布的形式和由来予以介绍.

6.4.1 χ^2 分布

定义 6.4.1 设随机变量 $X_1,X_2,\cdots,X_n$ 相互独立,且都服从 $N(0,1)$,则称随机变量

$$\chi^2=\sum_{i=1}^{n}X_i^2 \tag{6.4.1}$$

服从自由度为 n 的 **χ^2 分布**,记作 $\chi^2\sim\chi^2(n)$.

在上述定义中,自由度可以理解为平方和中独立随机变量的个数,若将 $X_1,X_2,\cdots,X_n$ 看作来自标准正态总体 $N(0,1)$ 的一个样本,则(6.4.1)式定义的 χ^2 是一个统计量. 对下述 t 分布和 F 分布的定义,亦可类似理解.

$\chi^2(n)$ 分布是英国统计学家卡尔·皮尔逊在 1900 年提出的.

$\chi^2(n)$ 分布的概率密度为

$$f(y)=\begin{cases}\dfrac{1}{2^{\frac{n}{2}}\Gamma\left(\dfrac{n}{2}\right)}y^{\frac{n}{2}-1}\mathrm{e}^{-\frac{y}{2}}, & y>0,\\ 0, & y\leqslant 0,\end{cases}$$

$f(y)$ 的图像如图 6-3 所示.

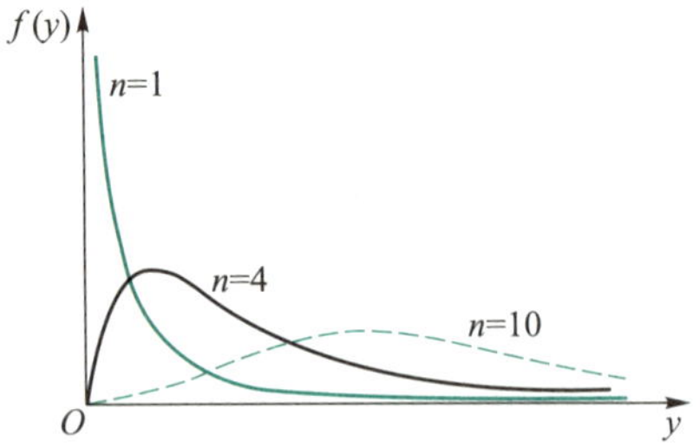

图 6-3

χ^2 分布有如下重要性质.

性质 1 若 $\chi^2\sim\chi^2(n)$,则 $E\chi^2=n,D\chi^2=2n$.

性质 2(可加性) 设 $\chi_1^2\sim\chi^2(n_1),\chi_2^2\sim\chi^2(n_2)$,且 χ_1^2 与 χ_2^2 相互独立,则

$$\chi_1^2+\chi_2^2\sim\chi^2(n_1+n_2). \tag{6.4.2}$$

6.4.2 t 分布

定义 6.4.2 设 $X\sim N(0,1),Y\sim\chi^2(n)$,且 X 与 Y 相互独立,则称随机变量

$$t=\frac{X}{\sqrt{Y/n}} \tag{6.4.3}$$

服从自由度为 n 的 **t 分布**,记作 $t\sim t(n)$.

t 分布也称为学生(Student)分布,它是英国统计学家戈赛特在 1908 年以笔名"Student"发表的论文成果.

$t(n)$ 分布的概率密度为

$$f(t)=\frac{\Gamma\left(\frac{n+1}{2}\right)}{\sqrt{n\pi}\,\Gamma\left(\frac{n}{2}\right)}\left(1+\frac{t^2}{n}\right)^{-\frac{n+1}{2}},\quad -\infty<t<+\infty .$$

$f(t)$ 的图形如图 6-4 所示，它关于 $t=0$ 对称，且当 n 很大时其图形类似于标准正态变量概率密度的图形.

事实上，当 n 很大时，t 分布近似于 $N(0,1)$ 分布. 但对于较小的 n，t 分布与 $N(0,1)$ 分布相差较大.

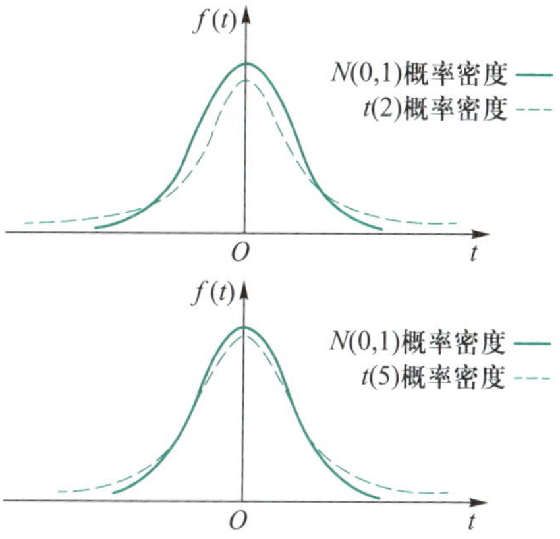

图 6-4

6.4.3 F 分布

定义 6.4.3 设 $X\sim\chi^2(m)$，$Y\sim\chi^2(n)$，且 X 与 Y 相互独立，则称随机变量

$$F=\frac{X/m}{Y/n}\tag{6.4.4}$$

服从自由度为 (m,n) 的 **F 分布**，记作 $F\sim F(m,n)$.

F 分布是由英国统计学家费希尔于 1924 年提出的.

$F(m,n)$ 分布的概率密度为

$$f(y)=\begin{cases}\dfrac{\Gamma\left(\frac{m+n}{2}\right)}{\Gamma\left(\frac{m}{2}\right)\Gamma\left(\frac{n}{2}\right)}\dfrac{m}{n}\left(\dfrac{m}{n}y\right)^{\frac{m}{2}-1}\left(1+\dfrac{m}{n}y\right)^{-\frac{m+n}{2}}, & y>0,\\ 0, & y\leqslant 0,\end{cases}$$

$f(y)$ 的图像如图 6-5 所示.

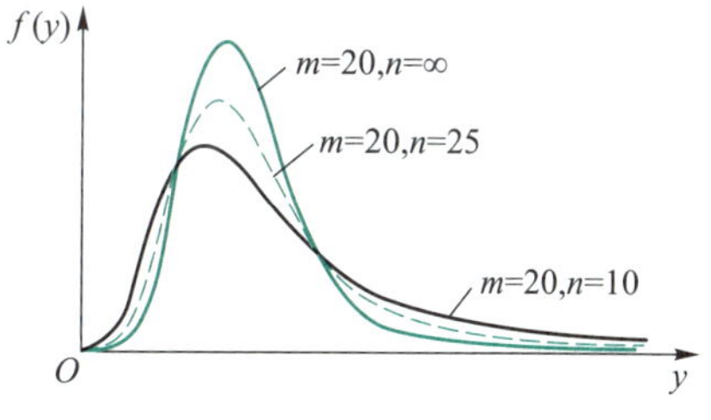

图 6-5

性质 若 $F\sim F(m,n)$，则 $\frac{1}{F}\sim F(n,m)$.

例 6.4.1 设随机变量 X_1,X_2,X_3 相互独立，$X_1\sim N(0,1)$，$X_2\sim N\left(0,\frac{1}{2}\right)$，$X_3\sim N\left(0,\frac{1}{3}\right)$，求 $X_1^2+2X_2^2+3X_3^2$ 的分布.

解 因为 $X_1\sim N(0,1)$，所以 $X_1^2\sim\chi^2(1)$；

因为 $X_2\sim N\left(0,\frac{1}{2}\right)$，所以 $\sqrt{2}X_2\sim N(0,1)$，于是 $2X_2^2\sim\chi^2(1)$；

因为 $X_3\sim N\left(0,\frac{1}{3}\right)$，所以 $\sqrt{3}X_3\sim N(0,1)$，于是 $3X_3^2\sim\chi^2(1)$.

又因为 X_1,X_2,X_3 相互独立，所以 $X_1^2+2X_2^2+3X_3^2\sim\chi^2(3)$.

例 6.4.2 设 $X_1,X_2,\cdots,X_6$ 是来自总体 $N(0,1)$ 的样本，又设

$$Y=(X_1+X_2+X_3)^2+(X_4+X_5+X_6)^2,$$

试求常数 C，使 CY 服从χ^2分布.

解 因为 $X_1+X_2+X_3\sim N(0,3)$，$X_4+X_5+X_6\sim N(0,3)$，所以

$$\frac{X_1+X_2+X_3}{\sqrt{3}}\sim N(0,1),\quad \frac{X_4+X_5+X_6}{\sqrt{3}}\sim N(0,1),$$

且它们相互独立，于是

$$\left(\frac{X_1+X_2+X_3}{\sqrt{3}}\right)^2+\left(\frac{X_4+X_5+X_6}{\sqrt{3}}\right)^2\sim\chi^2(2),$$

故应取 $C=\frac{1}{3}$，则有$\frac{1}{3}Y\sim\chi^2(2)$.

例 6.4.3 设随机变量 X 和 Y 相互独立，且都服从正态分布 $N(0,3^2)$，$X_1,X_2,\cdots,X_9$ 和 Y_1，$Y_2,\cdots,Y_9$ 分别是来自总体 X 和 Y 的样本，求统计量 $U=\frac{X_1+X_2+\cdots+X_9}{\sqrt{Y_1^2+Y_2^2+\cdots+Y_9^2}}$的分布.

解 因为随机变量 X 和 Y 服从正态分布 $N(0,3^2)$，所以

$$X_1+X_2+\cdots+X_9\sim N(0,9^2),\quad 标准化得\frac{X_1+X_2+\cdots+X_9}{9}\sim N(0,1).$$

而$\frac{Y_i}{3}\sim N(0,1)$，故$\left(\frac{Y_i}{3}\right)^2\sim\chi^2(1)$，则$\frac{Y_1^2+Y_2^2+\cdots+Y_9^2}{9}\sim\chi^2(9)$. 又因为 X 和 Y 相互独立，故 $X_1+X_2+\cdots+X_9$ 和 $Y_1^2+Y_2^2+\cdots+Y_9^2$ 也相互独立，故

$$\frac{\dfrac{X_1+X_2+\cdots+X_9}{9}}{\sqrt{\dfrac{Y_1^2+Y_2^2+\cdots+Y_9^2}{9}\Big/9}}\sim t(9),$$

化简得 $U\sim t(9)$.

6.4.4 分位点

在介绍抽样分布的相关定理之前，先给出分位点的概念.

定义 6.4.4 设连续型随机变量 X 的分布函数为 $F(x)$，对于给定的正数 α，$0<\alpha<1$，使

$$P\{X>x_\alpha\}=1-F(x_\alpha)=\alpha \tag{6.4.5}$$

的点 x_α 称为此分布的**上 α 分位点**(或**分位数**).

(1) 标准正态分布的上 α 分位点又记为 z_α(或 u_α)，即对于标准正态随机变量 X，z_α 满足

$$P\{X>z_\alpha\}=1-\Phi(z_\alpha)=\alpha.$$

如图 6-6 所示，由对称性知 $z_{1-\alpha}=-z_\alpha$. 如图 6-7 所示，满足 $P\{|X|>z_{\alpha/2}\}=\alpha$ 的 $z_{\alpha/2}$ 称为**正态分布的双侧 α 分位点**.

对于给定的 α，z_α 或 $z_{1-\alpha}$ 的值可由标准正态分布表(附表 3)查得. 例如，由 $P\{X>z_{0.05}\}=1-\Phi(z_{0.05})=0.05$ 可得 $\Phi(z_{0.05})=0.95$，查表得 $z_{0.05}=1.65$，再由对称性知 $z_{0.95}=-1.65$. 标准正态分布中常用的上 α 分位点有

$$z_{0.1}=1.28,\quad z_{0.05}=1.65,\quad z_{0.025}=1.96,\quad z_{0.01}=2.33,\quad z_{0.005}=2.58.$$

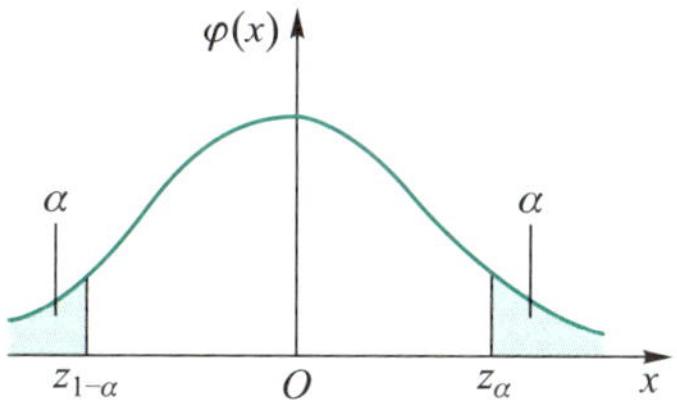

图 6-6

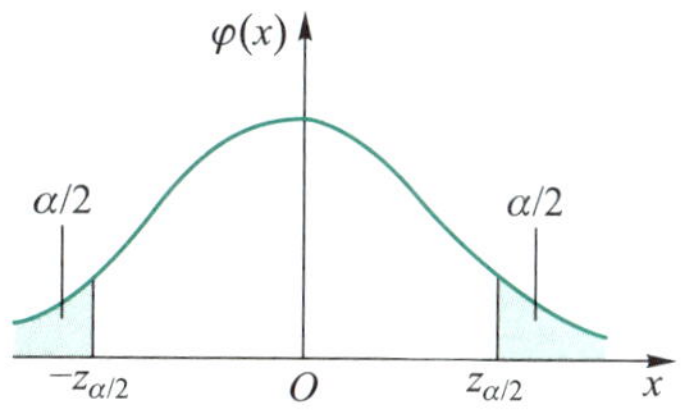

图 6-7

（2）设 $t\sim t(n)$，对于给定的 $\alpha(0<\alpha<1)$ 满足条件

$$P\{t>t_{\alpha}(n)\}=\int_{t_{\alpha}(n)}^{+\infty}f(t)\,\mathrm{d}t=\alpha$$

的点 $t_{\alpha}(n)$ 称为 **t 分布的上 α 分位点**，如图 6-8 所示，由对称性知 $t_{1-\alpha}(n)=-t_{\alpha}(n)$. 类似于标准正态分布，如图 6-9 所示，满足 $P\{|t|>t_{\alpha/2}(n)\}=\alpha$ 的 $t_{\alpha/2}(n)$ 称为 **t 分布的双侧 α 分位点**.

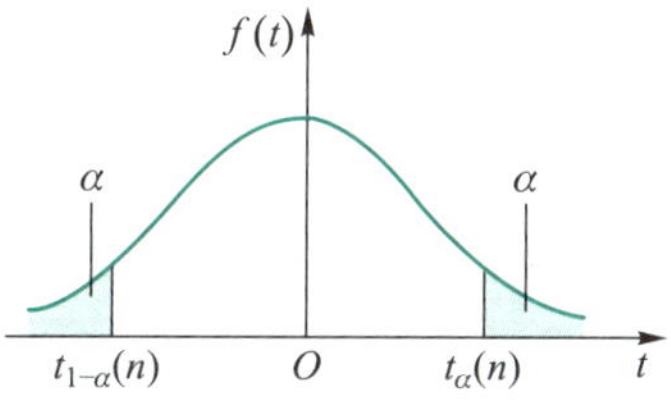

图 6-8

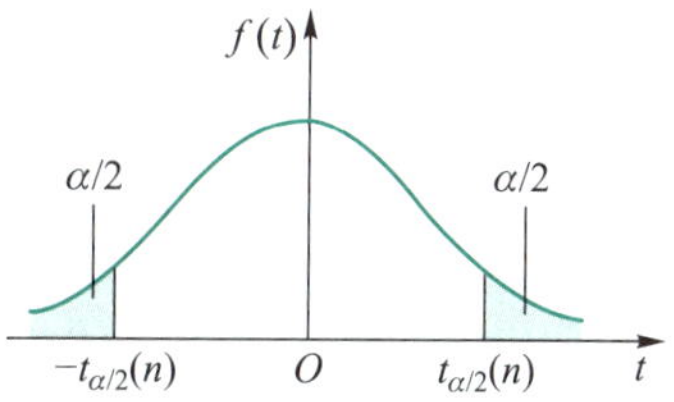

图 6-9

对不同的 α 和 n，$t_{\alpha}(n)$ 的值可由 t 分布表（附表 5）查得. 例如，当 $\alpha=0.05$，$n=15$ 时，查表得 $t_{0.05}(15)=1.7531$，$t_{0.025}(15)=2.1315$.

当 $n>45$ 时，可用标准正态分布 $N(0,1)$ 来近似 t 分布，即 $t_{\alpha}(n)\approx z_{\alpha}$.

（3）设 $\chi^2\sim\chi^2(n)$，对于给定的 $\alpha(0<\alpha<1)$，满足条件

$$P\{\chi^2>\chi_{\alpha}^2(n)\}=\int_{\chi_{\alpha}^2(n)}^{+\infty}f(y)\,\mathrm{d}y=\alpha$$

的点 $\chi_{\alpha}^2(n)$ 称为 **$\chi^2(n)$ 分布的上 α 分位点**，如图 6-10 所示.

对不同的 α 和 n，$\chi_{\alpha}^2(n)$ 的值可由 χ^2 分布表（附表 4）查得. 例如，当 $\alpha=0.1$，$n=25$ 时，查表可得 $\chi_{0.1}^2(25)=34.382$，$\chi_{0.05}^2(25)=37.652$.

（4）设 $F\sim F(m,n)$，对于给定的 $\alpha(0<\alpha<1)$，满足条件

$$P\{F>F_{\alpha}(m,n)\}=\int_{F_{\alpha}(m,n)}^{+\infty}f(y)\,\mathrm{d}y=\alpha$$

的点 $F_{\alpha}(m,n)$ 称为 **F 分布的上 α 分位点**，如图 6-11 所示.

$F_{\alpha}(m,n)$ 的值可由 F 分布表（附表 6）查得. 例如，当 $\alpha=0.05$，$m=14$，$n=12$ 时，查表得到 $F_{0.05}(14,12)=2.64$.

F 分布的分位点有如下重要性质：

$$F_{1-\alpha}(m,n)=\frac{1}{F_{\alpha}(n,m)},\tag{6.4.6}$$

该性质常用来求 F 分布表中没列出的某些值. 例如, 欲求 $F_{0.95}(10,20)$, 可先查表确定 $F_{0.05}(20,10)=2.77$,再由(6.4.6)式得到

$$F_{0.95}(10,20)=\frac{1}{F_{0.05}(20,10)}=0.36.$$

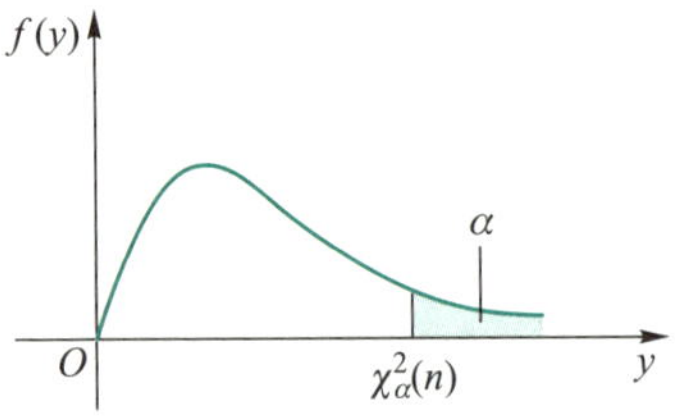

图 6-10

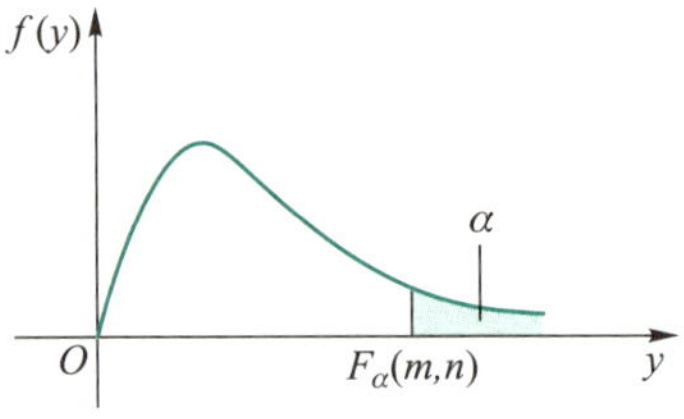

图 6-11

6.5 正态总体的抽样分布

统计量是样本的函数,它是一个随机变量. 统计量的概率分布称为抽样分布. 使用统计量进行统计推断时常需知道它的分布. 若总体的分布已知,则抽样分布是确定的,然而求统计量的精确分布是一个复杂的问题. 由于常见的总体大都服从或近似服从正态分布,故本节主要介绍来自正态总体的几个常用统计量的抽样分布.

定理 6.5.1 若 $X_1,X_2,\cdots,X_n$ 是来自正态总体 $N(\mu,\sigma^2)$ 的样本,$\overline{X}$ 和 S^2 分别是样本均值和样本方差,则

(1) $\overline{X}\sim N\left(\mu,\dfrac{\sigma^2}{n}\right)$,即$\dfrac{\overline{X}-\mu}{\sigma/\sqrt{n}}\sim N(0,1)$; (6.5.1)

(2) $\overline{X}$ 与 S^2 相互独立;

(3) $\dfrac{(n-1)S^2}{\sigma^2}\sim\chi^2(n-1)$. (6.5.2)

此定理的结论(1)是显然的,结论(2)和(3)的证明略.

定理 6.5.2 设 $X_1,X_2,\cdots,X_n$ 是来自正态总体 $N(\mu,\sigma^2)$ 的样本,$\overline{X}$ 和 S^2 分别是样本均值和样本方差,则

$$\frac{\overline{X}-\mu}{S/\sqrt{n}}\sim t(n-1).\tag{6.5.3}$$

证 由(6.5.1)及(6.5.2)式,且$\dfrac{\overline{X}-\mu}{\sigma/\sqrt{n}}$与$\dfrac{(n-1)S^2}{\sigma^2}$相互独立(因为 $\overline{X}$ 和 S^2 相互独立),再由 t 分布的定义得

$$\frac{\dfrac{\overline{X}-\mu}{\sigma/\sqrt{n}}}{\sqrt{\dfrac{(n-1)S^2}{\sigma^2}\Big/(n-1)}}=\frac{\overline{X}-\mu}{S/\sqrt{n}}\sim t(n-1).$$

例 6.5.1 假设某包装产品的质量 X(单位:kg)服从 $N(12,\sigma^2)$,现从仓库中随机抽取 25 袋该产品,

(1) 若根据以往经验知道 $\sigma=2$,求这些产品的平均质量大于 12.5 kg 的概率.

(2) 依次将这 25 袋产品称重,并计算样本均值及样本方差.但是由于工作失误,事后失去了此试验的结果,只记得样本方差为 5.57,求样本均值大于 12.5 的概率.

解 (1) σ 已知,根据定理 6.5.1,得 $\overline{X}\sim N\left(\mu,\dfrac{\sigma^2}{n}\right)$,即$\dfrac{\overline{X}-12}{2/\sqrt{25}}\sim N(0,1)$,

所以 $P\{\overline{X}>12.5\}=1-P\{\overline{X}\leqslant 12.5\}=1-\Phi\left(\dfrac{12.5-12}{2/\sqrt{25}}\right)=1-\Phi(1.25)=0.1056$.

(2) σ 未知,根据定理 6.5.2,$\dfrac{\overline{X}-\mu}{S/\sqrt{n}}\sim t(n-1)$,即$\dfrac{\overline{X}-12}{\sqrt{5.57}/\sqrt{25}}\sim t(24)$,

$$P\{\overline{X}>12.5\}=P\left\{\frac{\overline{X}-12}{\sqrt{5.57}/5}>\frac{12.5-12}{\sqrt{5.57}/5}\right\}=P\{T>1.059\},$$

查 t 分布表得 $t_{0.15}(24)=1.059$,从而

$$P\{\overline{X}>12.5\}=P\{T>1.059\}=0.15.$$

例 6.5.2 从正态总体 $N(\mu,0.5^2)$中抽取容量为 10 的样本 $X_1,X_2,\cdots,X_{10}$,$\overline{X}$ 是样本均值.若μ 未知,计算:

(1) $P\left\{\sum\limits_{i=1}^{10}(X_i-\mu)^2\geqslant 1.68\right\}$;

(2) $P\left\{\sum\limits_{i=1}^{10}(X_i-\overline{X})^2<2.85\right\}$.

解 (1) 若μ 未知,则由 $X\sim N(\mu,0.5^2)$知$\dfrac{X_i-\mu}{0.5}\sim N(0,1)$.由$\chi^2$ 分布的定义可知

$$\sum_{i=1}^{10}\left(\frac{X_i-\mu}{0.5}\right)^2=4\sum_{i=1}^{10}(X_i-\mu)^2\sim\chi^2(10),$$

故

$$P\left\{\sum_{i=1}^{10}(X_i-\mu)^2\geqslant 1.68\right\}=P\left\{4\sum_{i=1}^{10}(X_i-\mu)^2\geqslant 6.72\right\}=0.75(\text{查表得 }\chi^2_{0.75}(10)=6.737).$$

(2) 由定理 6.5.1 得

$$\frac{(n-1)S^2}{\sigma^2}=\sum_{i=1}^{10}\left(\frac{X_i-\overline{X}}{0.5}\right)^2=4\sum_{i=1}^{10}(X_i-\overline{X})^2\sim\chi^2(9),$$

故

$$P\left\{\sum_{i=1}^{10}(X_i-\overline{X})^2<2.85\right\}=1-P\left\{\sum_{i=1}^{10}(X_i-\overline{X})^2\geqslant 2.85\right\}$$

$$=1-P\left\{4\sum_{i=1}^{10}(X_i-\overline{X})^2\geqslant 11.4\right\}=1-0.25$$

$$=0.75\quad(\text{查表得}\chi^2_{0.25}(9)=11.389).$$

例 6.5.3(2017 年考研真题(数学一)) 设 $X_1,X_2,\cdots,X_n(n\geqslant 2)$ 是来自总体 $N(\mu,1)$ 的简单随机样本,记 $\overline{X}=\frac{1}{n}\sum_{i=1}^{n}X_i$,则下列结论不正确的是(　　).

(A) $\sum_{i=1}^{n}(X_i-\mu)^2$ 服从 χ^2 分布　　(B) $2(X_n-X_1)^2$ 服从 χ^2 分布

(C) $\sum_{i=1}^{n}(X_i-\overline{X})^2$ 服从 χ^2 分布　　(D) $n(\overline{X}-\mu)^2$ 服从 χ^2 分布

解 由 $X_i\sim N(\mu,1)$ 得 $(X_i-\mu)\sim N(0,1)$,从而 $(X_i-\mu)^2\sim\chi^2(1)$. 又样本相互独立,故 $\sum_{i=1}^{n}(X_i-\mu)^2\sim\chi^2(n)$,选项(A)正确.

由 $X_i\sim N(\mu,1)$ 得 $(X_n-X_1)\sim N(0,2)$,即 $\frac{X_n-X_1}{\sqrt{2}}\sim N(0,1)$. 从而 $\left(\frac{X_n-X_1}{\sqrt{2}}\right)^2\sim\chi^2(1)$,即 $\frac{1}{2}(X_n-X_1)^2\sim\chi^2(1)$,选项(B)错误.

由 $X\sim N(\mu,1)$ 得 $\sigma^2=1$,根据定理 6.5.1,$\frac{(n-1)S^2}{\sigma^2}\sim\chi^2(n-1)$,且 $S^2=\frac{1}{n-1}\sum_{i=1}^{n}(X_i-\overline{X})^2$,故 $\sum_{i=1}^{n}(X_i-\overline{X})^2\sim\chi^2(n-1)$,选项(C)正确.

由 $X\sim N(\mu,1)$ 得 $\overline{X}\sim N\left(\mu,\frac{1}{n}\right)$,从而 $\frac{\overline{X}-\mu}{1/\sqrt{n}}\sim N(0,1)$,即 $\sqrt{n}(\overline{X}-\mu)\sim N(0,1)$,所以 $n(\overline{X}-\mu)^2\sim\chi^2(1)$,选项(D)正确. 故选(B).

* **定理 6.5.3** 设 $X_1,X_2,\cdots,X_n$ 是来自正态总体 $N(\mu_1,\sigma^2)$ 的样本,$Y_1,Y_2,\cdots,Y_m$ 是来自正态总体 $N(\mu_2,\sigma^2)$ 的样本,两样本均值分别为 $\overline{X},\overline{Y}$,样本方差分别为 S_1^2,S_2^2,且两样本相互独立,则

(1) $\overline{X}-\overline{Y}\sim N\left(\mu_1-\mu_2,\frac{\sigma^2}{n}+\frac{\sigma^2}{m}\right)$;

(2) $\frac{(n-1)S_1^2+(m-1)S_2^2}{\sigma^2}\sim\chi^2(n+m-2)$;

（3）$F=\dfrac{S_1^2}{S_2^2}\sim F(n-1,m-1)$；

（4）$T=\dfrac{(\overline{X}-\overline{Y})-(\mu_1-\mu_2)}{S_\omega\sqrt{\dfrac{1}{n}+\dfrac{1}{m}}}\sim t(n+m-2)$，

其中 $S_\omega^2=\dfrac{(n-1)S_1^2+(m-1)S_2^2}{n+m-2}$称为混合样本方差.

证　(1) 由定理 6.5.1(1)可知 $\overline{X}\sim N\left(\mu_1,\dfrac{\sigma^2}{n}\right)$，且 $\overline{Y}\sim N\left(\mu_2,\dfrac{\sigma^2}{m}\right)$，又由两样本相互独立知 $\overline{X}$ 与 $\overline{Y}$ 相互独立,所以

$$\overline{X}-\overline{Y}\sim N\left(\mu_1-\mu_2,\frac{\sigma^2}{n}+\frac{\sigma^2}{m}\right).$$

（2）由定理 6.5.1(3)可知$\dfrac{(n-1)S_1^2}{\sigma^2}\sim\chi^2(n-1)$，且$\dfrac{(m-1)S_2^2}{\sigma^2}\sim\chi^2(m-1)$，因为两样本相互独立,所以 S_1^2 与 S_2^2 相互独立,根据χ^2 分布的可加性得

$$\frac{(n-1)S_1^2+(m-1)S_2^2}{\sigma^2}\sim\chi^2(n+m-2).$$

（3）由定理 6.5.1(3)可知$\dfrac{(n-1)S_1^2}{\sigma^2}\sim\chi^2(n-1)$，且$\dfrac{(m-1)S_2^2}{\sigma^2}\sim\chi^2(m-1)$. 因为两样本相互独立,所以 S_1^2 与 S_2^2 相互独立,由 F 分布的定义可得

$$\frac{\dfrac{(n-1)S_1^2}{\sigma^2}\Big/(n-1)}{\dfrac{(m-1)S_2^2}{\sigma^2}\Big/(m-1)}=\frac{S_1^2}{S_2^2}\sim F(n-1,m-1).$$

（4）由(1)的结论,令

$$U=\frac{(\overline{X}-\overline{Y})-(\mu_1-\mu_2)}{\sigma\sqrt{\dfrac{1}{n}+\dfrac{1}{m}}}\sim N(0,1).$$

由(2)的结论,令

$$V=\frac{(n-1)S_1^2+(m-1)S_2^2}{\sigma^2}\sim\chi^2(n+m-2).$$

因为两样本相互独立,所以 $\overline{X},\overline{Y},S_1^2,S_2^2$ 相互独立,从而 U 与 V 相互独立,结合 t 分布的定义可得

$$\frac{U}{\sqrt{V/(n+m-2)}}=\frac{(\overline{X}-\overline{Y})-(\mu_1-\mu_2)}{S_\omega\sqrt{\frac{1}{n}+\frac{1}{m}}}\sim t(n+m-2),$$

其中 $S_\omega^2=\frac{(n-1)S_1^2+(m-1)S_2^2}{n+m-2}$.

6.6 Excel 在描述统计中的应用

对于一组数据(即样本值),要想获得关于它们的一些常用统计量,可以使用 Excel 中提供的统计函数来实现,例如,AVERAGE(平均值)、STDEV(样本标准差)、VAR(样本方差),KURT(峰度系数)、SKEW(偏度系数)、MEDIAN(中位数)、MODE(众数)等.但最方便快捷的方法是利用 Excel 的数据分析工具中的描述统计工具来生成描述用户数据的常用统计量,包括平均值、标准误差、中位数、众数、标准差、方差、峰度、偏度、最小值、最大值、总和、置信水平(置信度)等.具体操作如下:

(1) 单击“数据”菜单中的“数据分析”按钮,将弹出“数据分析”对话框,如图 6-12 所示.

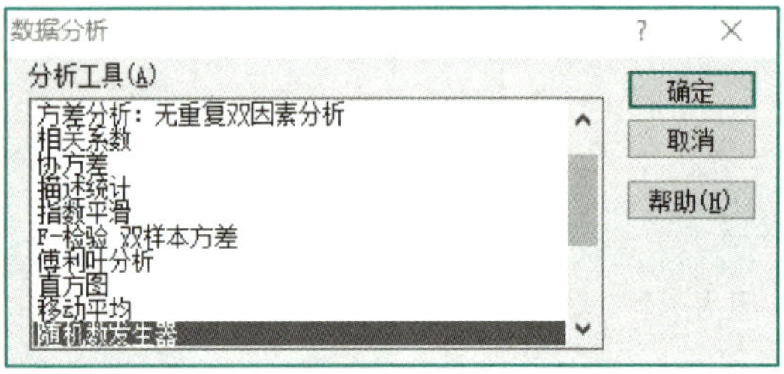

图 6-12

(2) 在“数据分析”对话框中选择“描述统计”选项后单击“确定”按钮,弹出“描述统计”对话框,如图 6-13 所示.

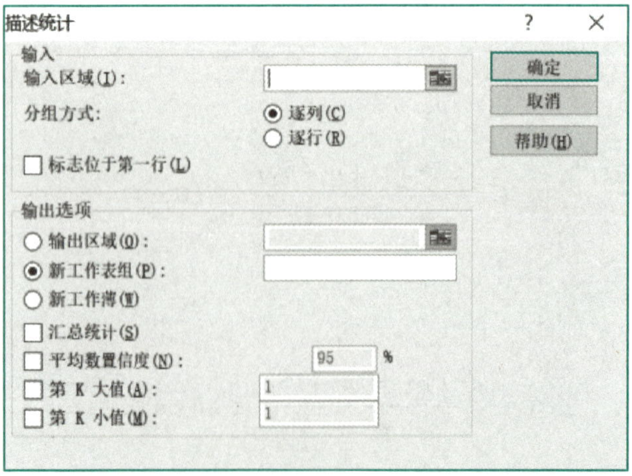

图 6-13

关于“描述统计”对话框的说明：

（1）输入区域：在此输入待分析数据区域的单元格引用，该引用必须由两个或两个以上按列或行排列的相邻数据区域组成.

（2）分组方式：依据数据输入的方式，选择输入区域中的数据是按列还是按行排列，单击“逐列”或“逐行”.

（3）标志位于第一行/标志位于第一列：

① 选择“逐列”分组时，如果输入区域的第一行中包含标志项，请选中“标志位于第一行”复选框；

② 选择“逐行”分组时，如果输入区域的第一列中包含标志项，请选中“标志位于第一列”复选框；

③ 如果输入区域没有标志项，该复选框将被清除，Excel 将在输出表中生成适宜的数据标志.

（4）输出选项

① 输出区域：在此输入对输出表左上角单元格的引用. 此工具将为每个数据集产生两列信息. 左边一列包含统计标志，右边一列包含统计值. 根据所选择的“分组方式”选项，Excel 将为输入区域中的每一行或每一列生成一个两列的统计表；

② 新工作表组：单击此选项可在当前工作簿中插入新工作表，并由新工作表的 A1 单元格开始粘贴计算结果. 若要为新工作表命名，请在右侧的框中键入名称；

③ 新工作簿：单击此选项可创建一新工作簿，并在新工作簿的新工作表中粘贴计算结果.

（5）汇总统计：如果需要 Excel 在输出表中为下列每个统计结果生成一个字段，请选中此复选框. 这些统计结果有：平均值、标准误差（相对于平均值）、中位数、众数、标准差、方差、峰度、偏度、区域（=极差=全距）、最小值、最大值、总和、总个数、最大值（k）、最小值（k）和置信度.

（6）平均数置信度：如果需要在输出表的某一行中包含平均值的置信度，请选中此复选框. 在右侧的框中，输入所要使用的置信度. 例如，数值 95%可用来计算在显著性水平为 5%时的平均值置信度.

（7）第 K 大值：如果需要在输出表的某一行中包含每个数据区域中的第 k 个最大值，请选中此复选框. 在右侧的框中，输入 k 的数字. 如果输入 1，那么该行将包含数据集中的最大值.

（8）第 K 小值：如果需要在输出表的某一行中包含每个数据区域的第 k 个最小值，请选中此复选框. 在右侧的框中，输入 k 的数字. 如果输入 1，那么该行将包含数据集中的最小值.

例 6.6.1 以下是某地区 20 户家庭的年收入（单位：万元）数据，用 Excel 对该数据进行描述性分析.

16.32	18.56	20.35	25.78	30.2	9.55	21.77	28.96	19.68	15.39
28.27	22.66	30.57	18.19	24.73	27.45	26.33	18.29	10.5	31.26

解 ① 在 Excel 表格中输入数据，如图 6-14 所示.

② 在“描述统计”对话框中，在“输入区域”文本框中输入或选择单元格区域“A2:A21”，选中“标志位于第一行”复选框，输出区域选择 C2. 再选中下面的“汇总统计”“平均数置信度”“第

K 大值”“第 K 小值”4 个复选框,注意在“平均数置信度”“第 K 大值”“第 K 小值”3 个复选框右侧的文本框中输入想要的值,如图 6-15 所示.

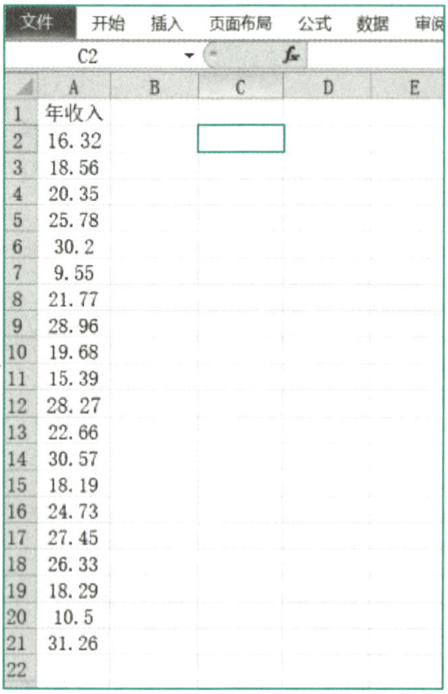

图 6-14

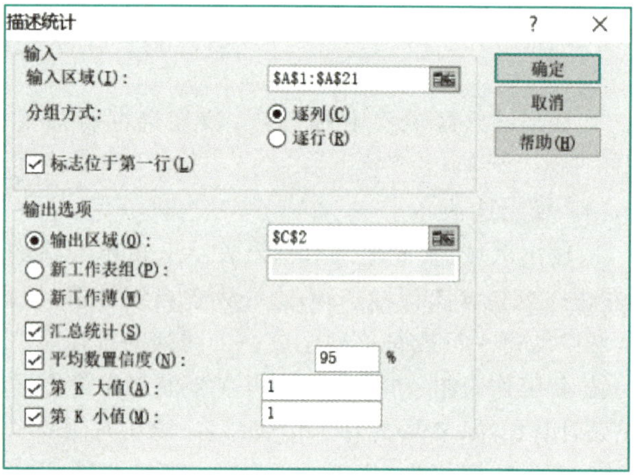

图 6-15

③ 单击“确定”按钮,即可得到描述统计结果,如图 6-16 所示.

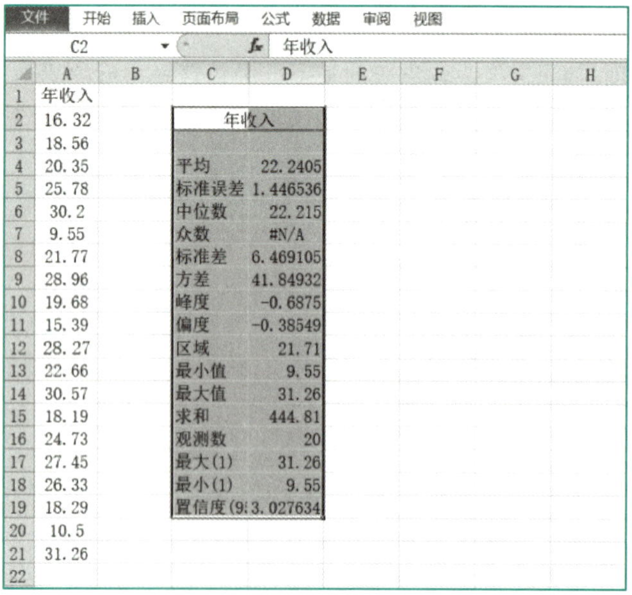

图 6-16

第六章思维导图

- 数理统计的基本概念
  - 总体与样本
  - 统计量及其分布
    - 统计量的概念
    - 常用的统计量
    - 顺序统计量
  - 描述性统计
    - 指标描述法
    - 图表描述法
  - 三个重要的分布
    - χ^2分布
    - t分布
    - F分布
    - 分位点
  - 正态总体的抽样分布
    - 单个正态总体的抽样分布
    - 两个正态总体的抽样分布

拓展阅读
数理统计简史

习题六

(A) 基础练习

1. 设总体 $X \sim P(\lambda)$,$X_1, X_2, \cdots, X_n$ 是来自总体的样本,$\overline{X}, S^2$ 分别为样本均值和样本方差.

(1) 写出$(X_1, X_2, \cdots, X_n)$的联合分布律;

(2) 求 $E\overline{X}, D\overline{X}, ES^2$.

2. 设总体 $X \sim N(1, \sigma^2)$,$X_1, X_2, \cdots, X_n$ 是来自 X 的样本,求$(X_1, X_2, \cdots, X_n)$的联合概率密度.

3. 已知总体 $X \sim N(\mu, \sigma^2)$,其中μ已知而 σ^2 未知,设 $X_1, X_2, \cdots, X_n$ 为来自总体 X 的样本,指出下面哪些是统计量,哪些不是统计量:

(1) $X_1^2+X_2^2+\cdots+X_n^2$;　　(2) $X_2+\sigma^2$;　　(3) X_1+X_2;

(4) $\dfrac{1}{\sigma^2}\sum\limits_{i=1}^{n}(X_i-\overline{X})^2$;　　(5) $X_1+\mu$;　　(6) $\min\{X_1, X_2, \cdots, X_n\}$.

4. 从总体 X 中抽取容量为 5 的样本,其样本值为 105,110,112,125,128,求样本均值、样本方差和标准差.

5. 设 $X_1, X_2, \cdots, X_6$ 是来自正态总体 $N(0,1)$ 的样本,证明:

(1) $\dfrac{1}{2}Y \sim \chi^2(3)$,其中 $Y=(X_1+X_2)^2+(X_3+X_4)^2+(X_5+X_6)^2$;

(2) $\sqrt{\dfrac{3}{2}}\dfrac{X_1+X_2}{\sqrt{X_3^2+X_4^2+X_5^2}} \sim t(3)$.

6. 设 $X_1, X_2, \cdots, X_5$ 是来自正态总体 $N(0,\sigma^2)$ 的样本，试给出常数 k，使得 $k\dfrac{(X_1+X_2)^2}{X_3^2+X_4^2+X_5^2}$服从 F 分布，并指出它的自由度.

7. 假设测量距离时产生的误差 X(单位:m)服从正态分布 $N(20,20^2)$，如果进行 16 次独立观测，求平均观测误差不超过 30 m 的概率.

8. 从正态总体 $N(4.2,5^2)$ 中抽取容量为 n 的样本，若要求其样本均值位于区间 $(2.2,6.2)$ 内的概率不小于 0.95，问样本容量 n 至少取多大？

(B) 复习巩固

一、选择题

1.(2023 年考研真题(数学一)) 设 $X_1,X_2,\cdots,X_n$ 为来自总体 $N(\mu_1,\sigma^2)$ 的简单随机样本，$Y_1,Y_2,\cdots,Y_m$ 为来自总体 $N(\mu_2,2\sigma^2)$ 的简单随机样本，且两样本相互独立，记 $\overline{X}=\dfrac{1}{n}\sum\limits_{i=1}^{n}X_i$，$\overline{Y}=\dfrac{1}{m}\sum\limits_{i=1}^{m}Y_i$，$S_1^2=\dfrac{1}{n-1}\sum\limits_{i=1}^{n}(X_i-\overline{X})^2$，$S_2^2=\dfrac{1}{m-1}\sum\limits_{i=1}^{m}(Y_i-\overline{Y})^2$，则(　　).

(A) $\dfrac{S_1^2}{S_2^2}\sim F(n,m)$　　(B) $\dfrac{S_1^2}{S_2^2}\sim F(n-1,m-1)$

(C) $\dfrac{2S_1^2}{S_2^2}\sim F(n,m)$　　(D) $\dfrac{2S_1^2}{S_2^2}\sim F(n-1,m-1)$

2.(2018 年考研真题(数学三)) 设 $X_1,X_2,\cdots,X_n(n\geqslant 2)$ 为来自总体 $N(\mu,\sigma^2)(\sigma>0)$ 的简单随机样本，令 $\overline{X}=\dfrac{1}{n}\sum\limits_{i=1}^{n}X_i$，$S=\sqrt{\dfrac{1}{n-1}\sum\limits_{i=1}^{n}(X_i-\overline{X})^2}$，$S^*=\sqrt{\dfrac{1}{n}\sum\limits_{i=1}^{n}(X_i-\mu)^2}$，则(　　).

(A) $\dfrac{\sqrt{n}(\overline{X}-\mu)}{S}\sim t(n)$　　(B) $\dfrac{\sqrt{n}(\overline{X}-\mu)}{S}\sim t(n-1)$

(C) $\dfrac{\sqrt{n}(\overline{X}-\mu)}{S^*}\sim t(n)$　　(D) $\dfrac{\sqrt{n}(\overline{X}-\mu)}{S^*}\sim t(n-1)$

二、解答题

3. 设 X_1,X_2,X_3,X_4 是来自正态总体 $N(0,1)$ 的样本，设

$$Y=a(X_1-2X_2)^2+b(3X_3-4X_4)^2.$$

问当 a,b 为何值时，Y 服从χ^2 分布？其自由度为多少？

4. 设 $X_1,X_2,\cdots,X_n$ 是来自总体 $X\sim N(0,1)$ 的样本，试问统计量

$$Y=\frac{(n-5)\sum\limits_{i=1}^{5}X_i^2}{5\sum\limits_{i=6}^{n}X_i^2}\ (n>5)$$

服从何种分布？

5. 在总体 $N(12,4)$ 中随机抽取一个容量为 5 的样本 X_1,X_2,X_3,X_4,X_5. 求:

（1）样本均值与总体均值之差的绝对值大于 1 的概率；

（2）$P\{\max\{X_1,X_2,X_3,X_4,X_5\}>15\}$；

（3）$P\{\min\{X_1,X_2,X_3,X_4,X_5\}>10\}$.

6. 设 $X\sim N(\mu,\sigma^2)$，$X_1,X_2,\cdots,X_9$ 为来自 X 的样本，$\overline{X}$ 为样本均值，S^2 为样本方差，

（1）若 $\mu=4,\sigma^2=4$，求 $P\{\overline{X}>5.6\}$；

（2）若 $\mu=4,s=2.5$，求 $P\{\overline{X}>6.5\}$；

（3）若 $\sigma^2=4$，求 $P\{S>2.8\}$.

7. 从正态总体中抽取容量为 10 的样本，若有 2%的样本均值与总体均值之差的绝对值大于 4，求总体的标准差.

8. 设随机变量 $X\sim N(2,1)$，随机变量 Y_1,Y_2,Y_3,Y_4 均服从 $N(0,4)$，且 $X,Y_i(i=1,2,3,4)$ 相互独立，令

$$T=\frac{4(X-2)}{\sqrt{\sum_{i=1}^{4}Y_i^2}},$$

试求 T 的分布，并确定 k 的值，使 $P\{|T|>k\}=0.01$.

习题六答案

第七章 参数估计

统计推断是指根据样本对总体的分布或分布的数字特征等做出合理的推断，它是数理统计的核心问题.统计推断的主要内容可以分为两大类：参数估计和假设检验.

在实际问题中常常会遇到这样一类总体，其分布函数的类型是已知的，但其中包含某些未知参数，需要通过样本来估计这些参数，这类问题被称为参数估计.参数估计的方法主要有如下两类：一是点估计法，估计未知参数的近似值，即选取样本的一个函数值作为未知参数的估计值；二是区间估计法，估计未知参数大概所在的区间，即选取样本的两个函数值作为区间的端点.

7.1 点估计

点估计问题的一般提法如下：设总体 X 的分布函数 $F(x,\theta)$ 的形式已知，其中 $\theta=(\theta_1,\theta_2,\cdots,\theta_k)$ 为未知参数，$X_1,X_2,\cdots,X_n$ 是来自总体 X 的样本，$x_1,x_2,\cdots,x_n$ 是相应的样本值.点估计问题就是要构造一个适当的统计量 $\hat{\theta}(X_1,X_2,\cdots,X_n)$ 来估计未知参数 θ，称 $\hat{\theta}(X_1,X_2,\cdots,X_n)$ 为 θ 的**估计量**，其观测值 $\hat{\theta}(x_1,x_2,\cdots,x_n)$ 称为 θ 的**估计值**.在不致混淆的情况下，θ 的估计量和估计值均简记为 $\hat{\theta}$.由于估计值 $\hat{\theta}(x_1,x_2,\cdots,x_n)$ 表示数轴上的点，故称之为**点估计**.对于不同的样本值，θ 的估计值往往是不同的.

7.1.1 矩估计法

矩估计法是求估计量最古老的方法之一，它由皮尔逊在 19 世纪末提出，其基本思想是基于大数定律的结论：样本矩依概率收敛于总体矩，自然会想到一个替换原则：用样本矩替换相应的总体矩，以样本矩的函数来估计相应总体矩的函数，从而得到总体分布中未知参数的估计量，这种方法称为矩估计法，简称矩法.

一般来说，若总体 X 的 l 阶原点矩 $\mu_l=E(X^l)$ 存在，则它们自然依赖于参数 $\theta_1,\theta_2,\cdots,\theta_k$，即有

$$\mu_l=\mu_l(\theta_1,\theta_2,\cdots,\theta_k),\quad l=1,2,\cdots,k.$$

可以证明，只要总体的 l 阶矩存在，样本的 l 阶矩就依概率收敛于总体的 l 阶矩.所以我们用样本原点矩 $A_l=\dfrac{1}{n}\sum\limits_{i=1}^{n}X_i^l$ 来估计总体分布相应的原点矩 μ_l，即令

$$\begin{cases}\mu_1(\theta_1,\theta_2,\cdots,\theta_k)=A_1,\\ \mu_2(\theta_1,\theta_2,\cdots,\theta_k)=A_2,\\ \qquad\cdots\cdots\cdots\cdots\\ \mu_k(\theta_1,\theta_2,\cdots,\theta_k)=A_k,\end{cases}\tag{7.1.1}$$

这是一个包含 k 个参数 $\theta_1,\theta_2,\cdots,\theta_k$ 的联立方程组. 一般来说, 可以从中解出 $\theta_1,\theta_2,\cdots,\theta_k$. 此时,我们就用方程组(7.1.1)的解 $\hat{\theta}_1,\hat{\theta}_2,\cdots,\hat{\theta}_k$ 分别作为 $\theta_1,\theta_2,\cdots,\theta_k$ 的估计量,称为**矩估计量**,矩估计量的观测值称为**矩估计值**.

例 7.1.1 设总体 X 的均值 μ 和方差 σ^2 都存在,$X_1,X_2,\cdots,X_n$ 是来自 X 的样本. 试求 μ 和 σ^2 的矩估计量,并依据样本值

$$-1.20\quad 0.82\quad 0.12\quad 0.45\quad -0.85\quad -0.30$$

计算 μ 和 σ^2 的矩估计值.

解 由于

$$\begin{cases}EX=\mu,\\ E(X^2)=DX+(EX)^2=\sigma^2+\mu^2,\end{cases}$$

令

$$\begin{cases}\mu=A_1=\dfrac{1}{n}\sum\limits_{i=1}^{n}X_i=\overline{X},\\ \sigma^2+\mu^2=A_2=\dfrac{1}{n}\sum\limits_{i=1}^{n}X_i^2,\end{cases}$$

从中解出 μ 和 σ^2 作为其矩估计量,得到

$$\hat{\mu}=\overline{X},$$

$$\widehat{\sigma^2}=\frac{1}{n}\sum_{i=1}^{n}X_i^2-\overline{X}^2=\frac{1}{n}\sum_{i=1}^{n}(X_i-\overline{X})^2=B_2.$$

代入样本值:-1.20,0.82,0.12,0.45,-0.85,-0.30,得到相应的矩估计值为

$$\hat{\mu}=-0.16,\quad \widehat{\sigma^2}=0.50.$$

由上例可知:**样本均值 $\overline{X}$ 是总体均值 μ 的矩估计,样本的二阶中心矩 $B_2=\dfrac{n-1}{n}S^2$ 是总体方差 σ^2 的矩估计**. 但实际问题中更多的是以 S^2 估计 σ^2,其原因将会在估计量的评价标准中解释.

例 7.1.2 已知总体 X 的概率密度为

$$f(x;\theta)=\begin{cases}\theta x^{\theta-1}, & 0\leqslant x\leqslant 1,\\ 0, & 其他,\end{cases}$$

其中 $\theta>0$ 为未知参数,$X_1,X_2,\cdots,X_n$ 是来自总体 X 的样本,求 θ 的矩估计量.

解 因为

$$EX=\int_0^1 x\theta x^{\theta-1}\mathrm{d}x=\frac{\theta}{\theta+1},$$

由矩估计法,令 $EX=\overline{X}$,即 $\dfrac{\theta}{\theta+1}=\overline{X}$,解得 θ 的矩估计量为

$$\hat{\theta}=\frac{\overline{X}}{1-\overline{X}}.$$

例 7.1.3 设总体 X 服从参数为 λ 的指数分布,即 X 的概率密度为

$$f(x;\lambda)=\begin{cases}\lambda e^{-\lambda x}, & x>0,\\ 0, & x\leqslant 0,\end{cases}$$

其中 λ 为未知参数,$X_1,X_2,\cdots,X_n$ 是来自总体 X 的样本,求 λ 的矩估计量.

解 由于 X 的数学期望 $EX=\frac{1}{\lambda}$,由矩估计法,有

$$EX=\overline{X},$$

所以

$$\frac{1}{\lambda}=\overline{X},$$

得 λ 的矩估计量为

$$\hat{\lambda}=\frac{1}{\overline{X}}.$$

用矩法估计参数,能用一阶矩估计,就不用二阶矩. 一般来说,通常总是采用这样的原则:能用低阶矩处理的就不用高阶矩.

例 7.1.4 设总体 X 服从 (a,b) 内的均匀分布,概率密度为

$$f(x;a,b)=\begin{cases}\frac{1}{b-a}, & a<x<b,\\ 0, & \text{其他},\end{cases}$$

其中 a,b 为未知参数,$X_1,X_2,\cdots,X_n$ 是来自总体 X 的样本,试求 a,b 的矩估计量.

解 由第四章的结论,知

$$EX=\frac{1}{2}(a+b),\quad DX=\frac{1}{12}(b-a)^2,$$

令

$$\begin{cases}EX=\frac{1}{2}(a+b)=\overline{X},\\ DX=\frac{1}{12}(b-a)^2=B_2,\end{cases}$$

解得 a,b 的矩估计量为

$$\hat{a}=\overline{X}-\sqrt{3B_2},\quad \hat{b}=\overline{X}+\sqrt{3B_2}.$$

例 7.1.5 设某网站客服中心在单位时间内收到的用户呼叫次数 X 服从参数为 λ 的泊松分布,其中 λ 未知,试求 λ 的矩估计量.

解 由 $EX=\lambda$,得 λ 的矩估计量 $\hat{\lambda}=\overline{X}$;又由于 $DX=\lambda$,故得 λ 的另一个矩估计量 $\hat{\lambda}=B_2$. 由此可见一个参数的矩估计量是不唯一的.

矩估计法直观又简便,特别是在对总体的数学期望及方差等数字特征作估计时,并不一定要

知道总体的分布函数. 但是,矩估计法要求总体的原点矩存在,而且,矩估计不唯一,因为矩估计既可以用原点矩也可以用中心矩,既可以用低阶矩也可以用高阶矩. 此外,即使总体的分布函数已知,矩估计法也没有充分利用分布函数对参数所提供的信息.

7.1.2 最大似然估计法

最大似然估计法也称为极大似然估计法,它最早由高斯在1821年提出,费希尔在1912年再次提出这种方法,在1922年证明了最大似然估计的性质,并使得该方法得到了广泛的应用. 最大似然估计的直观想法是:某个随机试验有若干个可能结果 $A,B,C,\cdots$,若在一次试验中,结果 A 出现了,则一般认为 A 出现的概率最大. 这种想法的依据是"**实际推断原理**",即概率最大的事件最有可能出现.

例如,有两个外形完全相同的箱子,甲箱中装有98个红球和2个黑球,乙箱中装有98个黑球和2个红球. 现随机抽取一箱,再从中随机抽取一球,结果取得红球,问此红球最有可能是从哪个箱子中取出的? 直觉告诉我们,此红球最有可能是从甲箱中取出的,因为无论从哪个箱子中任取一个球,都有两个可能的结果:红球(A)和黑球(B),如果是从甲箱中取出的,那么 A 发生的概率为0.98,如果是从乙箱中取出的,那么 A 发生的概率是0.02. 现在 A 在一次试验中发生了,自然取使得 A 发生概率更大的那个结果,因此我们推断"此红球最有可能是从甲箱中取出的",这里的"最可能"就是"最大似然"之意.

最大似然估计法的思想就是:选取统计量 $\hat{\theta}$,使当 $\hat{\theta}(x_1,x_2,\cdots,x_n)$ 作为 θ 的估计值时,观测结果(即样本值 $x_1,x_2,\cdots,x_n$)出现的可能性最大.

下面就离散型总体和连续型总体的情形分别讨论.

(1) 设离散型总体 X 的分布律为 $P\{X=x\}=p(x;\theta)$,θ 为待估参数. 对于来自总体 X 的样本 $X_1,X_2,\cdots,X_n$ 及其观测值 $x_1,x_2,\cdots,x_n$,显然有

$$P\{X=x_i\}=p(x_i;\theta),\quad i=1,2,\cdots,n.$$

由于 $X_1,X_2,\cdots,X_n$ 相互独立且与总体 X 同分布,故事件 $\{X_1=x_1,X_2=x_2,\cdots,X_n=x_n\}$ 发生的概率为

$$\begin{aligned}&P\{X_1=x_1,X_2=x_2,\cdots,X_n=x_n\}\\&=P\{X_1=x_1\}P\{X_2=x_2\}\cdots P\{X_n=x_n\}\\&=\prod_{i=1}^{n}p(x_i;\theta).\end{aligned}\tag{7.1.2}$$

记

$$L(\theta)=L(x_1,x_2,\cdots,x_n;\theta)=\prod_{i=1}^{n}p(x_i;\theta),$$

对于已取定的 $x_1,x_2,\cdots,x_n$,$L(\theta)$ 是未知参数 θ 的函数,称为**似然函数**.

(2) 设连续型总体 X 的概率密度为 $f(x;\theta)$,θ 为待估参数. 由于样本 $X_1,X_2,\cdots,X_n$ 相互独立且与总体 X 同分布,取**似然函数**为样本 $X_1,X_2,\cdots,X_n$ 的联合概率密度,即

$$L(\theta)=L(x_1,x_2,\cdots,x_n;\theta)=\prod_{i=1}^{n}f(x_i;\theta),\tag{7.1.3}$$

对于已取定的 $x_1,x_2,\cdots,x_n$,$L(\theta)$是未知参数 θ 的函数.

最大似然估计法的直观想法就是:若抽样得到样本值 $x_1,x_2,\cdots,x_n$,在 θ 取值的可能范围内,挑选使 $L(\theta)$ 达到最大的 $\hat{\theta}$ 作为 θ 的估计值,即取 $\hat{\theta}$ 使

$$L(x_1,x_2,\cdots,x_n;\hat{\theta})=\max_{\theta}L(x_1,x_2,\cdots,x_n;\theta).$$

如此得到的 $\hat{\theta}$ 显然与样本 $x_1,x_2,\cdots,x_n$ 有关,记为 $\hat{\theta}(x_1,x_2,\cdots,x_n)$,并称之为参数 θ 的**最大似然估计值**,相应的统计量 $\hat{\theta}(X_1,X_2,\cdots,X_n)$ 称为参数 θ 的**最大似然估计量**.

由于 $\ln L(\theta)$(称为对数似然函数)是 $L(\theta)$ 的递增函数,故 $\ln L(\theta)$ 与 $L(\theta)$ 有相同的极大值点,为计算方便,常常只需求 $\ln L(\theta)$ 的极大值点即可. 我们称

$$\frac{\mathrm{d}\ln L(\theta)}{\mathrm{d}\theta}=0$$

为**似然方程**,由该方程求解得到的 $\hat{\theta}$ 就是参数 θ 的最大似然估计值.

由此可见,用最大似然估计法估计总体分布中的未知参数时,要求总体的分布形式已知.

例 7.1.6 从一批产品中有放回地依次抽取 60 件样品,发现其中有 3 件次品,用最大似然估计法估计这批产品的次品率.

解 设这批产品的次品率为 p,随机变量 X 表示任一次抽样取出的次品数,则 X 服从 0-1 分布,其概率密度为

$$p(x;p)=p^x(1-p)^{1-x},\quad x=0,1.$$

如果得到样本值 $x_1,x_2,\cdots,x_n$,那么由(7.1.2)式得到似然函数为

$$L(p)=\prod_{i=1}^{n}p^{x_i}(1-p)^{1-x_i}=p^{\sum\limits_{i=1}^{n}x_i}(1-p)^{n-\sum\limits_{i=1}^{n}x_i},$$

取对数,得对数似然函数为

$$\ln L(p)=\left(\sum_{i=1}^{n}x_i\right)\ln p+\left(n-\sum_{i=1}^{n}x_i\right)\ln(1-p),$$

对上式两端关于 p 求导并令其为 0,得到似然方程

$$\frac{\mathrm{d}\ln L(p)}{\mathrm{d}p}=\frac{\sum\limits_{i=1}^{n}x_i}{p}-\frac{n-\sum\limits_{i=1}^{n}x_i}{1-p}=0,$$

即

$$(1-p)\sum_{i=1}^{n}x_i-\left(n-\sum_{i=1}^{n}x_i\right)p=0,$$

由此解得 p 的最大似然估计值为

$$\hat{p}=\frac{1}{n}\sum_{i=1}^{n}x_i.$$

在本例中,$n=60$,$\sum\limits_{i=1}^{n}x_i=3$,所以次品率 p 的最大似然估计值 $\hat{p}=\frac{3}{60}=5\%$.

例 7.1.7(续例 7.1.2) 在例 7.1.2 中,求 θ 的最大似然估计量.

解 似然函数为

$$L(x_1,x_2,\cdots,x_n;\theta)=\prod_{i=1}^{n}f(x_i;\theta)=\begin{cases}\prod_{i=1}^{n}\theta x_i^{\theta-1}=\theta^n\prod_{i=1}^{n}x_i^{\theta-1}, & 0\leqslant x_i\leqslant 1,\\ 0, & \text{其他}.\end{cases}$$

因为 $\theta>0$,观察似然函数可以得到极大值点一定在 $0\leqslant x_i\leqslant 1$ 的条件下取得,故只需考虑

$$L(x_1,x_2,\cdots,x_n;\theta)=\theta^n\prod_{i=1}^{n}x_i^{\theta-1}$$

的极值问题,取对数得

$$\ln L(\theta)=n\ln\theta+(\theta-1)\sum_{i=1}^{n}\ln x_i,$$

对上式两端关于 θ 求导,得

$$\frac{\mathrm{d}\ln L(\theta)}{\mathrm{d}\theta}=\frac{n}{\theta}+\sum_{i=1}^{n}\ln x_i,$$

令

$$\frac{n}{\theta}+\sum_{i=1}^{n}\ln x_i=0,$$

解得 θ 的最大似然估计值为

$$\hat{\theta}=-\frac{n}{\sum\limits_{i=1}^{n}\ln x_i},$$

最大似然估计量为

$$\hat{\theta}=-\frac{n}{\sum\limits_{i=1}^{n}\ln X_i}.$$

上述思想可以推广到总体 X 的分布中含有多个未知参数 $\theta_1,\theta_2,\cdots,\theta_k$ 的情形,若似然函数 $L(x_1,x_2,\cdots,x_n;\theta_1,\theta_2,\cdots,\theta_k)$ 可微,则通过解似然方程组

$$\begin{cases}\dfrac{\partial\ln L}{\partial\theta_1}=0,\\ \dfrac{\partial\ln L}{\partial\theta_2}=0,\\ \cdots\cdots\cdots\cdots\\ \dfrac{\partial\ln L}{\partial\theta_k}=0,\end{cases}$$

可求出 $\hat{\boldsymbol{\theta}}=(\hat{\theta}_1,\hat{\theta}_2,\cdots,\hat{\theta}_k)$ 即为 $\boldsymbol{\theta}=(\theta_1,\theta_2,\cdots,\theta_k)$ 的最大似然估计.

例 7.1.8 某品牌手机的电池续航时间(单位:h)服从正态分布 $N(\mu,\sigma^2)$,其中 μ,σ^2 未知,$x_1,x_2,\cdots,x_n$ 是来自总体的一组样本值,求正态总体 $N(\mu,\sigma^2)$ 中参数 μ,σ^2 的最大似然估计量.

解 总体的概率密度为

$$f(x;\mu,\sigma^2)=\frac{1}{\sqrt{2\pi}\,\sigma}\mathrm{e}^{-\frac{(x-\mu)^2}{2\sigma^2}},$$

则似然函数

$$L(\mu,\sigma^2)=\prod_{i=1}^{n}\left[\frac{1}{\sqrt{2\pi}\sigma}e^{-\frac{(x_i-\mu)^2}{2\sigma^2}}\right]=(\sqrt{2\pi})^{-n}(\sigma^2)^{-\frac{n}{2}}e^{-\frac{1}{2\sigma^2}\sum_{i=1}^{n}(x_i-\mu)^2},$$

取对数得

$$\ln L(\mu,\sigma^2)=-n\ln\sqrt{2\pi}-\frac{n}{2}\ln\sigma^2-\frac{1}{2\sigma^2}\sum_{i=1}^{n}(x_i-\mu)^2,$$

解似然方程组

$$\begin{cases}\dfrac{\partial\ln L}{\partial\mu}=\dfrac{1}{\sigma^2}\sum\limits_{i=1}^{n}(x_i-\mu)=0,\\ \dfrac{\partial\ln L}{\partial\sigma^2}=\dfrac{1}{2\sigma^4}\sum\limits_{i=1}^{n}(x_i-\mu)^2-\dfrac{n}{2\sigma^2}=0,\end{cases}$$

得参数μ 和 σ^2 的最大似然估计值为

$$\hat{\mu}=\frac{1}{n}\sum_{i=1}^{n}x_i=\bar{x},\quad \widehat{\sigma^2}=\frac{1}{n}\sum_{i=1}^{n}(x_i-\bar{x})^2,$$

最大似然估计量为

$$\hat{\mu}=\frac{1}{n}\sum_{i=1}^{n}X_i=\overline{X},\quad \widehat{\sigma^2}=\frac{1}{n}\sum_{i=1}^{n}(X_i-\overline{X})^2.$$

此结果与矩估计法的结果一致,但这只是特殊情况.

例 7.1.9 设总体 X 的概率分布为 $P\{X=1\}=\frac{1-\theta}{2},P\{X=2\}=P\{X=3\}=\frac{1+\theta}{4}$,利用来自总体的一组样本值 1,3,2,2,1,3,1,2,求 θ 的矩估计值和最大似然估计值.

解 (1) 先求总体的一阶原点矩

$$EX=1\times\frac{1-\theta}{2}+2\times\frac{1+\theta}{4}+3\times\frac{1+\theta}{4}=\frac{7+3\theta}{4},$$

由 $EX=\frac{7+3\theta}{4}=\overline{X}$,得 θ 的矩估计量 $\hat{\theta}=\frac{4\overline{X}-7}{3}$.

代入样本值得一阶样本矩 $\bar{x}=\frac{1}{8}(1+3+2+2+1+3+1+2)=\frac{15}{8}$,则 θ 的矩估计值 $\hat{\theta}=\frac{1}{6}$.

(2) 对于给定的样本值,似然函数为

$$L(\theta)=P\{X_1=1\}P\{X_1=1\}P\{X_2=3\}\cdots P\{X_8=2\}=\left(\frac{1-\theta}{2}\right)^3\left(\frac{1+\theta}{4}\right)^5,$$

取对数得

$$\ln L(\theta)=3\ln(1-\theta)-3\ln 2+5\ln(1+\theta)-5\ln 4,$$

似然方程

$$\frac{\mathrm{d}\ln L(\theta)}{\mathrm{d}\theta}=-\frac{3}{1-\theta}+\frac{5}{1+\theta}=\frac{2-8\theta}{(1-\theta)(1+\theta)}=0,$$

解得 θ 的最大似然估计值 $\hat{\theta}=\frac{1}{4}$.

例 7.1.10 设总体 $X\sim U[a,b]$，a,b 未知，$x_1,x_2,\cdots,x_n$ 是总体 X 的一个样本值，求 a,b 的最大似然估计量.

解 X 的概率密度为

$$f(x;a,b)=\begin{cases}\dfrac{1}{b-a}, & a\leqslant x\leqslant b,\\ 0, & \text{其他},\end{cases}$$

则似然函数

$$L(a,b)=\prod_{i=1}^{n}f(x_i;a,b)=\begin{cases}\dfrac{1}{(b-a)^n}, & a\leqslant x_i\leqslant b,\quad i=1,2,\cdots,n,\\ 0, & \text{其他},\end{cases}$$

对数似然函数

$$\ln L(a,b)=-n\ln(b-a),\quad a\leqslant x_i\leqslant b,\quad i=1,2,\cdots,n,$$

分别对 a,b 求偏导，得

$$\frac{\partial\ln L(a,b)}{\partial a}=\frac{n}{b-a},$$

$$\frac{\partial\ln L(a,b)}{\partial b}=-\frac{n}{b-a}.$$

由此可见，不能用求导的方法得到 a,b 的最大似然估计，但是欲使 $L(a,b)$ 达到最大，$b-a$ 的取值应尽可能小，记 $x_{(1)}=\min\{x_1,x_2,\cdots,x_n\}$，$x_{(n)}=\max\{x_1,x_2,\cdots,x_n\}$，似然函数可写为

$$L(a,b)=\begin{cases}\dfrac{1}{(b-a)^n}, & a\leqslant x_{(1)},x_{(n)}\leqslant b,\\ 0, & \text{其他},\end{cases}$$

对于满足条件 $a\leqslant x_{(1)}$，$b\geqslant x_{(n)}$ 的任意 a,b，有

$$L(a,b)=\frac{1}{(b-a)^n}\leqslant\frac{1}{(x_{(n)}-x_{(1)})^n},$$

即 $L(a,b)$ 在 $a=x_{(1)}$，$b=x_{(n)}$ 时取得最大值，故 a,b 的最大似然估计值为

$$\hat{a}=x_{(1)}=\min\{x_1,x_2,\cdots,x_n\},\quad \hat{b}=x_{(n)}=\max\{x_1,x_2,\cdots,x_n\},$$

因此 a,b 的最大似然估计量为

$$\hat{a}=X_{(1)}=\min\{X_1,X_2,\cdots,X_n\},\quad \hat{b}=X_{(n)}=\max\{X_1,X_2,\cdots,X_n\}.$$

定理 7.1.1（最大似然估计不变性） 若 $(\hat{\theta}_1,\hat{\theta}_2,\cdots,\hat{\theta}_m)$ 是 $(\theta_1,\theta_2,\cdots,\theta_m)$ 的最大似然估计，而 $\varphi=g(\theta_1,\theta_2,\cdots,\theta_m)$ 具有单值反函数，则 $g(\hat{\theta}_1,\hat{\theta}_2,\cdots,\hat{\theta}_m)$ 是 $g(\theta_1,\theta_2,\cdots,\theta_m)$ 的最大似然估计，即 $\hat{\varphi}=\hat{g}(\theta_1,\theta_2,\cdots,\theta_m)=g(\hat{\theta}_1,\hat{\theta}_2,\cdots,\hat{\theta}_m)$.

例如，例 7.1.8 中 σ^2 的最大似然估计为

$$\widehat{\sigma^2}=\frac{1}{n}\sum_{i=1}^{n}(X_i-\overline{X})^2,$$

则 σ 的最大似然估计为

$$\hat{\sigma}=\sqrt{\frac{1}{n}\sum_{i=1}^{n}(X_i-\overline{X})^2}.$$

最大似然估计法充分利用了总体分布的信息,因而有许多优良的性质,数学上可以严格证明:在一定条件下,只要样本容量足够大,最大似然估计值和未知参数的真值可以相差任意小. 虽然有时似然函数不一定能求解,有时似然方程的解不一定使似然函数取得最大值,这些增加了求最大似然估计的难度,但是,这种方法仍然是最常用、最好的求参数点估计的方法.

7.2 估计量的评价标准

当用矩法与最大似然法估计同一个参数时,得到的结果不尽相同,自然提出一个问题:哪个估计结果更好? 在不同的场合和背景下,评价估计量的标准也不同. 估计量是样本的函数,也是一个随机变量,所以要判断估计量的好坏不能仅仅根据一次抽样结果计算出的估计值与真值的接近程度来衡量,而应该从估计量的整体来判断才合理. 下面介绍三种最常用的标准.

7.2.1 无偏性

估计量是样本的函数,所以对不同的样本值就可能有不同的估计值,我们希望在多次试验中,这些估计的平均值与未知参数的真值相等. 它的直观意义是估计量的数值在参数的真值周围波动,而无系统误差.

定义 7.2.1 设 $\hat{\theta}=\theta(x_1,x_2,\cdots,x_n)$ 是参数 θ 的估计量,如果 $E\hat{\theta}=\theta$ 成立,那么称 $\hat{\theta}$ 为参数 θ 的**无偏估计**. 如果 $\lim\limits_{n\to\infty}E\hat{\theta}=\theta$ 成立,那么称 $\hat{\theta}$ 为参数 θ 的**渐近无偏估计**.

例 7.2.1 设 $X_1,X_2,\cdots,X_n$ 是来自总体 X 的样本,$EX=\mu$ 和 $DX=\sigma^2$ 存在,试证样本均值 $\overline{X}$ 及样本方差 S^2 分别是 μ 及 σ^2 的无偏估计.

证明 由定理 6.2.2 可得 $E\overline{X}=\mu, ES^2=\sigma^2$,从而样本均值 $\overline{X}$ 是总体均值 μ 的无偏估计,样本方差 S^2 是总体方差 σ^2 的无偏估计.

由于

$$EB_2=E\left[\frac{1}{n}\sum_{i=1}^{n}(X_i-\overline{X})^2\right]=\frac{n-1}{n}ES^2=\frac{n-1}{n}\sigma^2,$$

所以样本二阶中心矩 B_2 不是总体方差 σ^2 的无偏估计,这就是很多教材为什么令

$$S^2=\frac{1}{n-1}\sum_{i=1}^{n}(X_i-\overline{X})^2$$

为样本方差的原因. 不过

$$\lim_{n\to\infty}EB_2=\lim_{n\to\infty}\frac{n-1}{n}\sigma^2=\sigma^2,$$

因此样本二阶中心矩 B_2 是总体方差 σ^2 的渐近无偏估计.

例 7.2.2 设总体 X 的数学期望 $EX=\mu, X_1,X_2,\cdots,X_n$ 是来自 X 的一个样本,试证明:

$$\hat{\mu}=\alpha_1X_1+\alpha_2X_2+\cdots+\alpha_nX_n$$

是μ的无偏估计量，其中$\alpha_1,\alpha_2,\cdots,\alpha_n$为任意常数，且满足$\alpha_1+\alpha_2+\cdots+\alpha_n=1$.

证明 因为

$$EX_i=\mu,i=1,2,\cdots,n,$$

所以

$$E\hat{\mu}=E\left(\sum_{i=1}^{n}\alpha_iX_i\right)=\sum_{i=1}^{n}\alpha_iEX_i=\mu,$$

故$\hat{\mu}$是μ的无偏估计量.

由此可见，一个未知参数的无偏估计量往往不止一个，那么孰好孰坏呢？考虑到无偏性仅仅表明$\hat{\theta}$的所有可能取值按概率平均等于θ，但由于正负抵消，大偏差和小偏差可以有相同的期望，为了保证$\hat{\theta}$的取值能集中于θ附近，自然要求$\hat{\theta}$的方差越小越好. 这就是评判估计量的第二个标准——有效性.

7.2.2 有效性

若$\hat{\theta}_1$和$\hat{\theta}_2$是θ的两个无偏估计量，考虑$\hat{\theta}_1$与θ的偏离程度$E[(\hat{\theta}_1-\theta)^2]$和$\hat{\theta}_2$与$\theta$的偏离程度$E[(\hat{\theta}_2-\theta)^2]$，因为$E\hat{\theta}_1=E\hat{\theta}_2=\theta$，所以

$$E[(\hat{\theta}_1-\theta)^2]=E[(\hat{\theta}_1-E\hat{\theta}_1)^2]=D\hat{\theta}_1,$$

$$E[(\hat{\theta}_2-\theta)^2]=E[(\hat{\theta}_2-E\hat{\theta}_2)^2]=D\hat{\theta}_2.$$

定义 7.2.2 设$X_1,X_2,\cdots,X_n$为来自总体X的样本，$\hat{\theta}_1=\hat{\theta}_1(X_1,X_2,\cdots,X_n)$和$\hat{\theta}_2=\hat{\theta}_2(X_1,X_2,\cdots,X_n)$是参数$\theta$的两个无偏估计量. 若$D\hat{\theta}_1<D\hat{\theta}_2$，则称$\hat{\theta}_1$是比$\hat{\theta}_2$**有效**的估计量.

例 7.2.3 设X_1,X_2,X_3,X_4是来自总体$X\sim P(\lambda)$的样本，其中λ未知. 设有估计量

$$T_1=\frac{X_1}{6}+\frac{X_2}{6}+\frac{X_3}{3}+\frac{X_4}{3},\quad T_2=\frac{1}{5}X_1+\frac{2}{5}X_2+\frac{3}{5}X_3+\frac{4}{5}X_4,\quad T_3=\frac{X_1+X_2+X_3+X_4}{4}.$$

（1）指出T_1,T_2,T_3中哪几个是λ的无偏估计量；

（2）在上述λ的无偏估计中指出哪一个较为有效.

解 由X为泊松分布总体知$EX=DX=\lambda$.

（1）$ET_1=\frac{1}{6}EX_1+\frac{1}{6}EX_2+\frac{1}{3}EX_3+\frac{1}{3}EX_4=\frac{2\lambda}{6}+\frac{2\lambda}{3}=\lambda,$

$$ET_2=\frac{1}{5}EX_1+\frac{2}{5}EX_2+\frac{3}{5}EX_3+\frac{4}{5}EX_4=\frac{1}{5}\lambda+\frac{2}{5}\lambda+\frac{3}{5}\lambda+\frac{4}{5}\lambda=2\lambda,$$

$$ET_3=\frac{1}{4}(EX_1+EX_2+EX_3+EX_4)=\frac{4\lambda}{4}=\lambda,$$

故T_1和T_3是λ的无偏估计.

（2）$DT_1=\frac{1}{36}DX_1+\frac{1}{36}DX_2+\frac{1}{9}DX_3+\frac{1}{9}DX_4=\frac{2\lambda}{36}+\frac{2\lambda}{9}=\frac{5}{18}\lambda,$

$$DT_3=\frac{1}{16}(DX_1+DX_2+DX_3+DX_4)=\frac{1}{16}\cdot\lambda\cdot 4=\frac{1}{4}\lambda,$$

由于 $DT_3<DT_1$,故 T_3 比 T_1 有效.

7.2.3 相合性

前面讲的无偏性和有效性是在样本容量固定的前提下衡量估计量优良性的重要准则,当样本容量无限增大时,自然希望估计量的值稳定于被估计参数的真值,这就是对估计量的相合性要求.

定义 7.2.3 设 $\hat{\theta}$ 是参数 θ 的估计量,若当 $n\to\infty$ 时,$\hat{\theta}$ 依概率收敛于 θ,即对任意 $\varepsilon>0$,有

$$\lim_{n\to\infty}P\{|\hat{\theta}-\theta|<\varepsilon\}=1,$$

则称 $\hat{\theta}$ 为参数 θ 的**相合估计**(或**一致估计**).

例 7.2.4 设 $X_1,X_2,\cdots,X_n$ 是来自总体 X 的样本,$EX=\mu,DX=\sigma^2$ 存在,证明:$\overline{X}$ 是μ 的相合估计量.

证明 对任给的 $\varepsilon>0$,

$$P\{|\overline{X}-\mu|<\varepsilon\}=P\{|\overline{X}-E\overline{X}|<\varepsilon\}\quad(\text{切比雪夫不等式})$$

$$\geqslant 1-\frac{D\overline{X}}{\varepsilon^2}=1-\frac{\sigma^2}{n\varepsilon^2}\to 1\quad(n\to\infty),$$

故 $\lim\limits_{n\to\infty}P\{|\overline{X}-\mu|<\varepsilon\}=1$,即 $\overline{X}$ 是μ 的相合估计量.

相合性是参数估计的基本要求,若估计量不具有相合性,则无论样本容量 n 取得多么大,都不能将参数估计得足够准确,这样的估计量是不可取的.

7.3 区间估计

在点估计中,只给出了未知参数 θ 的估计值,而未能给出这种估计的可信度以及这种估计可能产生的误差大小. 除了求出参数 θ 的点估计,人们往往还希望估计出一个区间,并希望知道这个区间包含 θ 真值的可信程度. 为此,著名统计学家奈曼在 20 世纪 30 年代建立了参数区间估计的理论,很好地解决了这个问题.

定义 7.3.1 设 $X_1,X_2,\cdots,X_n$ 为来自总体 X 的样本,θ 为未知参数,若存在两个统计量 $\underline{\theta}=\underline{\theta}(X_1,X_2,\cdots,X_n)$ 和 $\overline{\theta}=\overline{\theta}(X_1,X_2,\cdots,X_n)$,对给定的 $\alpha\in(0,1)$,有

$$P\{\underline{\theta}<\theta<\overline{\theta}\}=1-\alpha,\tag{7.3.1}$$

则称区间$(\underline{\theta},\overline{\theta})$为 θ 的**置信水平为 $1-\alpha$ 的置信区间**,简称为 θ 的 **$1-\alpha$ 置信区间**,$1-\alpha$ 称为**置信水平**,也称**置信度**或**置信概率**,$\underline{\theta}$ 和 $\overline{\theta}$ 分别称为**置信下限**和**置信上限**.

参数 θ 是一个未知的不含任何随机性的常数,而区间$(\underline{\theta},\overline{\theta})$与样本有关,是随机区间. 当我

们获得一个样本值 $x_1,x_2,\cdots,x_n$ 时,$\underline{\theta}=\underline{\theta}(x_1,x_2,\cdots,x_n)$ 和 $\overline{\theta}=\overline{\theta}(x_1,x_2,\cdots,x_n)$ 都是确定的数值,此时 $(\underline{\theta},\overline{\theta})$ 是一个确定的区间,要么包含 θ 的真值,要么不包含 θ 的真值. 因此(7.3.1)式的意义在于:若反复抽样多次(每次样本容量都相等),则每次得到的样本值都确定一个区间 $(\underline{\theta},\overline{\theta})$. 在这些确定的区间中,包含 θ 真值的占 $100(1-\alpha)\%$,不包含 θ 真值的占 $100\alpha\%$. 这就是说,对于给定的 α,比如 $\alpha=0.05$,若抽样 100 次,则在得到的 100 个确定的区间中,大约有 95 个区间包含 θ 的真值,而只有大约 5 个区间不包含 θ 的真值.

这种判断当然也可能犯错误,但犯错误的概率很小,仅为 α. α 越小,置信区间 $(\underline{\theta},\overline{\theta})$ 包含 θ 真值的概率 $1-\alpha$ 越大. 但一般来说,α 越小,置信水平越高,置信区间 $(\underline{\theta},\overline{\theta})$ 的长度越长,置信区间的精度就会下降;反之,α 越大,置信水平降低,置信区间的长度越短,置信区间的精度就会提高. 在样本容量一定的情况下,区间估计的置信水平和精度是一对矛盾. 相对来说,人们更重视估计的可信程度. 因此通常是在给定置信水平的前提下,解出未知参数的置信区间,并使其长度尽可能短.

由于大量的总体近似服从正态分布,所以讨论正态总体的数学期望和方差的区间估计就特别重要,下面,我们主要针对正态总体的情形讨论参数的置信区间的求法.

7.3.1 单个正态总体均值的置信区间

设总体 X 服从正态分布 $N(\mu,\sigma^2)$,$X_1,X_2,\cdots,X_n$ 是来自 X 的样本,μ 未知,求 μ 的置信水平为 $1-\alpha$ 的置信区间.

1. 方差 σ^2 已知

我们知道,$\overline{X}$ 是 μ 的无偏估计,且

$$\frac{\overline{X}-\mu}{\sigma/\sqrt{n}}\sim N(0,1). \tag{7.3.2}$$

对于给定的 α,根据标准正态分布上 α 分位点的定义,可确定 $z_{\alpha/2}$,使

$$P\left\{\left|\frac{\overline{X}-\mu}{\sigma/\sqrt{n}}\right|<z_{\alpha/2}\right\}=1-\alpha,$$

即

$$P\left\{\overline{X}-\frac{\sigma}{\sqrt{n}}z_{\alpha/2}<\mu<\overline{X}+\frac{\sigma}{\sqrt{n}}z_{\alpha/2}\right\}=1-\alpha,$$

因此得到 μ 的 $1-\alpha$ 置信区间是

$$\left(\overline{X}-\frac{\sigma}{\sqrt{n}}z_{\alpha/2},\overline{X}+\frac{\sigma}{\sqrt{n}}z_{\alpha/2}\right)\xlongequal{\text{def}}\left(\overline{X}\pm\frac{\sigma}{\sqrt{n}}z_{\alpha/2}\right). \tag{7.3.3}$$

一般来说,对于给定的置信水平 $1-\alpha$,置信区间并不是唯一的. 考虑到置信区间的长度表示估计的精确度,区间越短,估计越精确,因为标准正态分布的分布曲线关于纵轴对称,所以形如(7.3.3)的关于原点对称的置信区间是最短的,我们自然选用它作为 μ 的 $1-\alpha$ 置信区间.

从上面的讨论可以得到求未知参数 θ 的置信区间的具体做法如下:

(1) 选取未知参数 θ 的某个较优估计量 $\hat{\theta}$;

(2) 围绕 $\hat{\theta}$ 构造一个依赖于样本和参数 θ 的函数(称为**枢轴量**)

$$U=U(X_1,X_2,\cdots,X_n;\theta);$$

(3) 对给定的置信水平 $1-\alpha$,确定两个常数 a 与 b,使

$$P\{a\leqslant U(X_1,X_2,\cdots,X_n;\theta)\leqslant b\}=1-\alpha;$$

(4) 对不等式作恒等变形,化简为

$$P\{\underline{\theta}\leqslant\theta\leqslant\overline{\theta}\}=1-\alpha,$$

则 $(\underline{\theta},\overline{\theta})$ 就是 θ 的 $1-\alpha$ 置信区间.

例 7.3.1 某只股票的每日收益率 X(单位:%)服从 $N(\mu,0.25)$. 现收集了过去 20 个交易日的每日收益率如下:

1.2	0.8	1.5	-0.3	0.9	1.1	0.7	-0.2	1.3	0.6
1.0	0.5	1.4	0.4	0.8	1.2	0.9	1.1	0.7	1.0

求该股票的平均每日收益率的置信水平为 95%的置信区间.

解 由题意,股票的每日收益率 $X\sim N(\mu,0.25)$,且 $\sigma^2=0.25$,则 μ 的 $1-\alpha$ 置信区间是

$$\left(\bar{x}-\frac{\sigma}{\sqrt{n}}z_{\alpha/2},\bar{x}+\frac{\sigma}{\sqrt{n}}z_{\alpha/2}\right).$$

由 $\alpha=0.05$,查表得 $z_{\alpha/2}=1.96$,$n=20$,$\sigma=0.5$,计算得 $\bar{x}=0.83$. 则 μ 的置信水平为 95%的置信区间为

$$\left(0.83-\frac{0.5}{\sqrt{20}}\times1.96,0.83+\frac{0.5}{\sqrt{20}}\times1.96\right)=(0.611,1.049).$$

2. 方差 σ^2 未知

由于 σ 未知,不能再使用(7.3.3)的区间,考虑 S^2 是 σ^2 的无偏估计,且

$$\frac{\overline{X}-\mu}{S/\sqrt{n}}\sim t(n-1). \tag{7.3.4}$$

类似推导,可得 μ 的 $1-\alpha$ 置信区间是

$$\left(\overline{X}-\frac{S}{\sqrt{n}}t_{\alpha/2}(n-1),\ \overline{X}+\frac{S}{\sqrt{n}}t_{\alpha/2}(n-1)\right). \tag{7.3.5}$$

例 7.3.2 一种新型集成电路的功耗 X(单位:mW)服从正态分布. 为了估计该电路的总体平均功耗,随机抽取了 10 个样本,并测量了它们的功耗数据如下:

12.5	13.2	11.8	12.9	13.5	12.1	12.7	13.0	12.4	13.1

求该电路平均功耗的置信水平为 95%的置信区间.

解 由题意知,电路的功耗 $X\sim N(\mu,\sigma^2)$,由于 σ 未知,故 μ 的 $1-\alpha$ 置信区间是

$$\left(\bar{x}-\frac{s}{\sqrt{n}}t_{\alpha/2}(n-1),\bar{x}+\frac{s}{\sqrt{n}}t_{\alpha/2}(n-1)\right).$$

计算得 $\bar{x}=12.72$,$s=0.525$. 已知 $n-1=9$,$\alpha=0.05$,查表得 $t_{0.025}(9)=2.2621$. 所以

$$\frac{s}{\sqrt{n}}t_{\alpha/2}(n-1)=\frac{0.525}{\sqrt{10}}\times 2.2621=0.3755,$$

从而 μ 的置信水平为 95%的置信区间是

$$(12.72-0.3755,12.72+0.3755)=(12.3445,13.0955).$$

7.3.2 单个正态总体方差的置信区间

1. 均值 μ 未知

由于 S^2 是 σ^2 的无偏估计，且

$$\frac{(n-1)S^2}{\sigma^2}\sim\chi^2(n-1). \tag{7.3.6}$$

可得

$$P\left\{\chi^2_{1-\alpha/2}(n-1)<\frac{(n-1)S^2}{\sigma^2}<\chi^2_{\alpha/2}(n-1)\right\}=1-\alpha,$$

因此 σ^2 的 $1-\alpha$ 置信区间为

$$\left(\frac{(n-1)S^2}{\chi^2_{\alpha/2}(n-1)},\frac{(n-1)S^2}{\chi^2_{1-\alpha/2}(n-1)}\right). \tag{7.3.7}$$

注 χ^2 分布虽然不对称，但为了计算方便，习惯上仍然取其对称的分位点来确定置信区间，但所得置信区间不是最短的.

例 7.3.3 已知室内温度 X(单位:℃)服从 $N(\mu,\sigma^2)$，μ,σ^2 未知. 在某智能家居物联网系统中，传感器节点采集室内温度数据. 为了评估温度数据的稳定性和可靠性，需要对传感器采集到的温度数据的总体方差进行估计，现从系统中随机选取了 26 个传感器节点在同一时间点采集的室内温度数据，测得样本方差为 0.04，求 σ^2 的置信水平为 95%的置信区间.

解 由题意知，室内温度 $X\sim N(\mu,\sigma^2)$，由于 μ 未知，故 σ^2 的 $1-\alpha$ 置信区间是

$$\left(\frac{(n-1)s^2}{\chi^2_{\alpha/2}(n-1)},\frac{(n-1)s^2}{\chi^2_{1-\alpha/2}(n-1)}\right).$$

已知 $s^2=0.04$，$n-1=25$，$\alpha=0.05$，查表得 $\chi^2_{0.025}(25)=40.647$，$\chi^2_{0.975}(25)=13.120$，则 σ^2 的置信水平为 95%的置信区间是

$$\left(\frac{25\times 0.04}{40.647},\frac{25\times 0.04}{13.12}\right)=(0.025,0.076).$$

*2. 均值 μ 已知

考虑

$$\frac{1}{\sigma^2}\sum_{i=1}^{n}(X_i-\mu)^2=\sum_{i=1}^{n}\left(\frac{X_i-\mu}{\sigma}\right)^2\sim\chi^2(n). \tag{7.3.8}$$

故由

$$P\left\{\chi^2_{1-\alpha/2}(n)<\frac{1}{\sigma^2}\sum_{i=1}^{n}(X_i-\mu)^2<\chi^2_{\alpha/2}(n)\right\}=1-\alpha,$$

可得 σ^2 的 $1-\alpha$ 置信区间为

$$\left(\frac{\sum_{i=1}^{n}(X_i-\mu)^2}{\chi^2_{\alpha/2}(n)},\ \frac{\sum_{i=1}^{n}(X_i-\mu)^2}{\chi^2_{1-\alpha/2}(n)}\right). \tag{7.3.9}$$

设 $X_1,X_2,\cdots,X_n$ 是来自正态总体 $N(\mu,\sigma^2)$ 的样本,取置信水平为 $1-\alpha$,样本值为 $x_1,x_2,\cdots,x_n$,由上述讨论结果可得单个正态总体参数的置信区间表,如表 7-1 所示.

表 7-1　单个正态总体参数的置信区间

未知参数	条件	枢轴量	分布	置信区间
μ	σ^2 已知	$\frac{\overline{X}-\mu}{\sigma/\sqrt{n}}$	$N(0,1)$	$\left(\overline{X}-\frac{\sigma}{\sqrt{n}}z_{\alpha/2},\ \overline{X}+\frac{\sigma}{\sqrt{n}}z_{\alpha/2}\right)$
	σ^2 未知	$\frac{\overline{X}-\mu}{S/\sqrt{n}}$	$t(n-1)$	$\left(\overline{X}-\frac{S}{\sqrt{n}}t_{\alpha/2}(n-1),\ \overline{X}+\frac{S}{\sqrt{n}}t_{\alpha/2}(n-1)\right)$
σ^2	μ 未知	$\frac{(n-1)S^2}{\sigma^2}$	$\chi^2(n-1)$	$\left(\frac{(n-1)S^2}{\chi^2_{\alpha/2}(n-1)},\ \frac{(n-1)S^2}{\chi^2_{1-\alpha/2}(n-1)}\right)$
	*μ 已知	$\frac{1}{\sigma^2}\sum_{i=1}^{n}(X_i-\mu)^2$	$\chi^2(n)$	$\left(\frac{\sum_{i=1}^{n}(X_i-\mu)^2}{\chi^2_{\alpha/2}(n)},\ \frac{\sum_{i=1}^{n}(X_i-\mu)^2}{\chi^2_{1-\alpha/2}(n)}\right)$

*7.3.3　两个正态总体均值差与方差比的置信区间

在实际问题中,往往要知道两个正态总体均值之间或方差之间是否有差异,从而要研究两个正态总体的均值差或者方差比的置信区间. 假设总体 $X\sim N(\mu_1,\sigma_1^2)$,$Y\sim N(\mu_2,\sigma_2^2)$,样本分别为 $X_1,X_2,\cdots,X_{n_1}$ 与 $Y_1,Y_2,\cdots,Y_{n_2}$,且这两个样本相互独立,取置信水平为 $1-\alpha$,求两个正态总体的均值差 $\mu_1-\mu_2$ 和方差比 σ_1^2/σ_2^2 的置信区间. 从思路上来说,这与单个正态总体的情形是完全类似的,其关键是要求得构造置信区间的枢轴量. 对于均值差 $\mu_1-\mu_2$,自然考虑随机变量 $\overline{X}-\overline{Y}$,而对于方差比 σ_1^2/σ_2^2,可考虑随机变量 S_1^2/S_2^2. 下面给出 $\mu_1-\mu_2$ 和 σ_1^2/σ_2^2 的置信区间的主要结论.

1. 均值差 $\mu_1-\mu_2$ 的置信区间

(1) σ_1^2,σ_2^2 已知

由于
$$\overline{X}-\overline{Y}\sim N\left(\mu_1-\mu_2,\ \frac{\sigma_1^2}{n_1}+\frac{\sigma_2^2}{n_2}\right),$$
所以
$$Z=\frac{\overline{X}-\overline{Y}-(\mu_1-\mu_2)}{\sqrt{\frac{\sigma_1^2}{n_1}+\frac{\sigma_2^2}{n_2}}}\sim N(0,1).$$
由

$$P\{|Z|<z_{\alpha/2}\}=1-\alpha,$$

即可得到$\mu_1-\mu_2$ 的置信水平为 $1-\alpha$ 的置信区间是

$$\left(\overline{X}-\overline{Y}-z_{\alpha/2}\sqrt{\frac{\sigma_1^2}{n_1}+\frac{\sigma_2^2}{n_2}},\ \overline{X}-\overline{Y}+z_{\alpha/2}\sqrt{\frac{\sigma_1^2}{n_1}+\frac{\sigma_2^2}{n_2}}\right) \tag{7.3.10}$$

（2）$\sigma_1^2=\sigma_2^2$ 未知

由正态总体的抽样分布定理可知

$$T=\frac{\overline{X}-\overline{Y}-(\mu_1-\mu_2)}{S_\omega\sqrt{\frac{1}{n_1}+\frac{1}{n_2}}}\sim t(n_1+n_2-2),$$

其中 $S_\omega=\sqrt{\frac{(n_1-1)S_1^2+(n_2-1)S_2^2}{n_1+n_2-2}}$ 称为总体 X 和 Y 的混合样本均方差. 由

$$P\{|T|<t_{\alpha/2}(n_1+n_2-2)\}=1-\alpha,$$

即可得到$\mu_1-\mu_2$ 的置信水平为 $1-\alpha$ 的置信区间是

$$\left(\overline{X}-\overline{Y}-t_{\alpha/2}(n_1+n_2-2)S_\omega\sqrt{\frac{1}{n_1}+\frac{1}{n_2}},\ \overline{X}-\overline{Y}+t_{\alpha/2}(n_1+n_2-2)S_\omega\sqrt{\frac{1}{n_1}+\frac{1}{n_2}}\right). \tag{7.3.11}$$

2. 方差比 σ_1^2/σ_2^2 的置信区间

由于 S_1^2,S_2^2 分别表示 X,Y 的样本方差,故

$$U=\frac{(n_1-1)S_1^2}{\sigma_1^2}\sim\chi^2(n_1-1),\quad V=\frac{(n_2-1)S_2^2}{\sigma_2^2}\sim\chi^2(n_2-1),$$

且它们相互独立,从而由 F 分布的构造知

$$F=\frac{U/(n_1-1)}{V/(n_2-1)}=\frac{S_1^2/S_2^2}{\sigma_1^2/\sigma_2^2}\sim F(n_1-1,n_2-1).$$

由

$$P\{F_{1-\alpha/2}(n_1-1,n_2-1)<F<F_{\alpha/2}(n_1-1,n_2-1)\}=1-\alpha$$

解不等式即可得到 σ_1^2/σ_2^2 的置信水平为 $1-\alpha$ 的置信区间是

$$\left(\frac{S_1^2/S_2^2}{F_{\alpha/2}(n_1-1,n_2-1)},\ \frac{S_1^2/S_2^2}{F_{1-\alpha/2}(n_1-1,n_2-1)}\right). \tag{7.3.12}$$

例 7.3.4 甲、乙两台机床加工同种零件,设甲机床加工的零件长度(单位:mm) $X\sim N(\mu_1,64)$,乙机床加工的零件长度(单位:mm) $Y\sim N(\mu_2,36)$. 现从甲机床处取 75 个零件测量其长度,算得 $\bar{x}=82$ mm,从乙机床处取 50 个零件测量其长度,算得 $\bar{y}=76$ mm,试求$\mu_1-\mu_2$ 的置信水平为 96%的置信区间.

解 这是两个正态总体在 σ_1^2,σ_2^2 已知的情形下,求$\mu_1-\mu_2$ 的置信区间的问题.

由(7.3.10)知$\mu_1-\mu_2$ 的置信水平为 $1-\alpha$ 的置信区间是

$$\left(\bar{x}-\bar{y}-z_{\alpha/2}\sqrt{\frac{\sigma_1^2}{n_1}+\frac{\sigma_2^2}{n_2}},\ \bar{x}-\bar{y}+z_{\alpha/2}\sqrt{\frac{\sigma_1^2}{n_1}+\frac{\sigma_2^2}{n_2}}\right).$$

查表并计算得

$$1-\alpha=0.96,\quad \alpha=0.04,\quad z_{\alpha/2}=z_{0.02}\approx 2.054,$$

$$z_{\alpha/2}\sqrt{\frac{\sigma_1^2}{n_1}+\frac{\sigma_2^2}{n_2}}=2.054\sqrt{\frac{64}{75}+\frac{36}{50}}\approx 2.58,\quad \bar{x}-\bar{y}=82-76=6,$$

故$\mu_1-\mu_2$的置信水平为96%的置信区间是

$$(6-2.58,6+2.58)=(3.42,8.58).$$

例 7.3.5 设两个独立总体$X\sim N(\mu_1,\sigma_1^2)$，$Y\sim N(\mu_2,\sigma_2^2)$，从两个总体中分别取出容量$n_1=21$和$n_2=15$的样本，计算得$s_1^2=63.96$，$s_2^2=49.05$，试求方差比$\sigma_1^2/\sigma_2^2$的置信水平为98%的置信区间.

解 这是两个正态总体在μ_1,μ_2未知的情形下，求方差比σ_1^2/σ_2^2的置信区间的问题.

由(7.3.12)知σ_1^2/σ_2^2的置信水平为$1-\alpha$的置信区间是

$$\left(\frac{s_1^2/s_2^2}{F_{\alpha/2}(n_1-1,n_2-1)},\ \frac{s_1^2/s_2^2}{F_{1-\alpha/2}(n_1-1,n_2-1)}\right).$$

查表并计算得

$$1-\alpha=0.98,\quad \alpha=0.02,\quad n_1-1=20,\quad n_2-1=14,$$

$$F_{\alpha/2}(n_1-1,n_2-1)=F_{0.01}(20,14)=3.51,$$

$$F_{1-\alpha/2}(n_1-1,n_2-1)=1/F_{\alpha/2}(n_2-1,n_1-1)=1/F_{0.01}(14,20)=1/3.13\approx 0.32,$$

故σ_1^2/σ_2^2的置信水平为98%的置信区间是

$$\left(\frac{63.96/49.05}{3.51},\ \frac{63.96/49.05}{0.32}\right)=(0.37,\ 4.07).$$

7.3.4 单侧置信区间

在以上讨论中，对于未知参数θ，我们给出了两个统计量$\underline{\theta}$，$\bar{\theta}$，得到置信区间$(\underline{\theta},\bar{\theta})$，这种置信区间在统计中被称为是双侧的. 在某些实际问题中，例如，对于设备、元件的使用寿命来说，平均寿命有多长是我们所希望了解的，所以关心的是平均寿命θ的“下限”；与之相反，在考虑产品的废品率p时，我们常关心参数p的“上限”. 这就给出了单侧置信区间的概念.

定义 7.3.2 设$X_1,X_2,\cdots,X_n$是来自总体的一个样本，其中θ为未知参数，若存在统计量$\underline{\theta}=\underline{\theta}(X_1,X_2,\cdots,X_n)$，使得对给定的$\alpha(0<\alpha<1)$，有$P\{\theta>\underline{\theta}\}=1-\alpha$，则称$(\underline{\theta},+\infty)$是$\theta$的置信水平为$1-\alpha$的**单侧置信区间**，$\underline{\theta}$是$\theta$的置信水平为$1-\alpha$的**单侧置信下限**；若存在统计量$\bar{\theta}=\bar{\theta}(X_1,X_2,\cdots,X_n)$，使得对给定的$\alpha(0<\alpha<1)$，有$P\{\theta<\bar{\theta}\}=1-\alpha$，则称$(-\infty,\bar{\theta})$是$\theta$的置信水平为$1-\alpha$的**单侧置信区间**，$\bar{\theta}$是$\theta$的置信水平为$1-\alpha$的**单侧置信上限**.

例如，设$X_1,X_2,\cdots,X_n$是来自正态总体$N(\mu,\sigma^2)$的样本，若σ^2已知，求μ的置信水平为$1-\alpha$的单侧置信下限和单侧置信上限.

$$\frac{\bar{X}-\mu}{\sigma/\sqrt{n}}\sim N(0,1).$$

由

$$P\left\{\frac{\overline{X}-\mu}{\sigma/\sqrt{n}}<z_{\alpha}\right\}=1-\alpha,$$

得

$$P\left\{\mu>\overline{X}-\frac{\sigma}{\sqrt{n}}z_{\alpha}\right\}=1-\alpha.$$

于是得到μ的置信水平为$1-\alpha$的单侧置信区间是

$$\left(\overline{X}-\frac{\sigma}{\sqrt{n}}z_{\alpha},\ +\infty\right),$$

则μ的置信水平为$1-\alpha$的单侧置信下限为

$$\underline{\mu}=\overline{X}-\frac{\sigma}{\sqrt{n}}z_{\alpha}.$$

类似地,可求得μ的置信水平为$1-\alpha$的单侧置信上限是

$$\overline{\mu}=\overline{X}+\frac{\sigma}{\sqrt{n}}z_{\alpha}.$$

类似还可得

(1) 若σ^2未知,则μ的置信水平为$1-\alpha$的单侧置信区间是

$$\left(\overline{X}-\frac{S}{\sqrt{n}}t_{\alpha}(n-1),\ +\infty\right)\quad 和\quad \left(-\infty,\ \overline{X}+\frac{S}{\sqrt{n}}t_{\alpha}(n-1)\right).$$

(2) 若μ未知,则σ^2的置信水平为$1-\alpha$的单侧置信区间是

$$\left(0,\ \frac{(n-1)S^2}{\chi^2_{1-\alpha}(n-1)}\right)\quad 和\quad \left(\frac{(n-1)S^2}{\chi^2_{\alpha}(n-1)},\ +\infty\right).$$

例 7.3.6 假设灯泡寿命(单位:h)服从正态分布$N(\mu,\sigma^2)$,从一批灯泡中随机地抽取5只做寿命试验,测得数据为

1 050　1 100　1 120　1 250　1 280

求灯泡的期望寿命的置信水平为95%的单侧置信下限.

解 由于σ^2未知,故期望寿命μ的单侧置信下限为

$$\underline{\mu}=\overline{x}-\frac{s}{\sqrt{n}}t_{\alpha}(n-1).$$

查表计算得

$$t_{\alpha}(n-1)=t_{0.05}(4)=2.131\ 9,\quad \overline{x}=1\ 160,\quad s=99.749\ 7,$$

故求得

$$\underline{\mu}=1\ 160-\frac{99.749\ 7}{\sqrt{5}}\times 2.131\ 9\approx 1\ 065(\mathrm{h}).$$

7.4 Excel 在区间估计中的应用

设$X_1,X_2,\cdots,X_n$为来自正态总体$N(\mu,\sigma^2)$的样本,给定置信水平$1-\alpha(0<\alpha<1)$.

7.4.1 单个正态总体均值的区间估计

1. σ^2 已知

调用函数 CONFIDENCE. NORM

该函数返回总体均值的置信区间.

语法:CONFIDENCE. NORM(alpha,standard_dev,size).

参数:alpha 用于计算置信水平 $1-\alpha$,若 alpha 为 0.05,则置信水平为 0.95;standard_dev 是总体标准差;size 为样本容量.

例 7.4.1 已知某厂生产的零件长度(单位:mm)$X\sim N(\mu,0.04)$,从某天生产的零件中随机抽取 9 个,测得长度为

15.1　15.2　15.2　14.8　14.9　15.0　15.3　15.1　15.1

试用 Excel 求μ 的置信水平为 95%的置信区间.

解 由于μ 的置信水平为 $1-\alpha$ 的置信区间是

$$\left(\bar{x}-\frac{\sigma}{\sqrt{n}}z_{\alpha/2},\ \bar{x}+\frac{\sigma}{\sqrt{n}}z_{\alpha/2}\right),$$

因此分以下几步完成:

(1) 输入原始数据,调用 AVERAGE 函数,如图 7-1 所示,计算样本均值得 $\bar{x}=15.077\ 8$;

(2) 调用 CONFIDENCE. NORM 函数,计算$\frac{\sigma}{\sqrt{n}}z_{\alpha/2}$,如图 7-2 所示,得$\frac{\sigma}{\sqrt{n}}z_{\alpha/2}=0.130\ 7$;

(3) 计算μ 的置信水平为 95%的置信区间为(15.077 8-0.130 7,15.077 8+0.130 7)=(14.947 1,15.208 5).

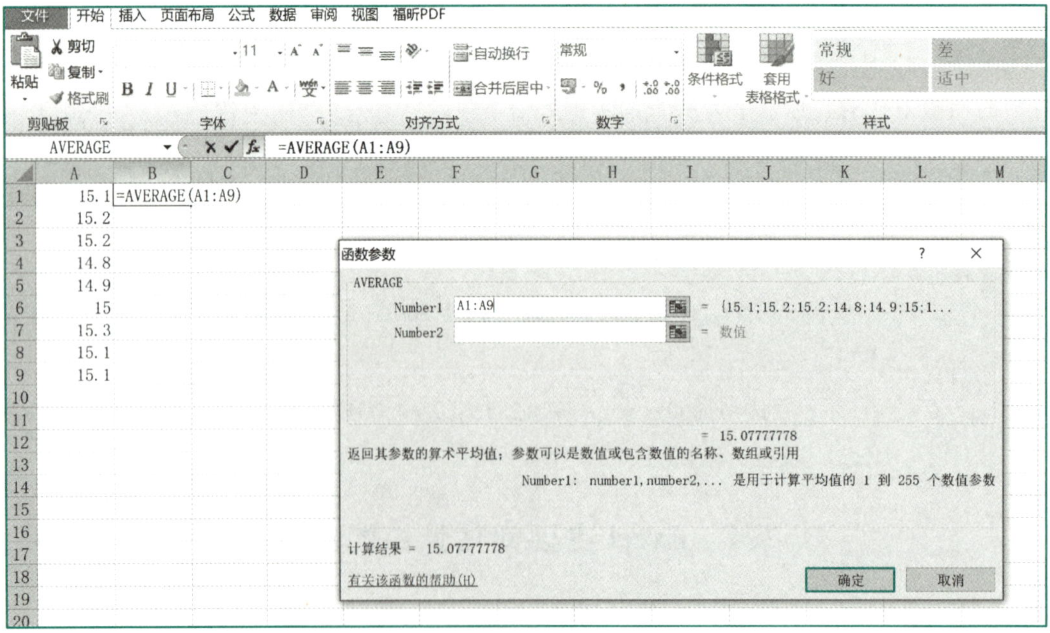

图 7-1

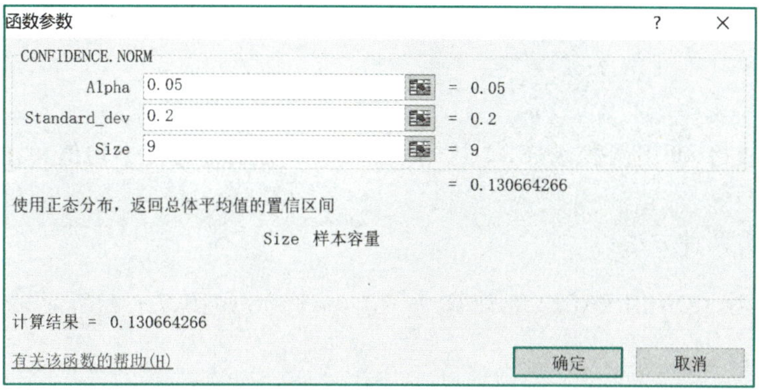

图 7-2

2. σ^2 未知

(1) 调用函数 CONFIDENCE.T

该函数使用 t 分布,返回总体均值的置信区间.

语法:CONFIDENCE.T(alpha,standard_dev,size).

参数:alpha 用于计算置信水平 $1-\alpha$,若 alpha 为 0.05,则置信水平为 0.95;standard_dev 是数据区域的样本标准差;size 为样本容量.

(2) 调用函数 T.INV.2T

该函数返回 t 分布的双尾区间点(即分位点).

语法:T.INV.2T(probability,deg_freedom).

参数:probability 是对应于双尾 t 分布的概率;deg_freedom 是分布的自由度.T.INV.2T 返回 t 值,$P(|X|>t)=$ probability,其中 X 为服从 t 分布的随机变量.若概率为 0.05 而自由度为 10,则双尾值由 T.INV.2T(0.05,10)计算得到,它的返回值是 2.228 139,如图 7-3 所示.

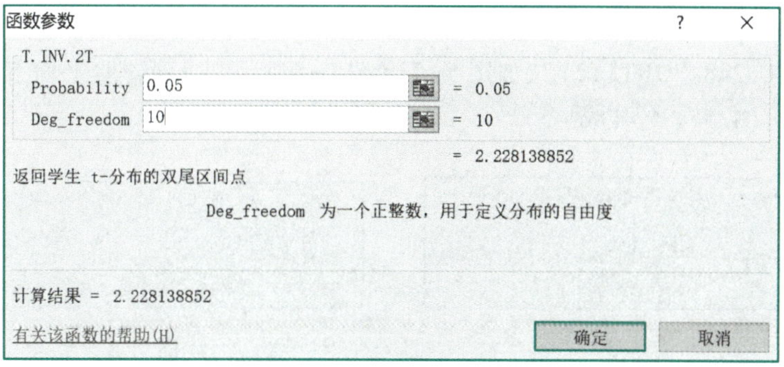

图 7-3

例 7.4.2 假设轮胎的使用里程服从正态分布.为估计某种轮胎的平均使用里程 μ,现随机地抽取 12 只轮胎试用,测得它们的使用里程(单位:10^4 km)如下:

4.68 4.85 4.32 4.85 4.61 5.02 5.20 4.60 4.58 4.72 4.38 4.70

试用 Excel 求平均使用里程的置信水平为 95%的置信区间.

解　由于μ的置信水平为$1-\alpha$的置信区间为

$$\left(\bar{x}-\frac{s}{\sqrt{n}}t_{\alpha/2}(n-1),\ \bar{x}+\frac{s}{\sqrt{n}}t_{\alpha/2}(n-1)\right).$$

首先将数据输入表格，调用函数 AVERAGE 和 STDEV. S 分别计算样本均值和样本标准差，得 $\bar{x}=4.709$，$s=0.248$.

接下来可以有两种方法：

(1) 调用函数 CONFIDENCE. T 计算 $\frac{s}{\sqrt{n}}t_{\alpha/2}(n-1)$，如图 7-4 所示输入参数，则可得 $\frac{s}{\sqrt{n}}t_{\alpha/2}(n-1)=0.157\ 6$，所以得到置信区间为 $(4.709-0.157\ 6, 4.709+0.157\ 6)=(4.551\ 4, 4.866\ 6)$.

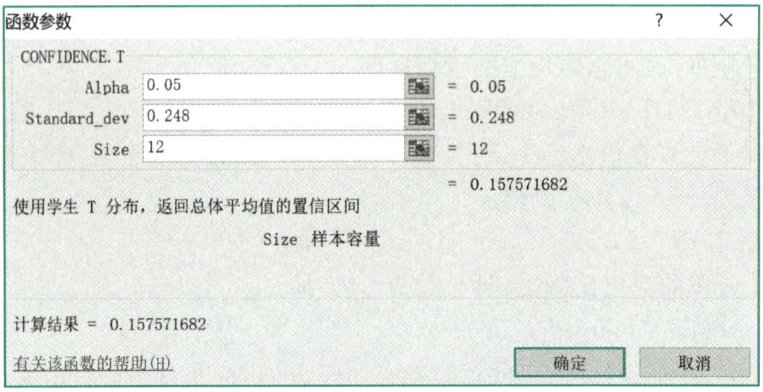

图 7-4

(2) 调用函数 T. INV. 2T，计算 $t_{\alpha/2}(n-1)$，任选一个单元格，输入“=T. INV. 2T(0. 05,11)”，得 $t_{\alpha/2}(n-1)=2.201\ 0$. 再任选两单元格分别输入“=4. 709-2. 201 0 * 0. 248/SQRT(12)”及“=4. 709+2. 201 0 * 0. 248/SQRT(12)”，如图 7-5 和图 7-6 所示，得到轮胎平均寿命的置信水平为 95%的置信区间是(4. 551 4,4. 866 5).

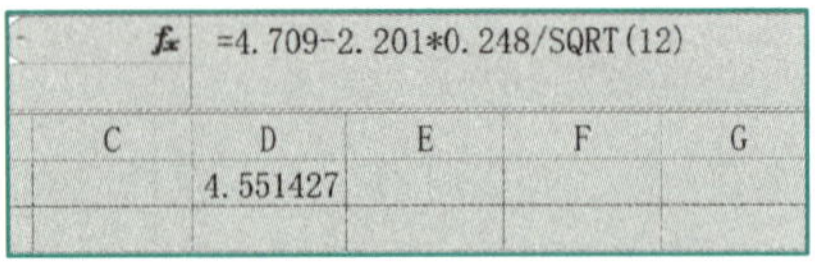

图 7-5

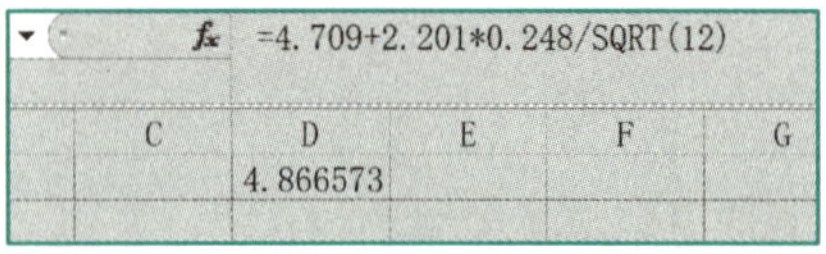

图 7-6

如果将结果一次性给出，那么上述过程可表示为

“=AVERAGE(A1:A12)-T. INV. 2T(0. 05,11) * STDEV. S(A1:A12)/SQRT(12)”及“=AVERAGE(A1:A12)+T. INV. 2T(0. 05,11) * STDEV. S(A1:A12)/SQRT(12)”，这样可以一次性得到置信区间为(4. 551 6,4. 866 7).

各种结果有少许差异，这是由于计算过程中的小数位数保留不一致造成的.

7.4.2 单个正态总体方差的区间估计

(1) 调用函数 CHISQ. INV

该函数返回χ^2分布左尾概率的逆函数(下 α 分位点).

语法:CHISQ. INV(probability,deg_freedom).

参数:probability 为χ^2分布的左尾概率;deg_freedom 为自由度.

实例:公式“=CHISQ. INV(0.05,10)”即$\chi^2_{0.95}(10)$,返回值是 3.94.

(2) 调用函数 CHISQ. INV. RT

该函数返回χ^2分布右尾概率的逆函数(上 α 分位点).

语法:CHISQ. INV. RT(probability,deg_freedom).

参数:probability 为χ^2分布的右尾概率;deg_freedom 为自由度.

实例:公式“=CHISQ. INV. RT(0.05,10)”即$\chi^2_{0.05}(10)$,返回值是 18.307.

例 7.4.3 为了评估某矿泉水自动灌装生产线的工作情况,从生产线上随机抽取 16 瓶矿泉水对净含量(单位:mL)进行检测. 经计算,这 16 瓶矿泉水净含量的方差为 10 mL^2,请在 95%的置信水平下用 Excel 对总体方差做区间估计.

解 由于方差 σ^2 的置信水平为 $1-\alpha$ 的置信区间是

$$\left(\frac{(n-1)s^2}{\chi^2_{\alpha/2}(n-1)},\frac{(n-1)s^2}{\chi^2_{1-\alpha/2}(n-1)}\right).$$

因此,可任选两个单元格输入“=(16-1)*10/CHISQ. INV. RT(0.025,15)”及“=(16-1)*10/CHISQ. INV(0.025,15)”,如图 7-7 和图 7-8 所示,即得该总体方差的置信水平为 95%的置信区间为(5.456 9,23.953 5).

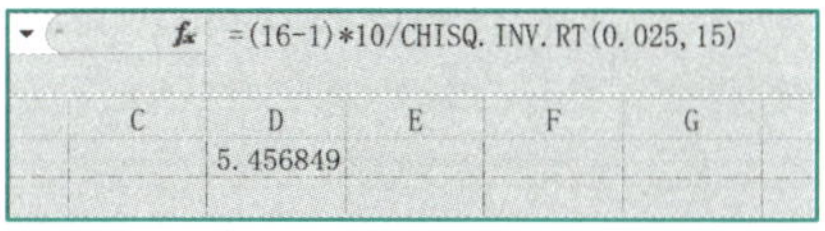

图 7-7

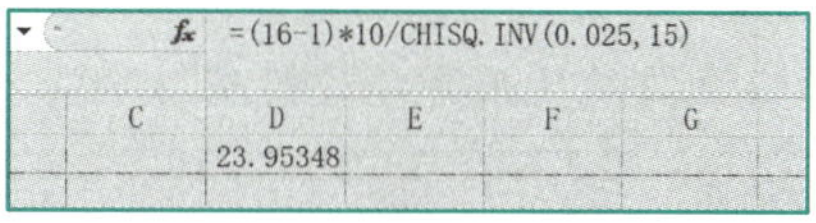

图 7-8

第七章思维导图

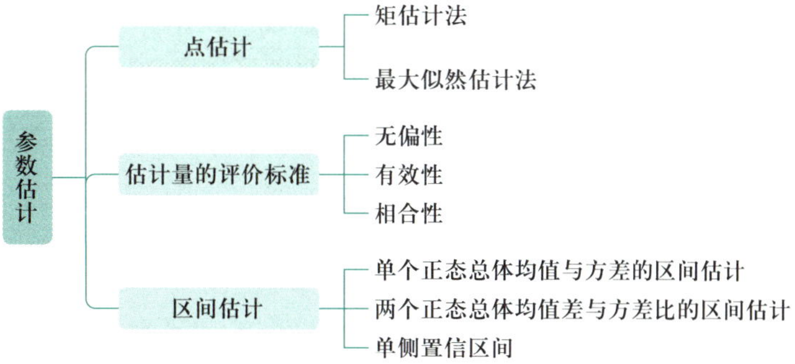

拓展阅读
点估计与区间估计

习题七

(A) 基础练习

1. 设总体 X 服从参数为 λ 的泊松分布，λ 为未知参数，$X_1,X_2,\cdots,X_n$ 为来自总体 X 的样本. 求:

(1) 参数 λ 的矩估计量;

(2) 参数 λ 的最大似然估计量.

2. 设总体 $X\sim B(m,p)$，其中 m 已知，p 为未知参数，$X_1,X_2,\cdots,X_n$ 是来自总体 X 的样本.

(1) 求参数 p 的矩估计量;

(2) 求参数 p 的最大似然估计量;

(3) 讨论上述估计量是否是 p 的无偏估计量?

3. 设总体 X 的分布律为

X	1	2	3
p_k	θ^2	$2\theta(1-\theta)$	$(1-\theta)^2$

其中 θ 为未知参数. 现已知一个样本值 $x_1=1,x_2=2,x_3=1$，求:

(1) 参数 θ 的矩估计值;

(2) 参数 θ 的最大似然估计值.

4. 某品牌的某款平板电脑的寿命 X(单位:年)服从参数为 $\lambda(\lambda>0)$ 的指数分布. 现在对 8 台该款平板电脑的使用寿命进行追踪调查，得到如下数据:

平板编号	1	2	3	4	5	6	7	8
寿命/年	1.5	3	2	2.5	2	2.5	3.5	3

求未知参数 λ 的矩估计值和最大似然估计值.

5. 设总体 X 的概率密度为

$$f(x;\theta)=\begin{cases}\dfrac{3x^2}{\theta^3}, & 0<x<\theta,\\ 0, & \text{其他},\end{cases}$$

$X_1,X_2,\cdots,X_n$ 为来自总体 X 的样本，其中 θ 为未知参数，求参数 θ 的矩估计量.

6. 设总体 X 的概率密度为

$$f(x;\theta)=\begin{cases}\theta x\mathrm{e}^{-\theta x}, & x\geqslant 0,\\ 0, & \text{其他},\end{cases}$$

$X_1,X_2,\cdots,X_n$ 为来自总体 X 的样本，其中 $\theta(\theta>0)$ 为未知参数，求参数 θ 的最大似然估计量.

7. 设 X_1,X_2,X_3 为来自总体 X 的样本，设有 $EX=\mu$ 的估计量

$$\hat{\mu}_1=\frac{X_1+X_2}{2},\quad \hat{\mu}_2=\frac{X_1+X_2+X_3}{3},$$

$$\hat{\mu}_3=\frac{2X_1+X_2+X_3}{4},\quad \hat{\mu}_4=\frac{X_1+2X_2-X_3}{3},$$

(1) 指出$\hat{\mu}_1,\hat{\mu}_2,\hat{\mu}_3,\hat{\mu}_4$中哪几个是$\mu$的无偏估计量；

(2) 指出上述μ的无偏估计量中哪一个最有效.

8. 设$X_1,X_2,\cdots,X_n$为来自$X\sim P(\lambda)$的样本,验证:样本方差S^2是λ的无偏估计,并且对任意$\alpha\in[0,1]$,$\alpha\overline{X}+(1-\alpha)S^2$也是$\lambda$的无偏估计.

9. 设总体X服从正态分布$N(\mu,0.09)$,它的一个容量为4的样本的观测值为12.6,13.4,12.8,13.2,置信水平$1-\alpha=0.95$,求μ的置信水平为95%的置信区间.

10. 某批钢球的质量(单位:g)$X\sim N(\mu,\sigma^2)$,从中抽取一个容量为31的样本,算得$\bar{x}=58.61$,$s=5.8$,求μ的置信水平为90%的置信区间.

11. 从某厂生产的钢丝,其抗拉强度(单位:Mpa)$X\sim N(\mu,\sigma^2)$,μ未知,从中任取9根钢丝测其抗拉强度,算得样本方差为74,求σ^2和σ的置信水平为99%的置信区间.

12. 为了解某电子元件使用寿命的均值μ和标准差σ,测量了9个电子元件,得$\bar{x}=1\ 650$ h,$s=20$ h,如果已知电子元件的使用寿命服从正态分布,求μ和σ的置信水平为95%的置信区间.

13. 设有某种清漆的9个样品,其干燥时间(单位:h)分别为

6.0　5.7　5.8　6.5　7.0　6.3　5.6　6.1　5.0

设干燥时间总体服从正态分布$N(\mu,\sigma^2)$,若由以往经验知$\sigma=0.6$ h,求μ的置信水平为95%的单侧置信下限.

14. 从一批电脑显卡中随机抽取6个测试其使用寿命X(单位:kh),得到样本值为

15.6　16　14.9　14.8　15.3　15.5

假设$X\sim N(\mu,\sigma^2)$,求方差σ^2的置信水平为90%的单侧置信下限.

(B) 复习巩固

一、选择题

1. (2023年考研真题(数学一))　设X_1,X_2是来自总体$N(\mu,\sigma^2)$的简单随机样本,其中$\sigma(\sigma>0)$是未知参数,若$\hat{\sigma}=a|X_1-X_2|$为σ的无偏估计,则$a=$(　　).

(A) $\frac{\sqrt{\pi}}{2}$　　(B) $\frac{\sqrt{2\pi}}{2}$　　(C) $\sqrt{\pi}$　　(D) $\sqrt{2\pi}$

二、填空题

2. (2016年考研真题(数学一))　设$x_1,x_2,\cdots,x_n$为来自总体$N(\mu,\sigma^2)$的简单随机样本,样本均值$\bar{x}=9.5$,参数μ的置信度为0.95的双侧置信区间的置信上限为10.8,则μ的置信度为0.95的双侧置信区间为________.

三、解答题

3. 设$X_1,X_2,\cdots,X_n$为来自总体X的样本.X的概率密度为

$$f(x;\theta)=\begin{cases}\theta c^{\theta}x^{-(\theta+1)}, & x>c,\\ 0, & 其他,\end{cases}$$

其中 $c>0$ 为已知，θ 为未知参数，$\theta>1$，求：

（1）参数 θ 的矩估计量；

（2）参数 θ 的最大似然估计量.

4. 设总体的分布函数为

$$F(x;\beta)=\begin{cases}1-\dfrac{1}{x^{\beta}}, & x>1,\\ 0, & x\leqslant 1,\end{cases}$$

其中 $\beta>1$ 为未知参数. $X_1,X_2,\cdots,X_n$ 为来自总体 X 的样本，试求：

（1）参数 β 的矩估计量；

（2）参数 β 的最大似然估计量.

5. 设总体 X 的概率密度为

$$f(x;\theta)=\begin{cases}\dfrac{x}{\theta^2}\mathrm{e}^{-\frac{x^2}{2\theta^2}}, & x>0,\\ 0, & 其他,\end{cases}$$

$X_1,X_2,\cdots,X_n$ 是来自总体 X 的样本，其中 θ 为未知参数，试求：

（1）参数 θ 的矩估计量；

（2）参数 θ 的最大似然估计量.

6.（2022 年考研真题（数学一）） 设 $X_1,X_2,\cdots,X_n$ 为来自均值为 θ 的指数分布总体的简单随机样本，$Y_1,Y_2,\cdots,Y_m$ 为来自均值为 2θ 的指数分布总体的简单随机样本，且两样本相互独立，其中 $\theta(\theta>0)$ 是未知参数，利用样本 $X_1,X_2,\cdots,X_n,Y_1,Y_2,\cdots,Y_m$，求 θ 的最大似然估计量 $\hat{\theta}$，并求 $D(\hat{\theta})$.

7. 设 $X\sim U[0,\theta]$，$0<\theta<+\infty$，$X_1,X_2,\cdots,X_n$ 是来自总体 X 的样本.

（1）求未知参数 θ 的矩估计量 $\hat{\theta}_1$；

（2）求未知参数 θ 的最大似然估计量 $\hat{\theta}_2$；

（3）判断 $\hat{\theta}_1$ 和 $\hat{\theta}_2$ 是否为无偏估计量.

8. 设总体 $X\sim N(\mu,\sigma^2)$，$X_1,X_2,\cdots,X_n$ 是来自总体 X 的样本.

（1）确定 C，使 $\widehat{\sigma^2}=C\sum\limits_{i=1}^{n-1}(X_{i+1}-X_i)^2$ 成为 σ^2 的无偏估计量；

（2）确定常数 c，使得 $(\overline{X})^2-cS^2$ 是 μ^2 的无偏估计量.

9. 总体 $X\sim N(\mu,\sigma^2)$，σ^2 已知，问需抽取容量 n 为多大的样本，才能使 μ 的置信水平为 $1-\alpha$，且置信区间的长度不大于 L?

10. 设在总体 $X\sim N(\mu,25)$ 中取容量为 10 的样本，算得样本均值 $\overline{x}=19.8$；在总体 $Y\sim N(\mu,36)$ 中取容量为 10 的样本，算得样本均值 $\overline{y}=24$. 两个总体相互独立，求 $\mu_1-\mu_2$ 的置信水平为 90% 的置信区间.

11. 为比较Ⅰ,Ⅱ两种型号步枪子弹的枪口速度,随机地取Ⅰ型子弹10发,得到枪口速度的平均值为 $\overline{x}_1=500$ m/s,标准差 $s_1=1.1$ m/s,随机地取Ⅱ型子弹20发,得到枪口速度的平均值为 $\overline{x}_2=496$ m/s,标准差 $s_2=1.2$ m/s. 假设两个总体都可认为近似地服从正态分布,且由生产过程可认为方差相等. 求两总体均值差 $\mu_1-\mu_2$ 的置信水平为95%的置信区间.

12. 某车间有两条生产线生产同一种产品,产品的质量指标可以认为服从正态分布,现分别从两条生产线的产品中抽取容量为25和21的样本检测,算得方差分别是7.89和5.07,求质量指标方差比的置信水平为95%的置信区间.

习题七答案

第八章　假设检验

统计推断的另一类重要问题是假设检验，参数估计和假设检验的基本任务相同，但两者对问题的提法与解决问题的途径不同.

参数估计是在总体分布类型已知的条件下，利用样本提供的信息，对总体分布中的未知参数做出数值大小的估计，或在给定的置信水平下确定未知参数的置信区间.

假设检验则是首先对总体的未知参数或总体服从的分布等提出某种假设，例如假设未知参数等于某一常数，或假设总体服从某种已知分布等，然后由样本提供的信息，在给定的显著性水平下，对所做假设的“真实性”做出拒绝还是接受的判定. 做出判定的依据是“小概率原理”，即小概率事件在一次试验中几乎不可能发生，否则就认为之前所做的假设不真实.

假设检验问题分为两大类：一类是参数假设检验，另一类是非参数假设检验. 对总体中未知参数的假设检验称为参数假设检验（简称参数检验）；对总体的分布、总体间的独立性以及是否同分布等方面的检验，称为非参数假设检验（简称非参数检验）.

本章主要介绍假设检验的基本思想和正态总体中常用的参数检验方法.

8.1　假设检验的基本思想和概念

为讨论假设检验的基本思想，先看以下两个例子，并由此引入有关概念.

例 8.1.1　某工厂生产某型号的铜丝，铜丝的主要质量指标是折断力大小. 已知目前正在使用的流水线生产的铜丝折断力在正常情况下服从正态分布 $N(400,25^2)$，现在引进新的生产线后，在新生产线生产出的产品中抽查 5 个样本，测得折断力（单位：N）分别为：400，425，390，450，410，试问：

（1）新生产线生产的铜丝折断力与现有生产线生产的铜丝折断力有无显著变化？

（2）新生产线生产的铜丝折断力是否比现有生产线生产的铜丝折断力强（弱）？

（3）新生产线生产的铜丝折断力的波动情况与现有生产线生产的铜丝折断力的波动情况有无显著不同？

例 8.1.2　繁忙的公路上一定时间间隔内通过的汽车数量通常服从泊松分布，假设 X 表示在某段公路上观测每 30 s 通过的汽车数，结果如下：

X	0	1	2	3	4	>4
n	25	66	55	30	15	2

试问该段公路上每 30 s 通过的汽车数 X 是否服从泊松分布？

以上两个例子都是假设检验问题,例 1 是参数假设检验问题,例 2 是非参数假设检验问题.

检验是对假设而言的. 一般来讲有如下两种假设：一种是**原假设**或**零假设**,通常是“相等性假设”,例如假定总体均值等于μ_0,总体方差等于 σ_0^2,总体分布为泊松分布等,记为 H_0;另一种是在原假设被拒绝后可供选择的假设,称为**备择假设**,记为 H_1. 备择假设 H_1 和原假设 H_0 是不相容的.

在例 8.1.1 中,三个问题的假设可分别表示为

(1) $H_0:\mu=400,\quad H_1:\mu\neq 400$; (8.1.1)

(2) $H_0:\mu=400,\quad H_1:\mu>400$; (8.1.2)

$H_0:\mu=400,\quad H_1:\mu<400$; (8.1.2′)

(3) $H_0:\sigma^2=25^2,\quad H_1:\sigma^2\neq 25^2$. (8.1.3)

例 8.1.2 的假设可表示为

$$H_0:X \text{ 服从泊松分布},\quad H_1:X \text{ 不服从泊松分布}.$$

对于一个假设检验问题,做出完整和恰当的假设是解决问题的第一步,下一步就是根据样本提供的信息,对该假设做出接受或拒绝的结论. 下面我们以例 8.1.1 中问题(1)为例,阐明假设检验的基本思想和概念.

欲检验例 8.1.1 的假设(8.1.1),设 $X_1,X_2,\cdots,X_n$ 是来自总体 X 的样本,$x_1,x_2,\cdots,x_n$ 为样本值①,由第七章的有关讨论可知：样本均值 $\overline{X}$ 是总体均值μ 的无偏估计量,其取值集中在μ 附近(当 n 较大时更是如此). 若假设 $H_0:\mu=400$ 为真,则样本均值 $\bar{x}$ 与总体均值$\mu=400$ 的差异应该较小. 因此,若$|\bar{x}-400|$较小,则接受 H_0;而当$|\bar{x}-400|$较大时,则拒绝 H_0,接受 H_1. 这就需要我们给出一个临界值 k,使当$|\bar{x}-400|<k$ 时接受 H_0,而当$|\bar{x}-400|\geqslant k$ 时拒绝 H_0,接受 H_1.

通常,采用下述方法来确定这个临界值 k. 若 H_0 为真,则

$$\overline{X}\sim N\left(400,\frac{25^2}{n}\right),\text{从而 } Z=\frac{\overline{X}-400}{25/\sqrt{n}}\sim N(0,1).$$

这样,$\bar{x}$ 集中于 400 便体现在 Z 的取值集中于 0. 显然,

$$|\bar{x}-400|<k \Leftrightarrow |z|=\frac{|\bar{x}-400|}{25/\sqrt{n}}<\frac{k}{25/\sqrt{n}},$$

给定很小的正数 $\alpha\in(0,1)$(比如 $\alpha=0.01$),由于

$$P\{|Z|\geqslant z_{\alpha/2}\}=P\left\{\frac{|\overline{X}-400|}{25/\sqrt{n}}\geqslant z_{\alpha/2}\right\}=\alpha,$$

因此,$\{|Z|\geqslant z_{\alpha/2}\}$是小概率事件,在一次试验中几乎不可能发生. 如果在一次抽样中观测到$\{|z|\geqslant z_{\alpha/2}\}$,就违背了小概率原理,并导致$|\bar{x}-400|$较大,于是便拒绝 H_0,接受 H_1;而当$|z|<z_{\alpha/2}$时,我们没有找到拒绝 H_0 的理由,只好接受它.

这里称 $Z=\dfrac{\overline{X}-400}{25/\sqrt{n}}$为**检验统计量**,$\alpha$ 是**显著性水平**(或**检验水平**),它是我们制定检验标准的

---

① 今后不再严格区分统计量与其样本值,读者根据其含义做出判断,这正体现了样本的二重性.

重要依据. 常数 $z_{\alpha/2}$ 把样本值可能取值的集合分成了两部分,其中一部分

$$\{(x_1,x_2,\cdots,x_n)\mid |z|\geqslant z_{\alpha/2}\} \tag{8.1.4}$$

为 H_0 的**拒绝域**(或**否定域**),记为 W,当样本点落入拒绝域时,我们便拒绝原假设 H_0;另一部分

$$\{(x_1,x_2,\cdots,x_n)\mid |z|<z_{\alpha/2}\} \tag{8.1.5}$$

为 H_0 的**接受域**,当样本点落入接受域时,我们便接受原假设 H_0. 鉴于 $z_{\alpha/2}$ 的这种特殊作用,称 $z_{\alpha/2}$ 为 H_0 的**临界值**.

对于假设(8.1.2)(或假设(8.1.2′)),人们所关心的不仅是 μ 与 $\mu_0=400$ 有无差异,还有 μ 是否比 μ_0 大(或小). 对于这类检验,统计量仍使用

$$Z=\frac{\overline{X}-\mu_0}{25/\sqrt{n}}.$$

若 H_0 为真,则 $\bar{x}$ 的观测值较集中在 μ_0 附近,否则就明显向右(或向左)偏离,因此备择假设仅有一种可能性,故对于给定的显著性水平 α,假设(8.1.2)中 H_0 的拒绝域为

$$W=\{(x_1,x_2,\cdots,x_n)\mid z\geqslant z_\alpha\}, \tag{8.1.6}$$

z_α 为 H_0 的临界值. 假设(8.1.2′)中 H_0 的拒绝域则为

$$W=\{(x_1,x_2,\cdots,x_n)\mid z\leqslant -z_\alpha\}. \tag{8.1.7}$$

一般地,拒绝域在接受域两侧的检验称为**双侧检验**,(8.1.1)即是这类检验的假设. 拒绝域和接受域各在一侧的检验称为**单侧检验**,(8.1.2)和(8.1.2′)都是单侧检验的假设. 在单侧检验中,拒绝域在接受域右侧的检验称为**右侧检验**,(8.1.2)是右侧检验的假设;而拒绝域在接受域左侧的检验称为**左侧检验**,(8.1.2′)是左侧检验的假设.

以上的推断是利用一次随机抽样的结果,根据小概率原理做出的. 由于抽样的随机性和小概率事件并非一定不会发生,因此在推断中可能会犯如下两类错误. **第一类错误**又称为**弃真错误**:本来 H_0 为真,但由于统计量的观测值落入了拒绝域,H_0 被拒绝了,显著性水平 α 是犯这类错误的概率,即

$$P\{\text{拒绝 } H_0 \mid H_0 \text{ 为真}\}=\alpha.$$

第二类错误又称为**取伪错误**:本来 H_0 不真,但由于统计量的观测值落入了接受域,H_0 被接受了,犯这类错误的概率记为 $\beta(0<\beta<1)$,即

$$P\{\text{接受 } H_0 \mid H_0 \text{ 不真}\}=\beta.$$

犯两类错误的情况如表 8-1 所示:

表 8-1　统计推断中的两类错误

决策	真实情况	
	H_0 为真	H_1 为真
接受 H_0	正确	第二类错误
拒绝 H_0	第一类错误	正确

在实际检验中,希望这两类错误都很小. 但是,当样本容量 n 固定时,要同时减小 α 和 β 是不可能的. 若减小其中的一个,则另一个就会增大(但不要理解为 $\alpha+\beta=1$). 当 α 减小时,拒绝域变

小，若 H_1 为真，则可能本来差异是显著的，但由于拒绝域变小，统计量的观测值没有落入拒绝域而是落入了接受域，把本来差异显著的 H_1 当作差异不显著的 H_0 接受了，导致了 β 的增大. 要想使 α 和 β 同时减小，只有增大样本容量 n.

在实际工作中，一般是首先控制犯第一类错误的概率即显著性水平 α，使犯第二类错误的概率 β 尽可能小，基于这一原则的检验称为**显著性检验**. 至于 α 选多大为宜，要根据问题的重要性而定. 例如，医学、航空航天等领域对精确性要求较高的研究，通常选择较低的显著性水平（如 0.01 或更低），以减少错误拒绝原假设的风险. 而对精确性要求较低或者探索性的研究，如市场调研、社会科学等领域，可以选择较高的显著性水平（如 0.05 或 0.1），以避免错过潜在的效应和发现. 通常 α 取 0.1，0.05，0.01 等值.

8.2 单个正态总体的假设检验

8.2.1 单个正态总体均值 μ 的假设检验

设总体 $X\sim N(\mu,\sigma^2)$，$X_1,X_2,\cdots,X_n$ 是来自总体 X 的样本，对 μ 要检验的假设为

（1）双侧检验

$$H_0:\mu=\mu_0,\quad H_1:\mu\neq\mu_0; \tag{8.2.1}$$

（2）右侧检验

$$H_0:\mu=\mu_0(\mu\leqslant\mu_0),\quad H_1:\mu>\mu_0; \tag{8.2.2}$$

（3）左侧检验

$$H_0:\mu=\mu_0(\mu\geqslant\mu_0),\quad H_1:\mu<\mu_0, \tag{8.2.3}$$

其中 μ_0 是已知常数.

以上检验又可分为如下两种情况.

1. σ^2 已知时 μ 的检验

由于 $\overline{X}\sim N\left(\mu,\dfrac{\sigma^2}{n}\right)$，当 H_0 为真时，选取检验统计量

$$Z=\frac{\overline{X}-\mu_0}{\sigma/\sqrt{n}}\sim N(0,1), \tag{8.2.4}$$

相应的检验称为 **Z 检验**. 对于给定的显著性水平 $\alpha(0<\alpha<1)$，可查表得到 $z_{\alpha/2}$，使

$$P\{|Z|\geqslant z_{\alpha/2}\}=\alpha,$$

于是得到双侧检验的假设(8.2.1)中 H_0 的拒绝域为 $W=\{(x_1,x_2,\cdots,x_n)\mid|z|\geqslant z_{\alpha/2}\}$. 由样本值计算出统计量 Z 的值 z 后，便可做出检验结论：当 $|z|\geqslant z_{\alpha/2}$ 时，拒绝 H_0，认为总体均值 μ 与已知常数 μ_0 之间差异显著；而当 $|z|<z_{\alpha/2}$ 时，则接受 H_0，认为 μ 与 μ_0 之间差异不显著（但并非 $\mu=\mu_0$）.

对于单侧检验的假设(8.2.2)和(8.2.3)，仍使用统计量(8.2.4). 假设(8.2.2)中 H_0 的拒绝域为 $W=\{(x_1,x_2,\cdots,x_n)\mid z\geqslant z_\alpha\}$；假设(8.2.3)中 H_0 的拒绝域为 $W=\{(x_1,x_2,\cdots,x_n)\mid z\leqslant -z_\alpha\}$.

例 8.2.1 对例 8.1.1 的问题(1)，在 $\alpha=0.05$ 下做出检验.

解 检验假设

$$H_0: \mu = \mu_0 = 400, \quad H_1: \mu \neq 400.$$

由于 $\sigma^2 = 25^2$ 已知,用 Z 检验,检验统计量为

$$Z = \frac{\overline{X} - \mu_0}{\sigma/\sqrt{n}} \sim N(0,1).$$

又由于 $\alpha = 0.05$,故拒绝域为

$$|z| \geqslant z_{\alpha/2} = z_{0.025} = 1.96.$$

由样本值计算出 $\bar{x} = 415$,则统计量 Z 的观测值 $z = \dfrac{415-400}{25/\sqrt{5}} \approx 1.341\ 6$,由于 $|z| = 1.341\ 6 < 1.96$,所以接受假设 H_0,认为引进新的生产线后,铜丝折断力无显著差异.

由此可以总结假设检验的步骤如下:

(1) 根据问题的要求提出假设,写出原假设 H_0 和备择假设 H_1 的具体内容;

(2) 根据 H_0 的内容,建立(或选取)检验统计量并确定其分布;

(3) 对给定的显著性水平 α,由统计量的分布查表确定出临界值,得到 H_0 的拒绝域 W 和接受域;

(4) 由样本值计算出统计量的值;

(5) 当统计量的值在拒绝域 W 内,则拒绝 H_0,接受 H_1,否则接受 H_0;

(6) 根据具体问题完整准确地写出检验的结论.

例 8.2.2 某百货商场的日营业额近似服从正态分布,去年的日平均营业额为 53.6 万元,均方差为 6 万元,今年随机抽查了 10 天的营业额,分别是

58.2　57.8　58.4　59.3　60.7　71.3　56.4　58.9　48.5　49.5

根据经验认为方差没有变化. 试问今年的日平均营业额与去年相比是否有显著变化($\alpha = 0.05$)?

解 (1) 检验假设 $H_0: \mu = \mu_0 = 53.6$;$H_1: \mu \neq 53.6$.

(2) 此检验为已知方差 $\sigma^2 = 6^2$ 的双侧检验,检验统计量为

$$Z = \frac{\overline{X} - \mu_0}{\sigma/\sqrt{n}} \sim N(0,1).$$

(3) $\alpha = 0.05$,则拒绝域为

$$|z| > z_{\alpha/2} = z_{0.025} = 1.96.$$

(4) 计算得 $\bar{x} = 57.9$,又 $n = 10, \sigma = 6$,则

$$z = \frac{57.9 - 53.6}{6/\sqrt{10}} = 2.27.$$

(5) 由于 $|z| = 2.27 > 1.96$,所以拒绝 H_0,接受 H_1.

(6) 结论:今年的日平均营业额与去年相比有显著变化.

进一步考虑,如果显著性水平发生变化,那么检验结果是否有变化?若将上述例题中的显著性水平换成 $\alpha = 0.01$,则检验如下:

(1) 检验假设 $H_0: \mu = \mu_0 = 53.6$;$H_1: \mu \neq 53.6$.

（2）此检验为已知方差 $\sigma^2=6^2$ 的双侧检验，检验统计量为

$$Z=\frac{\overline{X}-\mu_0}{\sigma/\sqrt{n}}\sim N(0,1).$$

（3）$\alpha=0.01$，则拒绝域为

$$|z|>z_{\alpha/2}=z_{0.005}=2.57.$$

（4）计算得 $\bar{x}=57.9$，又 $n=10$，$\sigma=6$，则

$$z=\frac{57.9-53.6}{6/\sqrt{10}}=2.27.$$

（5）因为 $|z|=2.27<2.57$，所以接受 H_0.

（6）结论：今年的日平均营业额与去年相比没有显著变化.

从上面的例子可以看出，显著性水平越低，临界值越极端，拒绝原假设的条件越严格，要求更强的证据拒绝原假设；反之，显著性水平越高，临界值越宽松，拒绝原假设的条件越容易满足，则更容易拒绝原假设. 因此，在进行假设检验时，应根据研究背景和实际需求合理选择显著性水平，并谨慎解释检验结果.

在例 8.2.2 中，若关心的问题是今年的日平均营业额与去年相比是否有显著提高，取显著性水平 $\alpha=0.05$，这就变成了单侧检验问题.

（1）检验假设

H_0：$\mu\leqslant\mu_0=53.6$（即今年的日平均营业额与去年相比没有显著提高）；

H_1：$\mu>53.6$（即今年的日平均营业额与去年相比有显著提高）.

（2）此检验为已知方差 $\sigma^2=6^2$ 的右侧检验，检验统计量为

$$Z=\frac{\overline{X}-\mu_0}{\sigma/\sqrt{n}}\sim N(0,1).$$

（3）$\alpha=0.05$，则拒绝域为

$$z>z_{\alpha}=z_{0.05}=1.65.$$

（4）计算得 $\bar{x}=57.9$，又 $n=10$，$\sigma=6$，则

$$z=\frac{57.9-53.6}{6/\sqrt{10}}=2.27.$$

（5）由于 $z=2.27>1.65$，所以拒绝 H_0，接受 H_1；

（6）结论：今年的日平均营业额与去年相比有显著提高.

从上述分析可以看出，双侧检验适用于全面检验差异的情况，不考虑差异的方向. 单侧检验适用于有明确方向性的情况，例如，在质量控制中只关心产品质量参数是否低于标准值. 单侧检验的临界值更宽松（绝对值更小），因此更容易拒绝原假设，需要谨慎使用. 选择哪种检验方法应基于研究问题的具体需求和背景，确保检验结果符合实际意义.

2. σ^2 未知时 μ 的检验

在许多实际问题中，方差是未知的. 对于双侧检验的假设（8.2.1），当 H_0 为真时，选取检验统计量

$$T=\frac{\overline{X}-\mu_0}{S/\sqrt{n}}\sim t(n-1), \tag{8.2.5}$$

相应的检验称为 t 检验. 对于给定的 $\alpha(0<\alpha<1)$, 可查表得 $t_{\alpha/2}(n-1)$, 使得 $P\{|T|\geqslant t_{\alpha/2}(n-1)\}=\alpha$.

由此得到双侧假设(8.2.1)的拒绝域为 $W=\{(x_1,x_2,\cdots,x_n)\,|\,|t|\geqslant t_{\alpha/2}(n-1)\}$, 其中 $t_{\alpha/2}(n-1)$ 为临界值. 对于给定的样本值, 可由(8.2.5)计算出统计量 T 的值, 并据此做出推断: 当 $|t|\geqslant t_{\alpha/2}(n-1)$ 时, 拒绝 H_0; 而当 $|t|<t_{\alpha/2}(n-1)$ 时, 接受 H_0.

在检验单侧假设(8.2.2)和(8.2.3)时, 仍使用统计量(8.2.5). 假设(8.2.2)中 H_0 的拒绝域为 $W=\{(x_1,x_2,\cdots,x_n)\,|\,t\geqslant t_\alpha(n-1)\}$; 假设(8.2.3)中 H_0 的拒绝域为 $W=\{(x_1,x_2,\cdots,x_n)\,|\,t\leqslant -t_\alpha(n-1)\}$.

单个正态总体均值 μ 的 Z 检验和 t 检验可总结如表 8-2 所示.

表 8-2 单个正态总体均值 μ 的 Z 检验和 t 检验

检验类型	H_0	H_1	方差 σ^2 已知(Z 检验)	方差 σ^2 未知(t 检验)
			检验统计量 $Z=\frac{\overline{X}-\mu_0}{\sigma/\sqrt{n}}\sim N(0,1)$	检验统计量 $T=\frac{\overline{X}-\mu_0}{S/\sqrt{n}}\sim t(n-1)$
			在显著性水平 α 下的拒绝域 W	
双侧检验	$\mu=\mu_0$	$\mu\neq\mu_0$	$\|z\|\geqslant z_{\alpha/2}$	$\|t\|\geqslant t_{\alpha/2}(n-1)$
右侧检验	$\mu=\mu_0(\mu\leqslant\mu_0)$	$\mu>\mu_0$	$z\geqslant z_\alpha$	$t\geqslant t_\alpha(n-1)$
左侧检验	$\mu=\mu_0(\mu\geqslant\mu_0)$	$\mu<\mu_0$	$z\leqslant -z_\alpha$	$t\leqslant -t_\alpha(n-1)$

例 8.2.3 假设某公司开发的一个 AI(人工智能)语音识别系统响应时间(单位:s)服从正态分布, 公司宣称其平均响应时间为 1.5 s. 为了验证这一说法, 测试小组随机抽取了 10 个查询请求, 记录它们的响应时间. 数据如下:

1.4 1.6 1.7 1.5 1.8 1.3 1.4 1.6 1.5 1.7

试问在显著性水平 $\alpha=0.1$ 下, 由该样本数据是否有理由认为该系统的平均响应时间是 1.5 s?

解 (1) 检验假设 $H_0:\mu=\mu_0=1.5$; $H_1:\mu\neq 1.5$.

(2) 本问题是 σ^2 未知的双侧检验, 检验统计量为

$$T=\frac{\overline{X}-\mu_0}{S/\sqrt{n}}\sim t(n-1).$$

(3) $\alpha=0.1$, 拒绝域为

$$|t|>t_{\alpha/2}(n-1)=t_{0.05}(9)=1.833\ 1.$$

(4) 由题设 $n=10$, 计算得 $\bar{x}=1.55$, $s^2=0.025$, 则统计量的值

$$t=\frac{1.55-1.5}{\sqrt{0.025/10}}=1.$$

(5) 由于 $|t|=1<1.8331$,所以接受 H_0.

(6) 结论:样本数据不足以证明该系统的平均响应时间与 1.5 s 存在显著差异,可以认为该系统的平均响应时间是 1.5 s.

例 8.2.4 根据历史数据,某银行客户办理业务的平均等待时间为 10 min. 该银行最近对业务流程进行了优化,期望能缩短客户的等待时间. 为了检验效果,随机抽取了 25 位办理业务的客户,记录他们的等待时间(单位:min),计算得平均等待时间为 9.35 min,标准差为 1.4 min,假设等待时间服从正态分布,显著性水平 $\alpha=0.05$,试问这些数据是否能说明业务流程的优化缩短了客户的等待时间?

解 (1) 检验假设 $H_0: \mu=\mu_0=10$(即业务流程优化后客户平均等待时间没有变化);

$H_1: \mu<10$(即业务流程优化后客户平均等待时间缩短).

(2) 本问题是 σ^2 未知的左侧检验,检验统计量为

$$T=\frac{\overline{X}-\mu_0}{S/\sqrt{n}} \sim t(n-1).$$

(3) $\alpha=0.05$,拒绝域为

$$t<-t_{\alpha}(n-1)=-t_{0.05}(24)=-1.7109.$$

(4) 由题设 $n=25, s=1.4, \bar{x}=9.35$,得统计量的值

$$t=\frac{9.35-10}{1.4/\sqrt{25}}=-2.3214.$$

(5) 由于 $t=-2.3214<-1.7109$,所以拒绝 H_0.

(6) 结论:有理由认为业务流程优化后客户平均等待时间缩短了.

8.2.2 单个正态总体方差 σ^2 的χ^2 检验

设总体 $X \sim N(\mu,\sigma^2)$, $X_1, X_2, \cdots, X_n$ 是来自总体 X 的样本,对 σ^2 要检验的假设为

(1) 双侧检验

$$H_0:\sigma^2=\sigma_0^2, \quad H_1:\sigma^2 \neq \sigma_0^2; \tag{8.2.6}$$

(2) 右侧检验

$$H_0:\sigma^2=\sigma_0^2(\sigma^2 \leqslant \sigma_0^2), \quad H_1:\sigma^2>\sigma_0^2; \tag{8.2.7}$$

(3) 左侧检验

$$H_0:\sigma^2=\sigma_0^2(\sigma^2 \geqslant \sigma_0^2), \quad H_1:\sigma^2<\sigma_0^2, \tag{8.2.8}$$

其中 σ_0^2 是已知常数. 由于使用的检验统计量均服从χ^2 分布,故相应的检验称为χ^2 检验.

1. μ 未知时 σ^2 的检验

当μ 未知且 H_0 为真时,选取检验统计量

$$\chi^2=\frac{n-1}{\sigma_0^2}S^2=\frac{1}{\sigma_0^2}\sum_{i=1}^{n}(X_i-\overline{X})^2 \sim \chi^2(n-1), \tag{8.2.9}$$

且

$$P\{\chi^2 \leqslant \chi^2_{1-\alpha/2}(n-1)\}=\frac{\alpha}{2}, \tag{8.2.10}$$

$$P\{\chi^2 \geqslant \chi^2_{\alpha/2}(n-1)\} = \frac{\alpha}{2}. \tag{8.2.11}$$

(8.2.6)中 H_0 的拒绝域为

$$W=\{(x_1,x_2,\cdots,x_n)\mid \chi^2 \leqslant \chi^2_{1-\alpha/2}(n-1) \text{或} \chi^2 \geqslant \chi^2_{\alpha/2}(n-1)\}. \tag{8.2.12}$$

对于(8.2.7),H_0 的拒绝域为

$$W=\{(x_1,x_2,\cdots,x_n)\mid \chi^2 \geqslant \chi^2_{\alpha}(n-1)\}, \tag{8.2.13}$$

对于(8.2.8),H_0 的拒绝域为

$$W=\{(x_1,x_2,\cdots,x_n)\mid \chi^2 \leqslant \chi^2_{1-\alpha}(n-1)\}. \tag{8.2.14}$$

*2. μ 已知时 σ^2 的检验

当 H_0 为真时,选取检验统计量

$$\chi^2=\frac{1}{\sigma_0^2}\sum_{i=1}^{n}(X_i-\mu)^2 \sim \chi^2(n), \tag{8.2.15}$$

(8.2.6)中 H_0 的拒绝域为

$$W=\{(x_1,x_2,\cdots,x_n)\mid \chi^2 \leqslant \chi^2_{1-\alpha/2}(n) \text{或} \chi^2 \geqslant \chi^2_{\alpha/2}(n)\}. \tag{8.2.16}$$

由样本值计算出统计量 χ^2 的值后,便可进行如下推断:当 $\chi^2 \leqslant \chi^2_{1-\alpha/2}(n)$ 或 $\chi^2 \geqslant \chi^2_{\alpha/2}(n)$ 时拒绝 H_0,认为 σ^2 与 σ_0^2 之间差异显著;否则就接受 H_0,认为 σ^2 与 σ_0^2 之间无显著差异.

对于单侧检验(8.2.7)和(8.2.8),仍使用统计量(8.2.15),不难得到它们的拒绝域分别为

$$W=\{(x_1,x_2,\cdots,x_n)\mid \chi^2 \geqslant \chi^2_{\alpha}(n)\} \tag{8.2.17}$$

和

$$W=\{(x_1,x_2,\cdots,x_n)\mid \chi^2 \leqslant \chi^2_{1-\alpha}(n)\}. \tag{8.2.18}$$

总结上述讨论,可得单个正态总体方差 σ^2 的 χ^2 检验表 8-3.

表 8-3 单个正态总体方差 σ^2 的 χ^2 检验

检验类型	H_0	H_1	均值 μ 未知 检验统计量 $\chi^2=\frac{n-1}{\sigma_0^2}S^2 \sim \chi^2(n-1)$	*均值 μ 已知 检验统计量 $\chi^2=\frac{1}{\sigma_0^2}\sum_{i=1}^{n}(X_i-\mu)^2 \sim \chi^2(n)$
			在显著性水平 α 下的拒绝域 W	
双侧检验	$\sigma^2=\sigma_0^2$	$\sigma^2 \neq \sigma_0^2$	$\chi^2 \leqslant \chi^2_{1-\alpha/2}(n-1)$ 或 $\chi^2 \geqslant \chi^2_{\alpha/2}(n-1)$	$\chi^2 \leqslant \chi^2_{1-\alpha/2}(n)$ 或 $\chi^2 \geqslant \chi^2_{\alpha/2}(n)$
右侧检验	$\sigma^2=\sigma_0^2(\sigma^2 \leqslant \sigma_0^2)$	$\sigma^2>\sigma_0^2$	$\chi^2 \geqslant \chi^2_{\alpha}(n-1)$	$\chi^2 \geqslant \chi^2_{\alpha}(n)$
左侧检验	$\sigma^2=\sigma_0^2(\sigma^2 \geqslant \sigma_0^2)$	$\sigma^2<\sigma_0^2$	$\chi^2 \leqslant \chi^2_{1-\alpha}(n-1)$	$\chi^2 \leqslant \chi^2_{1-\alpha}(n)$

例 8.2.5 手机电池一直以来都以续航时间的稳定性作为重要质量指标. 根据长期经验,某品牌手机电池充满电后的续航时间(单位:h)服从正态分布. 原来生产工艺下电池续航时间的方差为 25. 现在厂商对生产工艺进行了改进,随机抽取了采用新生产工艺生产的 8 块手机电池,测

试其充满电后的续航时间,数据如下:

46　52　53　48　51　47　53　50

这些数据能否说明改进后的工艺使得电池续航时间的方差发生了变化($\alpha=0.1$)?

解　(1) 检验假设 $H_0:\sigma^2=\sigma_0^2=25, H_1:\sigma^2\neq 25$.

(2) 这是 μ 未知情况下对总体方差的双侧检验,检验统计量为

$$\chi^2=\frac{n-1}{\sigma_0^2}S^2\sim\chi^2(n-1).$$

(3) 由题设条件,$n=8, \alpha=0.1$,查表得 $\chi^2_{1-\alpha/2}(n-1)=\chi^2_{0.95}(7)=2.167$. $\chi^2_{\alpha/2}(n-1)=\chi^2_{0.05}(7)=14.067$,则拒绝域为

$$\chi^2\leqslant 2.167 \text{ 或 } \chi^2\geqslant 14.067.$$

(4) 由样本观测值计算得 $\bar{x}=50, s^2=7.4286$,则 $\chi^2=\frac{(n-1)s^2}{\sigma_0^2}=2.08$.

(5) 由于 $2.08<2.167$,所以拒绝 H_0.

(6) 结论:改进后的工艺使得电池续航时间的方差发生了变化.

在电池领域,方差可以用来量化电池性能指标的稳定性. 如果方差较小,说明这批电池的容量比较一致,稳定性较好;反之,如果方差较大,说明电池之间的容量差异较大,可能存在部分电池性能不稳定的情况. 对于上例中的问题可以继续用单侧检验判断工艺的改进是否使得电池性能更稳定.

*8.3　两个正态总体的假设检验

前面一节讨论了单个正态总体数学期望与方差的假设检验问题,本节讨论两个正态总体参数的假设检验问题.

设 $X_1, X_2, \cdots, X_{n_1}$ 是来自正态总体 $X\sim N(\mu_1, \sigma_1^2)$ 的样本,$Y_1, Y_2, \cdots, Y_{n_2}$ 是来自正态总体 $Y\sim N(\mu_2, \sigma_2^2)$ 的样本,两样本相互独立,样本均值分别为

$$\overline{X}=\frac{1}{n_1}\sum_{i=1}^{n_1}X_i, \quad \overline{Y}=\frac{1}{n_2}\sum_{j=1}^{n_2}Y_j,$$

样本方差分别为

$$S_1^2=\frac{1}{n_1-1}\sum_{i=1}^{n_1}(X_i-\overline{X})^2, \quad S_2^2=\frac{1}{n_2-1}\sum_{j=1}^{n_2}(Y_j-\overline{Y})^2,$$

给定显著性水平 α,考虑这两个总体的均值和方差的差异性检验问题.

8.3.1　两个正态总体均值差的假设检验

对于总体均值差的检验,通常提出以下假设:

(1) 双侧检验

$$H_0:\mu_1=\mu_2, \quad H_1:\mu_1\neq\mu_2; \tag{8.3.1}$$

（2）右侧检验

$$H_0: \mu_1 = \mu_2 (\mu_1 \leqslant \mu_2), \quad H_1: \mu_1 > \mu_2; \tag{8.3.2}$$

（3）左侧检验

$$H_0: \mu_1 = \mu_2 (\mu_1 \geqslant \mu_2), \quad H_1: \mu_1 < \mu_2. \tag{8.3.3}$$

1. σ_1^2, σ_2^2 已知时 $\mu_1 - \mu_2$ 的检验

当 H_0 为真时,选取检验统计量

$$Z = \frac{\overline{X} - \overline{Y} - (\mu_1 - \mu_2)}{\sqrt{\frac{\sigma_1^2}{n_1} + \frac{\sigma_2^2}{n_2}}} \xlongequal{H_0 \text{ 为真}} \frac{\overline{X} - \overline{Y}}{\sqrt{\frac{\sigma_1^2}{n_1} + \frac{\sigma_2^2}{n_2}}} \sim N(0,1), \tag{8.3.4}$$

类似上一节的讨论,针对假设(8.3.1),因为

$$P\{ |Z| \geqslant z_{\alpha/2} \} = \alpha,$$

可得拒绝域为

$$|Z| \geqslant z_{\alpha/2}. \tag{8.3.5}$$

计算统计量的值 $z = \dfrac{\bar{x} - \bar{y}}{\sqrt{\dfrac{\sigma_1^2}{n_1} + \dfrac{\sigma_2^2}{n_2}}}$,并比较 $|z|$ 与 $z_{\alpha/2}$ 的大小,可得到结论:

若 $|z| \geqslant z_{\alpha/2}$,则拒绝 H_0;若 $|z| < z_{\alpha/2}$,则接受 H_0.

用类似的方法可得:对于假设(8.3.2),拒绝域为 $z \geqslant z_\alpha$. 对于假设(8.3.3),拒绝域为 $z \leqslant -z_\alpha$.

2. $\sigma_1^2 = \sigma_2^2$ 未知时 $\mu_1 - \mu_2$ 的检验

由正态总体的抽样分布定理,针对假设(8.3.1),选取检验统计量

$$T = \frac{\overline{X} - \overline{Y} - (\mu_1 - \mu_2)}{S_\omega \sqrt{\frac{1}{n_1} + \frac{1}{n_2}}} \xlongequal{H_0 \text{ 为真}} \frac{\overline{X} - \overline{Y}}{S_\omega \sqrt{\frac{1}{n_1} + \frac{1}{n_2}}} \sim t(n_1 + n_2 - 2), \tag{8.3.6}$$

其中 $S_\omega^2 = \dfrac{(n_1 - 1) S_1^2 + (n_2 - 1) S_2^2}{n_1 + n_2 - 2}$,$S_\omega = \sqrt{S_\omega^2}$,因为

$$P\{ |T| \geqslant t_{\alpha/2}(n_1 + n_2 - 2) \} = \alpha,$$

可得拒绝域为

$$|t| \geqslant t_{\alpha/2}(n_1 + n_2 - 2). \tag{8.3.7}$$

计算统计量的值

$$t = \frac{\bar{x} - \bar{y}}{s_\omega \sqrt{\frac{1}{n_1} + \frac{1}{n_2}}},$$

若 $|t| \geqslant t_{\alpha/2}(n_1 + n_2 - 2)$,则拒绝 H_0;若 $|t| < t_{\alpha/2}(n_1 + n_2 - 2)$,则接受 H_0.

用类似的方法可得:对于假设(8.3.2),拒绝域为 $t \geqslant t_\alpha(n_1 + n_2 - 2)$. 对于假设(8.3.3),拒绝

域为 $t \leqslant -t_{\alpha}(n_1+n_2-2)$.

以上两种情形是两个正态总体均值差的假设检验的主要情形. 总结可得表 8-4.

表 8-4　两个正态总体均值差的假设检验

H_0	H_1	方差 σ_1^2,σ_2^2 已知 $Z=\dfrac{\overline{X}-\overline{Y}}{\sqrt{\dfrac{\sigma_1^2}{n_1}+\dfrac{\sigma_2^2}{n_2}}}\sim N(0,1)$	方差 $\sigma_1^2=\sigma_2^2$ 未知 $T=\dfrac{\overline{X}-\overline{Y}}{S_{\omega}\sqrt{\dfrac{1}{n_1}+\dfrac{1}{n_2}}}\sim t(n_1+n_2-2)$
		在显著性水平 α 下的拒绝域 W	
$\mu_1=\mu_2$	$\mu_1\neq\mu_2$	$\lvert z\rvert \geqslant z_{\alpha/2}$	$\lvert t\rvert \geqslant t_{\alpha/2}(n_1+n_2-2)$
$\mu_1=\mu_2(\mu_1\leqslant\mu_2)$	$\mu_1>\mu_2$	$z\geqslant z_{\alpha}$	$t\geqslant t_{\alpha}(n_1+n_2-2)$
$\mu_1=\mu_2(\mu_1\geqslant\mu_2)$	$\mu_1<\mu_2$	$z\leqslant -z_{\alpha}$	$t\leqslant -t_{\alpha}(n_1+n_2-2)$

例 8.3.1　设甲、乙两厂生产同样的灯泡,其寿命 X,Y 分别服从正态分布 $N(\mu_1,\sigma_1^2)$, $N(\mu_2,\sigma_2^2)$,已知它们寿命的标准差分别为 84 h 和 96 h,现从两厂生产的灯泡中各取 60 只,测得甲厂灯泡的平均寿命为 1 295 h,乙厂灯泡的平均寿命为 1 230 h,能否认为两厂生产的灯泡的平均寿命无显著差异($\alpha=0.05$)?

解　(1) 检验假设 $H_0:\mu_1=\mu_2$, $H_1:\mu_1\neq\mu_2$.

(2) 选择检验统计量 $Z=\dfrac{\overline{X}-\overline{Y}}{\sqrt{\dfrac{\sigma_1^2}{n_1}+\dfrac{\sigma_2^2}{n_2}}}\sim N(0,1)$.

(3) $\alpha=0.05$,则拒绝域为

$$|z| \geqslant z_{0.025}=1.96.$$

(4) 由于 $\bar{x}=1\ 295$, $\bar{y}=1\ 230$, $\sigma_1=84$, $\sigma_2=96$,所以

$$|z|=\left|\frac{\bar{x}-\bar{y}}{\sqrt{\dfrac{\sigma_1^2}{n_1}+\dfrac{\sigma_1^2}{n_2}}}\right|=3.95.$$

(5) 因为 $|z|=3.95>1.96$,所以拒绝 H_0,接受 H_1.

(6) 结论:两厂生产的灯泡的平均寿命有显著差异.

8.3.2　两个正态总体方差比的假设检验

在实际问题中,常常需要考察两个正态总体的方差是否相等,这种检验也称为方差齐性的假设检验,通常提出以下假设:

(1) 双侧检验

$$H_0:\sigma_1^2=\sigma_2^2,\quad H_1:\sigma_1^2\neq\sigma_2^2; \tag{8.3.8}$$

(2) 右侧检验

$$H_0:\sigma_1^2=\sigma_2^2(\sigma_1^2\leqslant\sigma_2^2),\quad H_1:\sigma_1^2>\sigma_2^2; \tag{8.3.9}$$

(3) 左侧检验

$$H_0:\sigma_1^2=\sigma_2^2(\sigma_1^2\geqslant\sigma_2^2),\quad H_1:\sigma_1^2<\sigma_2^2. \tag{8.3.10}$$

针对假设(8.3.8),选取检验统计量

$$F=\frac{S_1^2/\sigma_1^2}{S_2^2/\sigma_2^2}\xlongequal{H_0\text{为真}}\frac{S_1^2}{S_2^2}\sim F(n_1-1,n_2-1). \tag{8.3.11}$$

因为

$$P\{F\leqslant F_{1-\alpha/2}(n_1-1,n_2-1)\quad 或\quad F\geqslant F_{\alpha/2}(n_1-1,n_2-1)\}=\alpha,$$

可得拒绝域为

$$F\leqslant F_{1-\alpha/2}(n_1-1,n_2-1)\quad 或\quad F\geqslant F_{\alpha/2}(n_1-1,n_2-1).$$

计算统计量的值

$$F=\frac{s_1^2}{s_2^2},$$

若 $F\leqslant F_{1-\alpha/2}(n_1-1,n_2-1)$ 或 $F\geqslant F_{\alpha/2}(n_1-1,n_2-1)$,则拒绝 H_0;若 $F_{1-\alpha/2}(n_1-1,n_2-1)<F<F_{\alpha/2}(n_1-1,n_2-1)$,则接受 H_0. 用类似的方法可得:对于假设(8.3.9),拒绝域为 $F\geqslant F_\alpha(n_1-1,n_2-1)$;对于假设(8.3.10),拒绝域为 $F\leqslant F_{1-\alpha}(n_1-1,n_2-1)$.

两个正态总体方差比的假设检验的主要情形可总结如表 8-5 所示.

表 8-5 两个正态总体方差比的假设检验

H_0	H_1	条件	检验统计量	拒绝域
$\sigma_1^2=\sigma_2^2$	$\sigma_1^2\neq\sigma_2^2$	μ_1,μ_2 未知	$F=\frac{s_1^2}{s_2^2}$	$F\geqslant F_{\frac{\alpha}{2}}(n_1-1,n_2-1)$ 或 $F\leqslant F_{1-\frac{\alpha}{2}}(n_1-1,n_2-1)$
$\sigma_1^2\leqslant\sigma_2^2$	$\sigma_1^2>\sigma_2^2$			$F\geqslant F_\alpha(n_1-1,n_2-1)$
$\sigma_1^2\geqslant\sigma_2^2$	$\sigma_1^2<\sigma_2^2$			$F\leqslant F_{1-\alpha}(n_1-1,n_2-1)$

例 8.3.2 两位化验员 A,B 对一种矿砂的含铁量(单位:%)各自独立地用同一方法做了 5 次分析,得到样本方差分别为 0.432 2 与 0.500 6. 若 A,B 所得的测定值的总体都服从正态分布,其方差分别为 σ_A^2,σ_B^2,试在显著性水平 $\alpha=0.05$ 下检验方差齐性的假设

$$H_0:\sigma_A^2=\sigma_B^2,\quad H_1:\sigma_A^2\neq\sigma_B^2.$$

解 (1) 检验假设 $H_0:\sigma_A^2=\sigma_B^2, H_1:\sigma_A^2\neq\sigma_B^2$.

(2) 选择检验统计量 $F=\dfrac{S_1^2}{S_2^2}\sim F(n_1-1,n_2-1)$.

(3) $\alpha=0.05$,则拒绝域为

$$F\leqslant F_{1-\alpha/2}(n_1-1,n_2-1)\quad 或\quad F\geqslant F_{\alpha/2}(n_1-1,n_2-1),$$

$$F_{\alpha/2}(n_1-1,n_2-1)=F_{0.025}(4,4)=9.6,$$

$$F_{1-\alpha/2}(n_1-1,n_2-1)=F_{0.975}(4,4)=\frac{1}{F_{0.025}(4,4)}=\frac{1}{9.6}\approx 0.104\,2,$$

则拒绝域为 $F\leqslant 0.104\,2$ 或 $F\geqslant 9.6$.

(4) 由于 $n_1=n_2=5,\alpha=0.05,s_1^2=0.432\,2,s_2^2=0.500\,6$,所以

$$F=\frac{s_1^2}{s_2^2}=\frac{0.432\,2}{0.500\,6}\approx 0.863\,4.$$

(5) 因为 $F_{0.975}(4,4)<F<F_{0.025}(4,4)$,所以接受 H_0,拒绝 H_1.

(6) 结论:A,B 测定矿砂含铁量的方差相同.

最后,我们需要指出,在小样本的情形下,如果 σ_1^2,σ_2^2 均未知时,要检验 $H_0:\mu_1=\mu_2$,可以先检验 $H_0:\sigma_1^2=\sigma_2^2$,$H_1:\sigma_1^2\neq\sigma_2^2$,在接受 H_0 的前提下,再检验假设 $H_0:\mu_1=\mu_2$. 这种方法简便易行,在讨论两组数据是否来自同一个正态总体时非常有效.

8.4 Excel 在假设检验中的应用

8.4.1 P 值决策

在用 Excel 做假设检验之前,有必要先介绍有关 P 值决策的知识.

定义 8.4.1 在原假设为真的条件下,所得到的样本观测结果或更极端的结果出现的概率称为 **P 值**,也称观察到的显著性水平.

P 值是反映实际观测到的数据与原假设 H_0 之间不一致程度的一个概率值. P 值越小,说明实际观测到的数据与 H_0 之间不一致的程度就越大,检验结果也就越显著.

P 值也是用于确定是否拒绝原假设的另一个重要工具,下面以对正态总体均值的三种假设检验为例给出 P 值的一般表达式,其中统一使用符号 Z 表示检验统计量,z_c 表示根据样本数据计算得到的检验统计量值.

(1) 左侧检验:$H_0:\mu\geqslant\mu_0$,$H_1:\mu<\mu_0$.

P 值是当 $\mu=\mu_0$ 时,检验统计量小于或等于根据实际观测样本数据计算得到的检验统计量值的概率,即 P 值 $=P\{Z\leqslant z_c \mid \mu=\mu_0\}$.

(2) 右侧检验:$H_0:\mu\leqslant\mu_0$,$H_1:\mu>\mu_0$.

P 值 $=P\{Z\geqslant z_c \mid \mu=\mu_0\}$.

(3) 双侧检验:$H_0:\mu=\mu_0$,$H_1:\mu\neq\mu_0$.

P 值 $=2P\{Z\geqslant |z_c| \mid \mu=\mu_0\}$.

在许多软件中,都是通过 P 值做出接受或拒绝原假设的结论,其规则十分简单:若 P 值 $\leqslant\alpha$,则拒绝 H_0;若 P 值 $>\alpha$,则不拒绝 H_0.

8.4.2 Excel 在假设检验中的具体应用

在 Excel 中进行假设检验可利用函数或数据分析工具. 检验用的函数名称最后四个英文字母为“TEST”,前面的字母为所用统计量的名称. 以下将介绍三种函数的使用方法:① Z.TEST:正态分布检验;② T.TEST:t 分布检验;③ F.TEST:F 分布检验. 此外 Excel 在数据分析工具中提供了“z-检验:双样本平均差检验”“t-检验:双样本等方差检验”“t-检验:双样本异方差检验”“t-检验:平均值的成对样本分析”“F 检验:双样本方差”等几种假设检验分析工具,利用这些分析工具可以进行两个总体参数的假设检验.

1. 函数 Z.TEST

用途:返回 Z 检验(即 U 检验)的单尾 P 值.

语法:Z. TEST(Array,X,Sigma).

参数:Array 为用来检验的数据区域;X 为被检验的值;Sigma 为总体(已知)标准差,如果省略,则使用样本标准差.

例 8.4.1 一台包装机包装食盐,额定标准质量为 500 g. 根据以往的经验,包装机的实际装袋质量服从正态分布 $N(\mu,\sigma^2)$,其中 $\sigma_0=8$,为检验包装机工作是否正常,随机抽取 10 袋,得到数据如下:

495 515 516 480 505 520 495 502 490 512

取显著性水平 $\alpha=0.05$,试用 Excel 分析这台包装机工作是否正常.

解 需要检验的问题为

$$H_0:\mu=500,\quad H_1:\mu\neq 500.$$

(1) 打开 Excel 工作表,先在 A1:A10 输入原始数据,然后调用函数 Z. TEST.

(2) 在函数 Z. TEST 的对话框中输入相应参数,如图 8-1 所示.

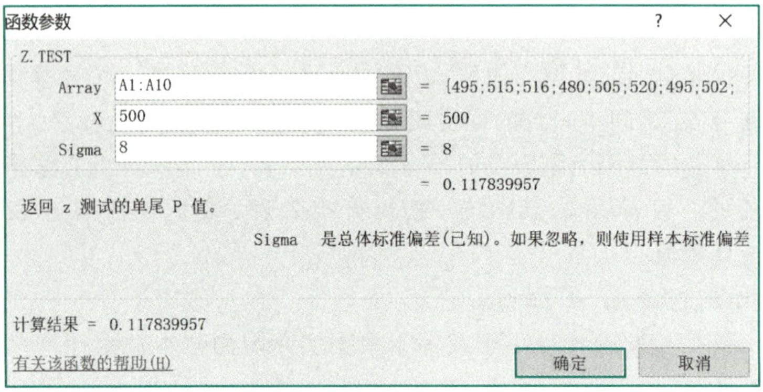

图 8-1

(3) 由于是双侧检验,P 值 $=2P\{Z\geqslant|z_c|\,|\,\mu=\mu_0\}=2\times0.117\,84=0.235\,68>0.05$,所以不拒绝原假设,即认为包装机工作正常.

2. 函数 T. TEST

用途:返回 t 检验的结果,主要用于检验两个样本是否来自两个具有相同均值的总体.

语法:T. TEST(Array1,Array2,Tails,Type).

参数:Array1 是第 1 个数据区域,Array2 是第 2 个数据区域;Tails 指分布曲线的尾数,若 Tails=1,则 T. TEST 函数是单尾分布,若 Tails=2,则 T. TEST 函数是双尾分布;Type 为 t 检验的类型,Type 等于 1,2,3,分别对应的检验方法为成对检验、双样本等方差检验、双样本异方差检验.

例 8.4.2 甲、乙两条流水线同时加工某零件,已知两条流水线的零件直径(单位:cm)分别服从正态分布 $N(\mu_1,\sigma_1^2)$ 和 $N(\mu_2,\sigma_2^2)$,且 $\sigma_1^2\neq\sigma_2^2$. 为比较两条流水线的加工精度有无显著差异,分别独立抽取了甲流水线加工的 8 个零件和乙流水线加工的 10 个零件,得到如下数据:

甲流水线零件直径:20.5 19.7 20.4 20.0 19.0 19.9 20.2 19.6

乙流水线零件直径:20.7 19.8 20.1 19.2 19.5 20.8 20.4 20.7 18.9 19.7

在 $\alpha=0.05$ 的显著性水平下,样本数据是否可提供证据支持"两条流水线加工的零件直径不一致"的看法?

解　需要检验的问题为

$$H_0:\mu_1=\mu_2,\quad H_1:\mu_1\neq\mu_2.$$

方法一:(1) 分别在 A1:A8 与 B1:B10 输入原始数据,然后调用函数 T. TEST.

(2) 设置输入参数,如图 8-2 所示.

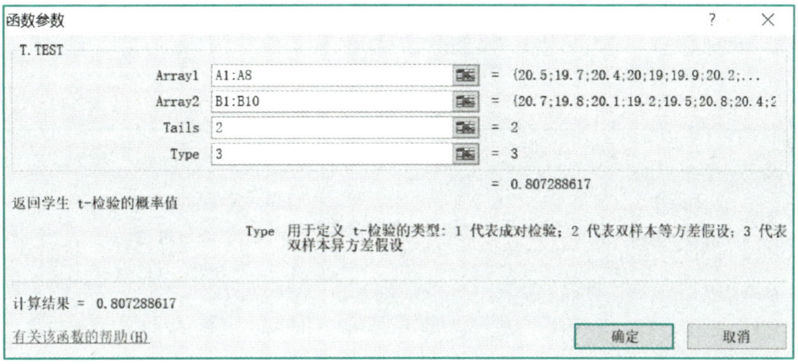

图 8-2

由计算结果可知,P 值 = 0. 807 3>0. 05,所以不拒绝原假设,即没有理由认为甲、乙两条流水线加工的零件直径不一致.

方法二:调用分析工具库中的"t-检验:双样本异方差假设",设置输入/输出参数,如图 8-3 所示.

得到结果如图 8-4 所示.

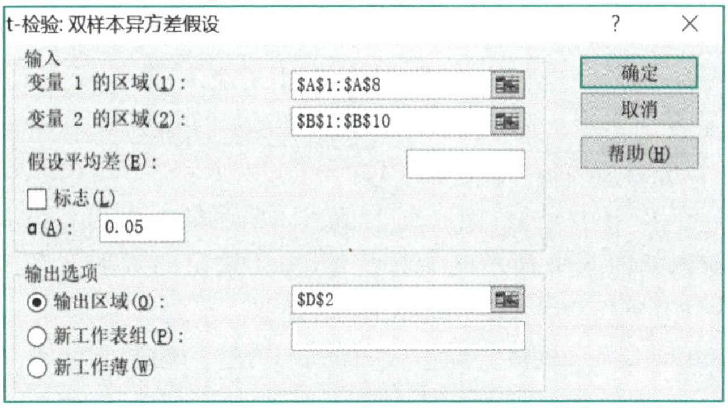

图 8-3

t-检验: 双样本异方差假设		
	变量 1	变量 2
平均	19.9125	19.98
方差	0.235536	0.446222
观测值	8	10
假设平均差	0	
df	16	
t Stat	-0.24803	
P(T<=t) 单尾	0.403634	
t 单尾临界	1.745884	
P(T<=t) 双尾	0.807268	
t 双尾临界	2.119905	

图 8-4

由图 8-4 可知,P 值 = 0. 807 3>0. 05,故不拒绝原假设,得到与方法一相同的结论.

3. 函数 F. TEST

用途:返回 F 检验的结果(即当数组 1 和数组 2 的方差无明显差异时的双尾概率),可以判断两个样本的方差是否不同.

语法:F. TEST(Array1,Array2).

参数:Array1 是第 1 个数据区域;Array2 是第 2 个数据区域.

例 8.4.3　某卷烟厂生产两种香烟,分别对两种香烟的尼古丁含量(单位:mg)做 8 次测量,结果如下:

甲：35　28　33　26　29　32　30　25

乙：28　33　30　29　25　27　39　21

假设香烟中的尼古丁含量服从正态分布，试问在 $\alpha=0.05$ 的显著性水平下，两种香烟中尼古丁含量的方差是否有显著差异？

解　需要检验的问题为 $H_0:\sigma_{甲}^2=\sigma_{乙}^2, H_1:\sigma_{甲}^2\neq\sigma_{乙}^2$.

方法一：（1）分别在 A1：A8 与 B1：B8 输入原始数据，然后调用函数 F. TEST，并输入参数，如图 8-5 所示.

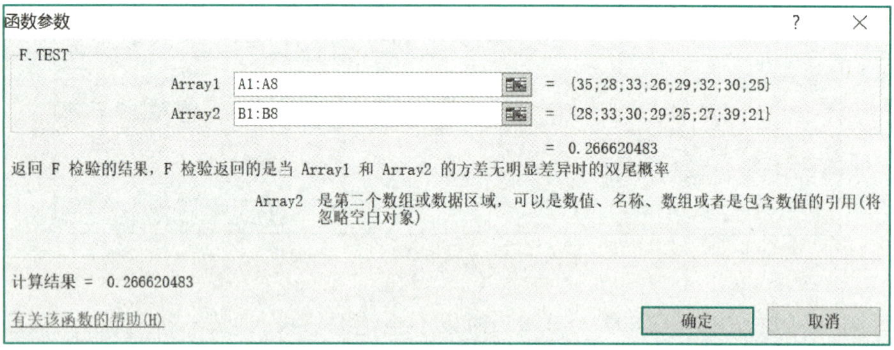

图 8-5

（2）由结果可知，P 值 $=0.2666>0.05$，所以不拒绝原假设，即两种香烟中尼古丁含量的方差无显著差异.

方法二：调用分析工具库中的“F-检验：双样本方差”进行分析.

需要注意的是，在分析工具库中的“F-检验：双样本方差”工具菜单中，当 $S_1^2/S_2^2<1$ 时，做左侧检验，其拒绝域为 $F<F_{1-\alpha}(n_1-1,n_2-1)$，当 $S_1^2/S_2^2>1$ 时，做右侧检验，其拒绝域为 $F>F_{\alpha}(n_1-1,n_2-1)$. 因此，若做双侧检验，当给定的显著性水平为 α 时，在参数设置中 α(A) 就应设为 $\alpha/2$. 这样，当 $F=S_1^2/S_2^2<1$ 时，则输出结果给出了左尾临界值 $F_{1-\alpha/2}(n_1-1,n_2-1)$；当 $F=S_1^2/S_2^2>1$ 时，则输出结果给出了右尾临界值 $F_{\alpha/2}(n_1-1,n_2-1)$. 对于 P 值，则应有 P 值 $=2\times$单尾概率.

根据上述介绍，对本例来说，则应输入如图 8-6 所示的参数设置（由于输出的 F 临界值是单尾的，故参数设置中 α(A) 应设为 $\alpha/2=0.025$），得到如图 8-7 所示的结果.

由于此时 P 值 $=0.13331\times2\approx0.2666>0.05$，故接受原假设，得到与方法一相同的结论.

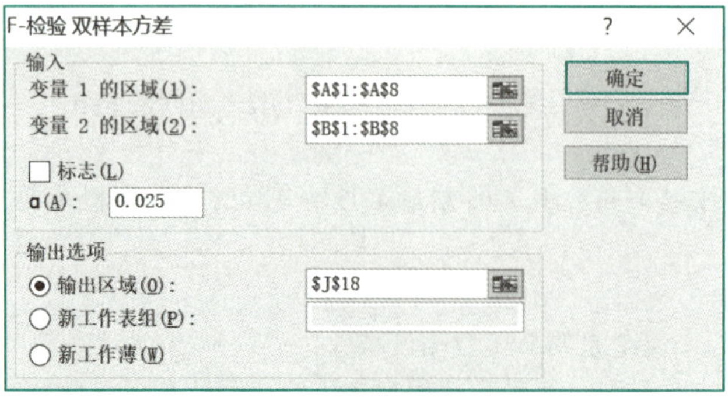

图 8-6

F-检验 双样本方差分析

	变量 1	变量 2
平均	29.75	29
方差	11.92857	28.85714
观测值	8	8
df	7	7
F	0.413366	
P(F<=f) 单尾	0.13331	
F 单尾临界	0.200204	

图 8-7

第八章思维导图

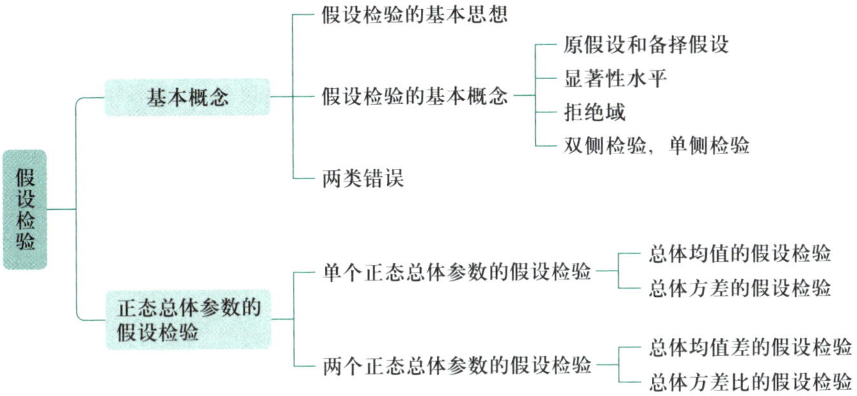

拓展阅读
参数估计与
假设检验

习题八

(A) 基础练习

1. 切割机在正常工作时，切割出的每段金属棒的长度(单位：cm)是服从正态分布的随机变量，即总体 $X\sim N(\mu,\sigma^2)$，已知 $\mu=10.5$ cm，$\sigma=0.15$ cm. 今从生产出的一批产品中随机抽取 15 段进行测量，测得结果如下：

10.4　10.6　10.1　10.4　10.5　10.3　10.3　10.2

10.9　10.6　10.8　10.5　10.7　10.2　10.7

试问该切割机工作是否正常($\alpha=0.05$)？

2. 在人工智能图像识别任务中，某公司开发的一款图像识别算法，以往在大量测试数据下的平均识别准确率为 80%. 已知识别准确率近似服从正态分布，总体方差为 0.002 5，现在对该算法进行了优化升级后，随机选取 36 组新的测试数据，其平均识别准确率为 82%，试问升级后的算法是否提高了平均识别准确率($\alpha=0.05$)？

3. 设某次考试的学生成绩服从正态分布，从中随机抽取 25 位考生的成绩，算得平均成绩 $\overline{x}=66$ 分，标准差 $s=20$ 分，问在显著性水平 $\alpha=0.05$ 下，是否可以认为这次考试全体考生的平均成绩为 71 分？

4. 设某批矿砂的镍含量(单位：%)的测定值 X 服从正态分布，从中随机抽取 5 个样品，测定镍含量为 3.26，3.25，3.22，3.24，3.24. 问在显著性水平 $\alpha=0.01$ 下，能否认为这批矿砂的镍含量的均值为 3.25？

5. 某厂生产一种金属线，其抗拉强度(单位：kg/mm^2)服从正态分布 $N(\mu_0,\sigma_0^2)$，已知 $\mu_0=105.6$. 现经过技术革新生产了一批新的金属线，从中随机抽取 10 根做试验，测量其抗拉强度值，算得均值 $\overline{x}=106.3$，标准差 $s=0.8$. 问这批新金属线的抗拉强度是否比原金属线的抗拉强度高($\alpha=0.05$)？

6. 某汽车制造公司生产的某型号汽车以往平均每百公里油耗为 8 L. 该公司研发了一种新技术,希望能降低汽车的油耗,从而提高汽车的燃油经济性. 为了检验新技术是否有效,随机抽取 16 辆使用新技术的汽车进行油耗测试,让它们在相同的路况和驾驶条件下行驶,记录每辆车每百公里油耗(单位:L),得到样本均值为 7.52,样本均方差为 1.6,试问在显著性水平 $\alpha=0.1$ 下能否认为新技术降低了汽车的油耗?

7. 某厂生产的某种型号的电池的寿命(单位:h)长期以来服从方差 $\sigma^2=5\ 000$ 的正态分布. 现有一批这种电池,从它的生产情况看,寿命的波动性有所改变. 现随机抽取 26 个电池,测得其寿命的样本方差 $s^2=9\ 200$,问根据这一数据能否推断这批电池寿命的波动性较以往有显著的变化($\alpha=0.02$)?

8. 设有来自正态分布总体 $X\sim N(\mu,\sigma^2)$ 的容量为 36 的样本,样本均值 $\overline{x}=2.7$,μ,σ^2 均未知,而 $\sum\limits_{i=1}^{36}(x_i-\overline{x})^2=105$,在显著性水平 $\alpha=0.05$ 下,是否可以认为总体方差为 2.5?

9. 从一批保险丝中抽取 10 根试验其熔化时间,结果为 42,65,75,78,71,59,57,68,54,55,问是否可以认为这批保险丝的熔化时间的方差小于等于 80($\alpha=0.05$,熔化时间服从正态分布)?

10. 在正常的生产条件下某产品的测试指标 $X\sim N(\mu_0,\sigma_0^2)$,其中 $\sigma_0=0.23$. 后来改变了生产工艺,假设新产品的测试指标仍为 X,且 $X\sim N(\mu,\sigma^2)$. 现从新产品中随机抽取 10 件,测得其观测值 $x_1,x_2,\cdots,x_{10}$,并算得标准差 $s=0.33$,试在显著性水平 $\alpha=0.05$ 下检验:

(1) σ^2 有没有显著变化;(2) σ^2 是否变大.

(B) 复习巩固

1. 有一工厂生产一种灯管,已知灯管的寿命(单位:h)X 服从正态分布 $N(\mu,40\ 000)$,根据以往的生产经验,灯管的平均寿命不会超过 1 500. 为了提高灯管的平均寿命,工厂采用了新工艺. 为了弄清楚新工艺是否真的能提高灯管的平均寿命,测试了采用新工艺生产的 25 只灯管的寿命,其平均值是 1 575. 尽管样本的平均值大于 1 500,试问:可否由此判定这恰是新工艺的效应,而非偶然的原因使得抽出的这 25 只灯管的平均寿命较长呢($\alpha=0.05$)?

2. 某厂厂方断言:该厂生产的电动马达正常负载下平均电流不超过 0.8 A. 随机抽取 16 台马达,发现它们耗电的平均值为 0.92 A,标准差为 0.32 A. 假定此种马达耗电电流服从正态分布,在显著性水平 $\alpha=0.05$ 下,能否否定厂方断言?

3. 某工厂生产金属丝,产品指标为折断力(单位:N). 折断力的方差被用作工厂生产精度的表征,方差越小,表明精度越高. 以往工厂一直把该方差保持在 64 及以下. 最近从一批产品中抽取 10 根做折断力试验,测得的结果如下:

578　572　570　568　572　570　572　596　584　570

由上述样本数据算得

$$\overline{x}=575.2,\quad s^2=75.74.$$

为此,厂方怀疑金属丝折断力的方差变大. 如确实增大,表明生产精度不如以前,就需对生产流程做一番检验,以发现生产环节中存在的问题. 试在显著性水平 $\alpha=0.05$ 下,检验厂方的怀疑.

4. 测量某种溶液中的水分,从它的 10 个测定值得到 $\overline{x}=0.452\%$,$s=0.037\%$. 设测定值的总体服从正态分布,μ 为总体均值,σ 为总体标准差,试在显著性水平 $\alpha=0.05$ 下检验:

(1) $H_0:\mu=0.5\%, H_1:\mu<0.5\%$;

(2) $H_0':\sigma=0.04\%, H_1':\sigma<0.04\%$.

*5. 甲、乙两台车床加工同一种轴，现在要测量轴的椭圆度（单位：mm）. 设甲加工的轴的椭圆度 $X\sim N(\mu_1,\sigma_1^2)$，乙加工的轴的椭圆度 $Y\sim N(\mu_2,\sigma_2^2)$，且 $\sigma_1=0.025$，$\sigma_2=0.062$. 今从甲、乙两台车床加工的轴中分别测量了 $m=200$ 根以及 $n=150$ 根轴，并算得 $\bar{x}=0.081$，$\bar{y}=0.060$. 试问这两台车床加工的轴的椭圆度是否有显著差异（$\alpha=0.05$）？

*6. 下面分别给出两个作家马克・吐温的 8 篇小品文及斯诺特格拉斯的 10 篇小品文中 3 个字母组成的词的比例：

马克・吐温　0.225　0.262　0.217　0.240　0.230　0.229　0.235　0.217

斯诺特格拉斯　0.209　0.205　0.196　0.210　0.202　0.207　0.224　0.223　0.220　0.201

设这两组样本数据分别来自正态总体，两总体的方差相等，且两组样本相互独立. 问两个作家所写的小品文包含由 3 个字母组成的词的比例是否有显著差异（$\alpha=0.05$）？

*7. 对两种羊毛织品的强度（单位：磅/平方英寸）①进行检测，所得结果如下：

第一种：138　127　134　125

第二种：134　137　135　140　130　134

设两种羊毛织品的强度都服从方差相同的正态分布，问是否一种羊毛较另一种羊毛好（$\alpha=0.05$）？

*8. 两台机床加工同一种零件，分别取 6 个和 9 个零件，测量其长度（单位：cm），得 $s_1^2=0.345$，$s_2^2=0.357$，假定零件长度服从正态分布，问是否可以认为这两台机床加工的零件长度的方差无显著差异（$\alpha=0.05$）？

习题八答案

① 1 磅 = 0.453 6 kg，1 英寸 = 2.54 cm.

附　　表

附表 1　几种常见的概率分布

分布	参数	符号	分布律或概率密度	数学期望	方差
0-1 分布	$0<p<1$	$B(1,p)$	$P\{X=k\}=p^k(1-p)^{1-k},k=0,1$	p	$p(1-p)$
二项分布	$n\geqslant 1$ $0<p<1$	$B(n,p)$	$P\{X=k\}=\mathrm{C}_n^k p^k(1-p)^{n-k},k=0,1,\cdots,n$	np	$np(1-p)$
泊松分布	$\lambda>0$	$P(\lambda)$	$P\{X=k\}=\dfrac{\lambda^k}{k!}\mathrm{e}^{-\lambda},k=0,1,2,\cdots$	λ	λ
几何分布	$0<p<1$	$G(p)$	$P\{X=k\}=(1-p)^{k-1}p,k=1,2,\cdots$	$\dfrac{1}{p}$	$\dfrac{1-p}{p^2}$
均匀分布	$a<b$	$U(a,b)$	$f(x)=\begin{cases}\dfrac{1}{b-a}, & a<x<b\\ 0, & \text{其他}\end{cases}$	$\dfrac{a+b}{2}$	$\dfrac{(b-a)^2}{12}$
指数分布	$\lambda>0$	$E(\lambda)$	$f(x)=\begin{cases}\lambda\mathrm{e}^{-\lambda x}, & x>0\\ 0, & x\leqslant 0\end{cases}$	$\dfrac{1}{\lambda}$	$\dfrac{1}{\lambda^2}$
正态分布	$-\infty<\mu<+\infty$ $\sigma>0$	$N(\mu,\sigma^2)$	$f(x)=\dfrac{1}{\sqrt{2\pi}\sigma}\mathrm{e}^{-\frac{(x-\mu)^2}{2\sigma^2}},-\infty<x<+\infty$	μ	σ^2
柯西分布	$a,\lambda>0$	$C(a,\lambda)$	$f(x)=\dfrac{1}{\pi}\cdot\dfrac{\lambda}{\lambda^2+(x-a)^2}$	不存在	不存在
χ^2 分布	$n\geqslant 1$	$\chi^2(n)$	$f(x)=\begin{cases}\dfrac{1}{2^{\frac{n}{2}}\Gamma\left(\frac{n}{2}\right)}x^{\frac{n}{2}-1}\mathrm{e}^{-\frac{x}{2}}, & x>0\\ 0, & x\leqslant 0\end{cases}$	n	$2n$
t 分布	$n\geqslant 1$	$t(n)$	$f(x)=\dfrac{\Gamma\left(\frac{n+1}{2}\right)}{\sqrt{n\pi}\,\Gamma\left(\frac{n}{2}\right)}\left(1+\dfrac{x^2}{n}\right)^{-\frac{n+1}{2}},$ $-\infty<x<+\infty$	0	$\dfrac{n}{n-2},n>2$

附表 2　泊松分布表

$$P\{X \leqslant n\} = \sum_{k=0}^{n} \frac{\lambda^k}{k!} e^{-\lambda}$$

n	λ									
	0. 1	0. 2	0. 3	0. 4	0. 5	0. 6	0. 7	0. 8	0. 9	1. 0
0	0. 904 8	0. 818 7	0. 740 8	0. 670 3	0. 606 5	0. 548 8	0. 496 6	0. 449 3	0. 406 6	0. 367 9
1	0. 995 3	0. 982 5	0. 963 1	0. 938 4	0. 909 8	0. 878 1	0. 844 2	0. 808 8	0. 772 5	0. 735 8
2	0. 999 8	0. 998 9	0. 996 4	0. 992 1	0. 985 6	0. 976 9	0. 965 9	0. 952 6	0. 937 1	0. 919 7
3	1. 000 0	0. 999 9	0. 999 7	0. 999 2	0. 998 2	0. 996 6	0. 994 2	0. 990 9	0. 986 5	0. 981 0
4		1. 000 0	1. 000 0	0. 999 9	0. 999 8	0. 999 6	0. 999 2	0. 998 6	0. 997 7	0. 996 3
5				1. 000 0	1. 000 0	1. 000 0	0. 999 9	0. 999 8	0. 999 7	0. 999 4
6							1. 000 0	1. 000 0	1. 000 0	0. 999 9
7										1. 000 0

n	λ									
	1. 4	1. 6	1. 8	2. 0	2. 5	3. 0	3. 5	4. 0	4. 5	5. 0
0	0. 246 6	0. 201 9	0. 165 3	0. 135 3	0. 082 0	0. 049 8	0. 030 2	0. 018 3	0. 011 1	0. 006 7
1	0. 591 8	0. 524 9	0. 462 8	0. 406 0	0. 287 3	0. 199 2	0. 135 9	0. 091 6	0. 061 1	0. 040 4
2	0. 833 5	0. 783 4	0. 730 6	0. 676 7	0. 543 8	0. 423 2	0. 320 9	0. 238 1	0. 173 6	0. 124 7
3	0. 946 3	0. 921 2	0. 891 3	0. 857 1	0. 757 6	0. 647 2	0. 536 6	0. 433 5	0. 352 3	0. 265 0
4	0. 985 8	0. 976 3	0. 963 6	0. 947 4	0. 891 2	0. 815 3	0. 725 4	0. 628 8	0. 542 1	0. 440 5
5	0. 996 8	0. 994 0	0. 989 6	0. 983 4	0. 958 0	0. 916 1	0. 857 6	0. 785 1	0. 702 9	0. 616 0
6	0. 999 4	0. 998 7	0. 997 4	0. 995 5	0. 985 8	0. 966 5	0. 934 7	0. 889 3	0. 831 1	0. 762 2
7	0. 999 9	0. 999 7	0. 999 4	0. 998 9	0. 995 8	0. 988 1	0. 973 3	0. 948 9	0. 913 4	0. 866 6
8	1. 000 0	1. 000 0	0. 999 9	0. 999 8	0. 998 9	0. 996 2	0. 990 1	0. 978 6	0. 959 7	0. 931 9
9			1. 000 0	1. 000 0	0. 999 7	0. 998 9	0. 996 7	0. 991 9	0. 982 9	0. 968 2
10					0. 999 9	0. 999 7	0. 999 0	0. 997 2	0. 993 3	0. 986 3
11					1. 000 0	0. 999 9	0. 999 7	0. 999 1	0. 997 6	0. 994 5
12						1. 000 0	0. 999 9	0. 999 7	0. 999 2	0. 998 0
13							1. 000 0	0. 999 9	0. 999 8	0. 999 3
14								1. 000 0	0. 999 9	0. 999 8
15									1. 000 0	0. 999 9
16										1. 000 0

附表 3　标准正态分布表

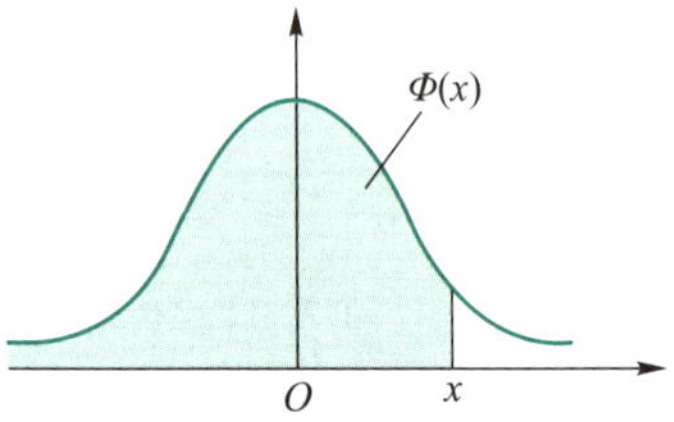

$$\Phi(x)=\frac{1}{\sqrt{2\pi}}\int_{-\infty}^{x} e^{-\frac{t^2}{2}}\,dt\ (x\geqslant 0)$$

x	0.00	0.01	0.02	0.03	0.04	0.05	0.06	0.07	0.08	0.09
0.0	0.500 0	0.504 0	0.508 0	0.512 0	0.516 0	0.519 9	0.523 9	0.527 9	0.531 9	0.535 9
0.1	0.539 8	0.543 8	0.547 8	0.551 7	0.555 7	0.559 6	0.563 6	0.567 5	0.571 4	0.575 3
0.2	0.579 3	0.583 2	0.587 1	0.591 0	0.594 8	0.598 7	0.602 6	0.606 4	0.610 3	0.614 1
0.3	0.617 9	0.621 7	0.625 5	0.629 3	0.633 1	0.636 8	0.640 6	0.644 3	0.648 0	0.651 7
0.4	0.655 4	0.659 1	0.662 8	0.666 4	0.670 0	0.673 6	0.677 2	0.680 8	0.684 4	0.687 9
0.5	0.691 5	0.695 0	0.698 5	0.701 9	0.705 4	0.708 8	0.712 3	0.715 7	0.719 0	0.722 4
0.6	0.725 7	0.729 1	0.732 4	0.735 7	0.738 9	0.742 2	0.745 4	0.748 6	0.751 7	0.754 9
0.7	0.758 0	0.761 1	0.764 2	0.767 3	0.770 4	0.773 4	0.776 4	0.779 4	0.782 3	0.785 2
0.8	0.788 1	0.791 0	0.793 9	0.796 7	0.799 5	0.802 3	0.805 1	0.807 8	0.810 6	0.813 3
0.9	0.815 9	0.818 6	0.821 2	0.823 8	0.826 4	0.828 9	0.831 5	0.834 0	0.836 5	0.838 9
1.0	0.841 3	0.843 8	0.846 1	0.848 5	0.850 8	0.853 1	0.855 4	0.857 7	0.859 9	0.862 1
1.1	0.864 3	0.866 5	0.868 6	0.870 8	0.872 9	0.874 9	0.877 0	0.879 0	0.881 0	0.883 0
1.2	0.884 9	0.886 9	0.888 8	0.890 7	0.892 5	0.894 4	0.896 2	0.898 0	0.899 7	0.901 5
1.3	0.903 2	0.904 9	0.906 6	0.908 2	0.909 9	0.911 5	0.913 1	0.914 7	0.916 2	0.917 7
1.4	0.919 2	0.920 7	0.922 2	0.923 6	0.925 1	0.926 5	0.927 9	0.929 2	0.930 6	0.931 9
1.5	0.933 2	0.934 5	0.935 7	0.937 0	0.938 2	0.939 4	0.940 6	0.941 8	0.942 9	0.944 1
1.6	0.945 2	0.946 3	0.947 4	0.948 4	0.949 5	0.950 5	0.951 5	0.952 5	0.953 5	0.954 5
1.7	0.955 4	0.956 4	0.957 3	0.958 2	0.959 1	0.959 9	0.960 8	0.961 6	0.962 5	0.963 3
1.8	0.964 1	0.964 9	0.965 6	0.966 4	0.967 1	0.967 8	0.968 6	0.969 3	0.969 9	0.970 6
1.9	0.971 3	0.971 9	0.972 6	0.973 2	0.973 8	0.974 4	0.975 0	0.975 6	0.976 1	0.976 7
2.0	0.977 2	0.977 8	0.978 3	0.978 8	0.979 3	0.979 8	0.980 3	0.980 8	0.981 2	0.981 7
2.1	0.982 1	0.982 6	0.983 0	0.983 4	0.983 8	0.984 2	0.984 6	0.985 0	0.985 4	0.985 7
2.2	0.986 1	0.986 4	0.986 8	0.987 1	0.987 5	0.987 8	0.988 1	0.988 4	0.988 7	0.989 0
2.3	0.989 3	0.989 6	0.989 8	0.990 1	0.990 4	0.990 6	0.990 9	0.991 1	0.991 3	0.991 6
2.4	0.991 8	0.992 0	0.992 2	0.992 5	0.992 7	0.992 9	0.993 1	0.993 2	0.993 4	0.993 6

续表

x	0.00	0.01	0.02	0.03	0.04	0.05	0.06	0.07	0.08	0.09
2.5	0.993 8	0.994 0	0.994 1	0.994 3	0.994 5	0.994 6	0.994 8	0.994 9	0.995 1	0.995 2
2.6	0.995 3	0.995 5	0.995 6	0.995 7	0.995 9	0.996 0	0.996 1	0.996 2	0.996 3	0.996 4
2.7	0.996 5	0.996 6	0.996 7	0.996 8	0.996 9	0.997 0	0.997 1	0.997 2	0.997 3	0.997 4
2.8	0.997 4	0.997 5	0.997 6	0.997 7	0.997 7	0.997 8	0.997 9	0.997 9	0.998 0	0.998 1
2.9	0.998 1	0.998 2	0.998 2	0.998 3	0.998 4	0.998 4	0.998 5	0.998 5	0.998 6	0.998 6
3.0	0.998 7	0.998 7	0.998 7	0.998 8	0.998 8	0.998 9	0.998 9	0.998 9	0.999 0	0.999 0
3.1	0.999 0	0.999 1	0.999 1	0.999 1	0.999 2	0.999 2	0.999 2	0.999 2	0.999 3	0.999 3
3.2	0.999 3	0.999 3	0.999 4	0.999 4	0.999 4	0.999 4	0.999 4	0.999 5	0.999 5	0.999 5
3.3	0.999 5	0.999 5	0.999 5	0.999 6	0.999 6	0.999 6	0.999 6	0.999 6	0.999 6	0.999 7
3.4	0.999 7	0.999 7	0.999 7	0.999 7	0.999 7	0.999 7	0.999 7	0.999 7	0.999 7	0.999 8
3.5	0.999 8	0.999 8	0.999 8	0.999 8	0.999 8	0.999 8	0.999 8	0.999 8	0.999 8	0.999 8
3.6	0.999 8	0.999 8	0.999 9	0.999 9	0.999 9	0.999 9	0.999 9	0.999 9	0.999 9	0.999 9
3.7	0.999 9	0.999 9	0.999 9	0.999 9	0.999 9	0.999 9	0.999 9	0.999 9	0.999 9	0.999 9
3.8	0.999 9	0.999 9	0.999 9	0.999 9	0.999 9	0.999 9	0.999 9	0.999 9	0.999 9	0.999 9
3.9	1.000 0	1.000 0	1.000 0	1.000 0	1.000 0	1.000 0	1.000 0	1.000 0	1.000 0	1.000 0
4.0	1.000 0	1.000 0	1.000 0	1.000 0	1.000 0	1.000 0	1.000 0	1.000 0	1.000 0	1.000 0

附表 4　χ^2 分布表

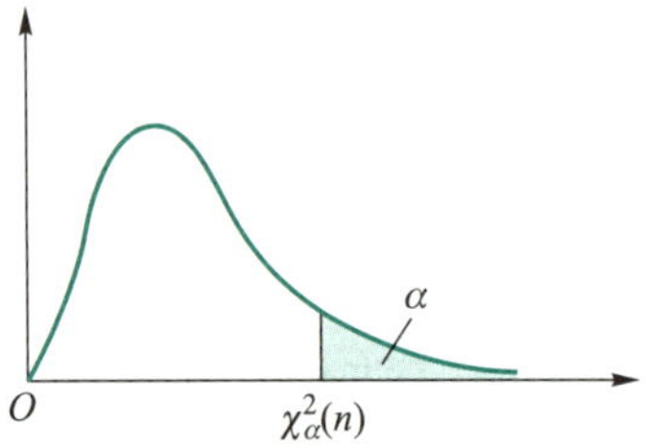

$P\{\chi^2(n)>\chi^2_\alpha(n)\}=\alpha$

n	α											
	0. 995	0. 990	0. 975	0. 950	0. 900	0. 75	0. 25	0. 1	0. 05	0. 025	0. 01	0. 005
1	0. 000	—	0. 001	0. 004	0. 016	0. 102	1. 323	2. 706	3. 841	5. 024	6. 635	7. 882
2	0. 010	0. 020	0. 051	0. 103	0. 211	0. 575	2. 773	4. 605	5. 991	7. 378	9. 210	10. 597
3	0. 072	0. 115	0. 216	0. 352	0. 584	1. 213	4. 108	6. 251	7. 815	9. 348	11. 345	12. 837
4	0. 207	0. 297	0. 484	0. 711	1. 064	1. 923	5. 385	7. 779	9. 488	11. 143	13. 277	14. 860
5	0. 412	0. 554	0. 831	1. 145	1. 160	2. 675	6. 626	9. 236	11. 070	12. 833	15. 086	16. 748
6	0. 676	0. 872	1. 237	1. 635	2. 204	3. 455	7. 841	10. 645	12. 592	14. 449	16. 812	18. 548
7	0. 989	1. 239	1. 690	2. 167	2. 833	4. 255	9. 037	12. 017	14. 067	16. 013	18. 475	20. 276
8	1. 344	1. 646	2. 180	2. 733	3. 490	5. 071	10. 219	13. 362	15. 507	17. 535	20. 090	21. 954
9	1. 735	2. 088	2. 700	3. 325	4. 168	5. 899	11. 389	14. 684	16. 919	19. 023	21. 666	23. 587
10	2. 156	2. 558	3. 247	3. 940	4. 865	6. 737	12. 549	15. 987	18. 307	20. 483	23. 209	25. 188
11	2. 603	3. 053	3. 816	4. 575	5. 578	7. 581	13. 701	17. 275	19. 675	21. 920	24. 725	26. 755
12	3. 074	3. 571	4. 404	5. 226	6. 304	8. 438	14. 845	18. 549	21. 026	23. 337	26. 217	28. 300
13	3. 565	4. 107	5. 009	5. 892	7. 042	9. 299	15. 984	19. 812	22. 362	24. 736	27. 688	29. 817
14	4. 075	4. 660	5. 629	6. 571	7. 790	10. 165	17. 117	21. 064	23. 685	26. 119	29. 141	31. 319
15	4. 600	5. 229	6. 262	7. 261	8. 547	11. 037	18. 245	22. 307	24. 996	27. 488	30. 578	32. 799
16	5. 142	5. 812	6. 908	7. 962	9. 312	11. 912	19. 369	23. 542	26. 296	28. 845	32. 000	34. 267
17	5. 697	6. 408	7. 564	8. 672	10. 085	12. 792	20. 489	24. 769	27. 587	30. 191	33. 409	35. 716
18	6. 265	7. 015	8. 231	9. 390	10. 865	13. 675	21. 605	25. 589	28. 869	31. 526	34. 805	37. 156
19	6. 843	7. 633	8. 907	10. 117	11. 651	14. 562	22. 718	27. 204	30. 144	32. 852	36. 191	38. 580
20	7. 434	8. 260	9. 591	10. 851	12. 443	15. 452	23. 828	28. 412	31. 410	34. 170	37. 566	39. 997
21	8. 033	8. 897	10. 283	11. 591	13. 240	16. 344	24. 935	29. 615	32. 671	36. 479	38. 932	41. 399
22	8. 643	9. 542	10. 982	12. 338	14. 041	17. 240	26. 039	30. 813	33. 924	36. 781	40. 289	42. 796
23	9. 260	10. 196	11. 689	13. 091	14. 848	18. 137	27. 141	32. 007	35. 172	38. 076	41. 638	44. 179
24	9. 886	10. 856	12. 401	13. 848	15. 659	19. 037	28. 241	33. 196	36. 415	39. 364	42. 980	45. 558
25	10. 519	11. 524	13. 120	14. 611	16. 473	19. 939	29. 339	34. 382	37. 652	40. 647	44. 314	46. 925

续表

n	α											
	0.995	0.990	0.975	0.950	0.900	0.75	0.25	0.1	0.05	0.025	0.01	0.005
26	11.160	12.198	13.844	15.379	17.292	20.843	30.435	35.563	38.885	41.923	45.642	48.290
27	11.807	12.879	14.573	16.151	18.114	21.749	31.528	36.741	40.113	43.194	46.963	49.642
28	12.461	13.565	15.308	16.928	18.939	22.657	32.620	37.916	41.337	44.461	48.278	50.993
29	13.120	14.256	16.047	17.708	19.768	23.567	33.711	39.087	42.557	45.722	49.588	52.333
30	13.787	14.953	16.791	18.493	20.599	24.478	34.800	40.256	43.773	46.979	50.892	53.672
35	17.191	18.509	20.569	22.465	24.797	29.054	40.223	46.059	49.802	53.203	57.342	60.272
40	20.706	22.164	24.433	26.509	29.051	33.660	45.616	51.805	55.758	59.342	63.691	66.766
45	24.311	25.901	28.366	30.612	33.350	38.291	50.985	57.505	61.656	65.410	69.957	73.166

附表 5　*t* 分布表

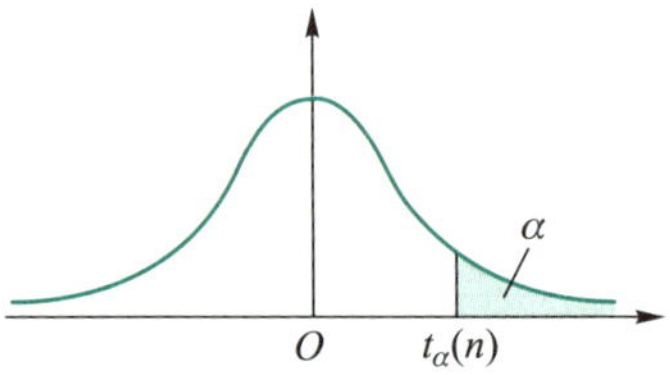

$P\{t(n)>t_\alpha(n)\}=\alpha$

n	α							
	0.2	0.15	0.1	0.05	0.025	0.01	0.005	0.001
1	1.376	1.963	3.077 7	6.313 8	12.706 2	31.820 5	63.656 7	318.309
2	1.061	1.386	1.885 6	2.920 0	4.302 7	6.964 6	9.924 8	22.327
3	0.978	1.25	1.637 7	2.353 4	3.182 5	4.540 7	5.840 9	10.215
4	0.941	1.19	1.533 2	2.131 9	2.776 5	3.747 0	4.604 1	7.173
5	0.920	1.156	1.475 9	2.015 1	2.570 6	3.364 9	4.032 1	5.893
6	0.906	1.134	1.439 8	1.943 2	2.446 9	3.142 7	3.707 4	5.208
7	0.896	1.119	1.414 9	1.894 6	2.364 6	2.998 0	3.499 5	4.785
8	0.889	1.108	1.396 8	1.859 6	2.306 0	2.896 5	3.355 4	4.501
9	0.883	1.100	1.383 0	1.833 1	2.262 1	2.821 4	3.249 8	4.297
10	0.879	1.093	1.372 2	1.812 5	2.228 1	2.763 8	3.169 3	4.144
11	0.876	1.088	1.363 4	1.795 9	2.201 0	2.718 1	3.105 8	4.025
12	0.873	1.083	1.356 2	1.782 3	2.178 8	2.681 0	3.054 5	3.930
13	0.870	1.079	1.350 2	1.770 9	2.160 4	2.650 3	3.012 3	3.852
14	0.868	1.076	1.345 0	1.761 3	2.144 8	2.624 5	2.976 8	3.787
15	0.866	1.074	1.340 6	1.753 1	2.131 5	2.602 5	2.946 7	3.733
16	0.865	1.071	1.336 8	1.745 9	2.119 9	2.583 5	2.920 8	3.686
17	0.863	1.069	1.333 4	1.739 6	2.109 8	2.566 9	2.898 2	3.646
18	0.862	1.067	1.330 4	1.734 1	2.100 9	2.552 4	2.878 4	3.610
19	0.861	1.066	1.327 7	1.729 1	2.093 0	2.539 5	2.860 9	3.579
20	0.860	1.064	1.325 3	1.724 7	2.086 0	2.528 0	2.845 3	3.552
21	0.858	1.063	1.323 2	1.720 7	2.079 6	2.517 7	2.831 4	3.527
22	0.858	1.061	1.321 2	1.717 4	2.073 9	2.508 3	2.818 8	3.505
23	0.858	1.060	1.315 9	1.713 9	2.068 7	2.499 9	2.807 3	3.485
24	0.857	1.059	1.317 8	1.710 9	2.063 9	2.492 2	2.796 9	3.467
25	0.856	1.058	1.316 3	1.708 1	2.059 5	2.485 1	2.787 4	3.450

续表

n	α							
	0.2	0.15	0.1	0.05	0.025	0.01	0.005	0.001
26	0.856	1.058	1.315 0	1.705 6	2.055 5	2.478 6	2.778 7	3.435
27	0.855	1.057	1.313 7	1.703 3	2.051 8	2.472 7	2.770 7	3.421
28	0.855	1.056	1.312 5	1.701 1	2.048 4	2.467 1	2.763 3	3.408
29	0.854	1.055	1.311 4	1.699 1	2.045 2	2.462 0	2.756 4	3.396
30	0.854	1.055	1.310 4	1.697 3	2.042 3	2.457 3	2.750 0	3.385
40	0.851	1.050	1.303 1	1.683 9	2.021 1	2.423 3	2.704 5	3.307

附表 6 F 分布表

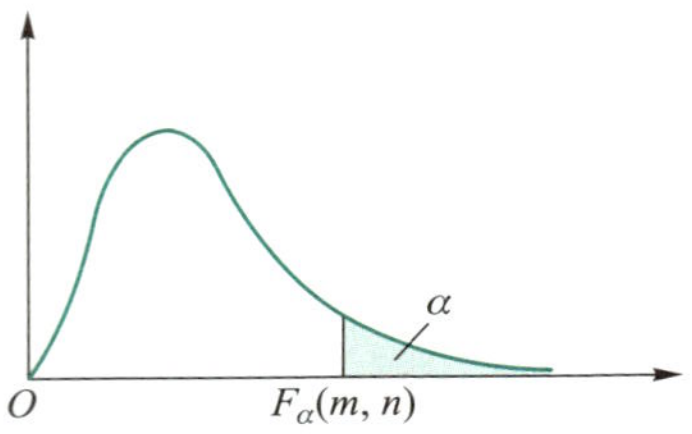

$P\{F(m,n) > F_\alpha(m,n)\} = \alpha$

$\alpha = 0.05$

n	m																				
	1	2	3	4	5	6	7	8	9	10	12	14	16	18	20	22	24	26	30	40	100
1	161	199	216	225	230	234	237	239	241	242	244	245	246	247	248	249	249	249	250	251	253
2	18. 5	19. 0	19. 2	19. 2	19. 3	19. 3	19. 4	19. 4	19. 4	19. 4	19. 41	19. 42	19. 43	19. 44	19. 45	19. 45	19. 45	19. 46	19. 46	19. 47	19. 49
3	10. 1	9. 55	9. 28	9. 12	9. 01	8. 94	8. 89	8. 85	8. 81	8. 79	8. 74	8. 71	8. 69	8. 67	8. 66	8. 65	8. 64	8. 63	8. 62	8. 59	8. 55
4	7. 71	6. 94	6. 59	6. 39	6. 26	6. 16	6. 09	6. 04	6. 00	5. 96	5. 91	5. 87	5. 84	5. 82	5. 80	5. 79	5. 77	5. 76	5. 75	5. 72	5. 66
5	6. 61	5. 79	5. 41	5. 19	5. 05	4. 95	4. 88	4. 82	4. 77	4. 74	4. 68	4. 64	4. 60	4. 58	4. 56	4. 54	4. 53	4. 52	4. 50	4. 46	4. 41
6	5. 99	5. 14	4. 76	4. 53	4. 39	4. 28	4. 21	4. 15	4. 10	4. 06	4. 00	3. 96	3. 92	3. 90	3. 87	3. 86	3. 84	3. 83	3. 81	3. 77	3. 71
7	5. 59	4. 74	4. 35	4. 12	3. 97	3. 87	3. 79	3. 73	3. 68	3. 64	3. 57	3. 53	3. 49	3. 47	3. 44	3. 43	3. 41	3. 40	3. 38	3. 34	3. 27
8	5. 32	4. 46	4. 07	3. 84	3. 69	3. 58	3. 50	3. 44	3. 39	3. 35	3. 28	3. 24	3. 20	3. 17	3. 15	3. 13	3. 12	3. 10	3. 08	3. 04	2. 97
9	5. 12	4. 26	3. 86	3. 63	3. 48	3. 37	3. 29	3. 23	3. 18	3. 14	3. 07	3. 03	2. 99	2. 96	2. 94	2. 92	2. 90	2. 89	2. 86	2. 83	2. 76
10	4. 96	4. 10	3. 71	3. 48	3. 33	3. 22	3. 14	3. 07	3. 02	2. 98	2. 91	2. 86	2. 83	2. 80	2. 77	2. 75	2. 74	2. 72	2. 70	2. 66	2. 59
11	4. 84	3. 98	3. 59	3. 36	3. 20	3. 09	3. 01	2. 95	2. 90	2. 85	2. 79	2. 74	2. 70	2. 67	2. 65	2. 63	2. 61	2. 59	2. 57	2. 53	2. 46
12	4. 75	3. 89	3. 49	3. 26	3. 11	3. 00	2. 91	2. 85	2. 80	2. 75	2. 69	2. 64	2. 60	2. 57	2. 54	2. 52	2. 51	2. 49	2. 47	2. 43	2. 35
13	4. 67	3. 81	3. 41	3. 18	3. 03	2. 92	2. 83	2. 77	2. 71	2. 67	2. 60	2. 55	2. 51	2. 48	2. 46	2. 44	2. 42	2. 41	2. 38	2. 34	2. 26
14	4. 60	3. 74	3. 34	3. 11	2. 96	2. 85	2. 76	2. 70	2. 65	2. 60	2. 53	2. 48	2. 45	2. 41	2. 39	2. 37	2. 35	2. 33	2. 31	2. 27	2. 19
15	4. 54	3. 68	3. 29	3. 06	2. 90	2. 79	2. 71	2. 64	2. 59	2. 54	2. 48	2. 42	2. 38	2. 35	2. 33	2. 31	2. 29	2. 27	2. 25	2. 20	2. 12
16	4. 49	3. 63	3. 24	3. 01	2. 85	2. 74	2. 66	2. 59	2. 54	2. 49	2. 42	2. 37	2. 33	2. 30	2. 28	2. 25	2. 24	2. 22	2. 19	2. 15	2. 07

$\alpha = 0.05$

n	m = 1	2	3	4	5	6	7	8	9	10	12	14	16	18	20	22	24	26	30	40	100
17	4.45	3.59	3.20	2.96	2.81	2.70	2.61	2.55	2.49	2.45	2.38	2.33	2.29	2.26	2.23	2.21	2.19	2.17	2.15	2.10	2.02
18	4.41	3.55	3.16	2.93	2.77	2.66	2.58	2.51	2.46	2.41	2.34	2.29	2.25	2.22	2.19	2.17	2.15	2.13	2.11	2.06	1.98
19	4.38	3.52	3.13	2.90	2.74	2.63	2.54	2.48	2.42	2.38	2.31	2.26	2.21	2.18	2.16	2.13	2.11	2.10	2.07	2.03	1.94
20	4.35	3.49	3.10	2.87	2.71	2.60	2.51	2.45	2.39	2.35	2.28	2.22	2.18	2.15	2.12	2.10	2.08	2.07	2.04	1.99	1.91
21	4.32	3.47	3.07	2.84	2.68	2.57	2.49	2.42	2.37	2.32	2.25	2.20	2.16	2.12	2.10	2.07	2.05	2.04	2.01	1.96	1.88
22	4.30	3.44	3.05	2.82	2.66	2.55	2.46	2.40	2.34	2.30	2.23	2.17	2.13	2.10	2.07	2.05	2.03	2.01	1.98	1.94	1.85
23	4.28	3.42	3.03	2.80	2.64	2.53	2.44	2.37	2.32	2.27	2.20	2.15	2.11	2.08	2.05	2.02	2.01	1.99	1.96	1.91	1.82
24	4.26	3.40	3.01	2.78	2.62	2.51	2.42	2.36	2.30	2.25	2.18	2.13	2.09	2.05	2.03	2.00	1.98	1.97	1.94	1.89	1.80
25	4.24	3.39	2.99	2.76	2.60	2.49	2.40	2.34	2.28	2.24	2.16	2.11	2.07	2.04	2.01	1.98	1.96	1.95	1.92	1.87	1.78
30	4.17	3.32	2.92	2.69	2.53	2.42	2.33	2.27	2.21	2.16	2.09	2.04	1.99	1.96	1.93	1.91	1.89	1.87	1.84	1.79	1.70
40	4.08	3.23	2.84	2.61	2.45	2.34	2.25	2.18	2.12	2.08	2.00	1.95	1.90	1.87	1.84	1.81	1.79	1.77	1.74	1.69	1.59
100	3.94	3.09	2.70	2.46	2.31	2.19	2.10	2.03	1.98	1.93	1.85	1.79	1.75	1.71	1.68	1.65	1.63	1.61	1.57	1.52	1.39
120	3.92	3.07	2.68	2.45	2.29	2.18	2.09	2.02	1.96	1.91	1.83	1.78	1.73	1.69	1.66	1.63	1.61	1.59	1.55	1.50	1.37

$\alpha = 0.025$

n	m = 1	2	3	4	5	6	7	8	9	10	12	14	16	18	20	22	24	26	30	40	100
1	648	800	864	900	922	937	948	957	963	969	977	983	987	990	993	995	997	999	1 001	1 006	1 013
2	38.51	39.00	39.17	39.25	39.30	39.33	39.36	39.37	39.39	39.40	39.41	39.43	39.44	39.44	39.45	39.45	39.46	39.46	39.46	39.47	39.49
3	17.44	16.04	15.44	15.10	14.88	14.73	14.62	14.54	14.47	14.42	14.34	14.28	14.23	14.20	14.17	14.14	14.12	14.11	14.08	14.04	13.96
4	12.22	10.65	9.98	9.60	9.36	9.20	9.07	8.98	8.90	8.84	8.75	8.68	8.63	8.59	8.56	8.53	8.51	8.49	8.46	8.41	8.32
5	10.01	8.43	7.76	7.39	7.15	6.98	6.85	6.76	6.68	6.62	6.52	6.46	6.40	6.36	6.33	6.30	6.28	6.26	6.23	6.18	6.08
6	8.81	7.26	6.60	6.23	5.99	5.82	5.70	5.60	5.52	5.46	5.37	5.30	5.24	5.20	5.17	5.14	5.12	5.10	5.07	5.01	4.92
7	8.07	6.54	5.89	5.52	5.29	5.12	4.99	4.90	4.82	4.76	4.67	4.60	4.54	4.50	4.47	4.44	4.42	4.39	4.36	4.31	4.21
8	7.57	6.06	5.42	5.05	4.82	4.65	4.53	4.43	4.36	4.30	4.20	4.13	4.08	4.03	4.00	3.97	3.95	3.93	3.89	3.84	3.74
9	7.21	5.71	5.08	4.72	4.48	4.32	4.20	4.10	4.03	3.96	3.87	3.80	3.74	3.70	3.67	3.64	3.61	3.59	3.56	3.51	3.40
10	6.94	5.46	4.83	4.47	4.24	4.07	3.95	3.85	3.78	3.72	3.62	3.55	3.50	3.45	3.42	3.39	3.37	3.35	3.31	3.26	3.15

续表

$\alpha=0.025$

n	m																			
	1	2	3	4	5	6	7	8	9	10	12	14	16	18	20	22	24	26	30	40	100
11	6.72	5.26	4.63	4.28	4.04	3.88	3.76	3.66	3.59	3.53	3.43	3.36	3.30	3.26	3.23	3.20	3.17	3.15	3.12	3.06	2.96
12	6.55	5.10	4.47	4.12	3.89	3.73	3.61	3.51	3.44	3.37	3.28	3.21	3.15	3.11	3.07	3.04	3.02	3.00	2.96	2.91	2.80
13	6.41	4.97	4.35	4.00	3.77	3.60	3.48	3.39	3.31	3.25	3.15	3.08	3.03	2.98	2.95	2.92	2.89	2.87	2.84	2.78	2.67
14	6.30	4.86	4.24	3.89	3.66	3.50	3.38	3.29	3.21	3.15	3.05	2.98	2.92	2.88	2.84	2.91	2.79	2.77	2.73	2.67	2.56
15	6.20	4.77	4.15	3.80	3.58	3.41	3.29	3.20	3.12	3.06	2.96	2.89	2.84	2.79	2.76	2.73	2.70	2.68	2.64	2.59	2.47
16	6.12	4.69	4.08	3.73	3.50	3.34	3.22	3.12	3.05	2.99	2.89	2.82	2.76	2.72	2.68	2.65	2.63	2.60	2.57	2.51	2.40
17	6.04	4.62	4.01	3.66	3.44	3.28	3.16	3.06	2.98	2.92	2.82	2.75	2.70	2.65	2.62	2.59	2.56	2.54	2.50	2.44	2.33
18	5.98	4.56	3.95	3.61	3.38	3.22	3.10	3.01	2.93	2.87	2.77	2.70	2.64	2.60	2.56	2.53	2.50	2.48	2.44	2.38	2.27
19	5.92	4.51	3.90	3.56	3.33	3.17	3.05	2.96	2.88	2.82	2.72	2.65	2.59	2.55	2.51	2.48	2.45	2.43	2.39	2.33	2.22
20	5.87	4.46	3.86	3.51	3.29	3.13	3.01	2.91	2.84	2.77	2.68	2.60	2.55	2.50	2.46	2.43	2.41	2.38	2.35	2.29	2.17
21	5.83	4.42	3.82	3.48	3.25	3.09	2.97	2.87	2.80	2.73	2.64	2.56	2.51	2.46	2.42	2.39	2.37	2.34	2.31	2.25	2.13
22	5.79	4.38	3.78	3.44	3.22	3.05	2.93	2.84	2.76	2.70	2.60	2.53	2.47	2.46	2.39	2.36	2.33	2.31	2.27	2.21	2.09
23	5.75	4.35	3.75	3.41	3.18	3.02	2.90	2.81	2.73	2.67	2.57	2.50	2.44	2.39	2.36	2.33	2.30	2.28	2.24	2.18	2.06
24	5.72	4.32	3.72	3.38	3.15	2.99	2.87	2.78	2.70	2.64	2.54	2.47	2.41	2.36	2.33	2.30	2.27	2.25	2.21	2.15	2.02
25	5.69	4.29	3.69	3.35	3.13	2.97	2.85	2.75	2.68	2.61	2.51	2.44	2.38	2.34	2.30	2.27	2.24	2.22	2.18	2.12	2.00
30	5.57	4.18	3.59	3.25	3.03	2.87	2.75	2.65	2.57	2.51	2.41	2.34	2.28	2.23	2.20	2.16	2.14	2.11	2.07	2.01	1.88
40	5.42	4.05	3.46	3.13	2.90	2.74	2.62	2.53	2.45	2.39	2.29	2.21	2.15	2.11	2.07	2.03	2.01	1.98	1.94	1.88	1.74
100	3.94	3.09	2.70	2.46	2.31	2.19	2.10	2.03	1.98	1.93	2.08	2.00	1.94	1.89	1.85	1.81	1.78	1.76	1.71	1.64	1.48
120	5.15	3.80	3.23	2.89	2.67	2.52	2.39	2.30	2.22	2.16	2.05	1.98	1.92	1.87	1.82	1.79	1.76	1.73	1.69	1.61	1.45

$\alpha=0.01$

n	m																			
	1	2	3	4	5	6	7	8	9	10	12	14	16	18	20	22	24	26	30	40	100
1	4 052	5 000	5 403	5 625	5 764	5 859	5 928	5 981	6 022	6 056	6 106	6 143	6 170	6 192	6 209	6 223	6 235	6 245	6 261	6 287	6 334
2	98.5	99.0	99.2	99.2	99.3	99.3	99.4	99.4	99.4	99.4	99.4	99.4	99.4	99.4	99.5	99.5	99.5	99.5	99.5	99.5	99.5
3	34.1	30.8	29.5	28.7	28.2	27.9	27.7	27.5	27.3	27.2	27.1	26.9	26.8	26.8	26.7	26.6	26.6	26.6	26.5	26.4	26.2

$\alpha = 0.01$

n	m																				
	1	2	3	4	5	6	7	8	9	10	12	14	16	18	20	22	24	26	30	40	100
4	21.2	18.0	16.7	16.0	15.5	15.2	15.0	14.8	14.7	14.5	14.4	14.2	14.2	14.1	14.0	14.0	13.9	13.9	13.8	13.75	13.6
5	16.26	13.3	12.1	11.4	11.0	10.7	10.5	10.3	10.2	10.1	9.89	9.77	9.68	9.61	9.55	9.51	9.47	9.43	9.38	9.29	9.13
6	13.7	10.9	9.78	9.15	8.75	8.47	8.26	8.10	7.98	7.87	7.72	7.60	7.52	7.45	7.40	7.35	7.31	7.28	7.23	7.14	6.99
7	12.25	9.55	8.45	7.85	7.46	7.19	6.99	6.84	6.72	6.62	6.47	6.36	6.28	6.21	6.16	6.11	6.07	6.04	5.99	5.91	5.75
8	11.26	8.65	7.59	7.01	6.63	6.37	6.18	6.03	5.91	5.81	5.67	5.56	5.48	5.41	5.36	5.32	5.28	5.25	5.20	5.12	4.96
9	10.56	8.02	6.99	6.42	6.06	5.80	5.61	5.47	5.35	5.26	5.11	5.01	4.92	4.86	4.81	4.77	4.73	4.70	4.65	4.57	4.41
10	10.04	7.56	6.55	5.99	5.64	5.39	5.20	5.06	4.94	4.85	4.71	4.60	4.52	4.46	4.41	4.36	4.33	4.30	4.25	4.17	4.01
11	9.65	7.21	6.22	5.67	5.32	5.07	4.89	4.74	4.63	4.54	4.40	4.29	4.21	4.15	4.10	4.06	4.02	3.99	3.94	3.86	3.71
12	9.33	6.93	5.95	5.41	5.06	4.82	4.64	4.50	4.39	4.30	4.16	4.05	3.97	3.91	3.86	3.82	3.78	3.75	3.70	3.62	3.47
13	9.07	6.70	5.74	5.21	4.86	4.62	4.44	4.30	4.19	4.10	3.96	3.86	3.78	3.72	3.66	3.62	3.59	3.56	3.51	3.43	3.27
14	8.86	6.51	5.56	5.04	4.69	4.46	4.28	4.14	4.03	3.94	3.80	3.70	3.62	3.56	3.51	3.46	3.43	3.40	3.35	3.27	3.11
15	8.68	6.36	5.42	4.89	4.56	4.32	4.14	4.00	3.89	3.80	3.67	3.56	3.49	3.42	3.37	3.33	3.29	3.26	3.21	3.13	2.98
16	8.53	6.23	5.29	4.77	4.44	4.20	4.03	3.89	3.78	3.69	3.55	3.45	3.37	3.31	3.26	3.22	3.18	3.15	3.10	3.02	2.86
17	8.40	6.11	5.18	4.67	4.34	4.10	3.93	3.79	3.68	3.59	3.46	3.35	3.27	3.21	3.16	3.12	3.08	3.05	3.00	2.92	2.76
18	8.29	6.01	5.09	4.58	4.25	4.01	3.84	3.71	3.60	3.51	3.37	3.27	3.19	3.13	3.08	3.03	3.00	2.97	2.92	2.84	2.68
19	8.18	5.93	5.01	4.50	4.17	3.94	3.77	3.63	3.52	3.43	3.30	3.19	3.12	3.05	3.00	2.96	2.92	2.89	2.84	2.76	2.60
20	8.10	5.85	4.94	4.43	4.10	3.87	3.70	3.56	3.46	3.37	3.23	3.13	3.05	2.99	2.94	2.90	2.86	2.83	2.78	2.69	2.54
21	8.02	5.78	4.87	4.37	4.04	3.81	3.64	3.51	3.40	3.31	3.17	3.07	2.99	2.93	2.88	2.84	2.80	2.77	2.72	2.64	2.48
22	7.95	5.72	4.82	4.31	3.99	3.76	3.59	3.45	3.35	3.26	3.12	3.02	2.94	2.88	2.83	2.78	2.75	2.72	2.67	2.58	2.42
23	7.88	5.66	4.76	4.26	3.94	3.71	3.54	3.41	3.30	3.21	3.07	2.97	2.89	2.83	2.78	2.74	2.70	2.67	2.62	2.54	2.37
24	7.82	5.61	4.72	4.22	3.90	3.67	3.50	3.36	3.26	3.17	3.03	2.93	2.85	2.79	2.74	2.70	2.66	2.63	2.58	2.49	2.33
25	7.77	5.57	4.68	4.18	3.85	3.63	3.46	3.32	3.22	3.13	2.99	2.89	2.81	2.75	2.70	2.66	2.62	2.59	2.54	2.45	2.29
30	7.56	5.39	4.51	4.02	3.70	3.47	3.30	3.17	3.07	2.98	2.84	2.74	2.66	2.60	2.55	2.51	2.47	2.44	2.39	2.30	2.13
40	7.31	5.18	4.31	3.83	3.51	3.29	3.12	2.99	2.89	2.80	2.66	2.56	2.48	2.42	2.37	2.33	2.29	2.26	2.20	2.11	1.94
100	6.90	4.82	3.98	3.51	3.21	2.99	2.82	2.69	2.59	2.50	2.37	2.27	2.19	2.12	2.07	2.02	1.92	1.95	1.89	1.80	1.60
120	6.85	4.79	3.95	3.48	3.17	2.96	2.79	2.66	2.56	2.47	2.34	2.23	2.15	2.09	2.03	1.99	1.95	1.92	1.86	1.76	1.56

参考文献

[1]盛骤,谢式千,潘承毅.概率论与数理统计[M].5版.北京:高等教育出版社,2020.
[2]陈希孺.概率论与数理统计[M].合肥:中国科学技术大学出版社,2017.
[3]魏宗舒.概率论与数理统计教程[M].3版.北京:高等教育出版社,2020.
[4]茆诗松,程依明,濮晓龙.概率论与数理统计教程[M].3版.北京:高等教育出版社,2019.
[5]同济大学数学系.概率论与数理统计[M].北京:人民邮电出版社,2017.
[6]上海交通大学数学系.概率论与数理统计[M].北京:科学出版社,2007.
[7]李文林.数学史概论[M].3版.北京:高等教育出版社,2011.
[8]龚光鲁.概率论与数理统计[M].北京:清华大学出版社,2006.
[9]宗序平.概率论与数理统计[M].4版.北京:机械工业出版社,2019.
[10]杨树成,杨春华.概率论与数理统计[M].2版.重庆:西南交通大学出版社,2016.
[11]王丽霞.概率论与数理统计:理论、历史及应用[M].大连:大连理工大学出版社,2010.
[12]陈欢歌,薛微.基于Excel的统计应用[M].2版.北京:中国人民大学出版社,2012.
[13]段杨.Excel数据分析教程[M].北京:电子工业出版社,2017.
[14]蒲括,邵朋.精通Excel数据统计与分析[M].北京:人民邮电出版社,2014.
[15]OLOFSSON P.生活中的概率趣事[M].赵莹,译.北京:机械工业出版社,2014.
[16]徐传胜.从博弈问题到方法论学科:概率论发展史研究[M].北京:科学出版社,2010.
[17]孙荣桓.趣味随机问题[M].北京:科学出版社,2015.
[18]斯蒂格勒.统计探源:统计概念和方法的历史[M].李金昌,译.杭州:浙江工商大学出版社,2014.
[19]刘强.大数据时代的统计学思维:让你从众多数据中找到真相[M].北京:中国水利水电出版社,2018.
[20]DEVORE J L.概率论与数理统计[M].5版.北京:高等教育出版社,2004.

郑重声明

读者意见反馈

为收集对教材的意见建议，进一步完善教材编写并做好服务工作，读者可将对本教材的意见建议通过如下渠道反馈至我社。

咨询电话　400-810-0598

反馈邮箱　hepsci@pub.hep.cn

通信地址　北京市朝阳区惠新东街4号富盛大厦1座

　　　　　高等教育出版社理科事业部

邮政编码　100029

防伪查询说明

用户购书后刮开封底防伪涂层，使用手机微信等软件扫描二维码，会跳转至防伪查询网页，获得所购图书详细信息。

防伪客服电话　(010) 58582300